职前教师
反思能力发展研究

Research on the Development of
Reflective Ability of Pre-service Teachers

梁荣华 著

社会科学文献出版社
SOCIAL SCIENCES ACADEMIC PRESS (CHINA)

本书系国家社会科学基金教育学青年课题"'全程贯通一体化教育实践模式'下全日制教育硕士反思能力发展的跟踪研究"（CIA160218）之研究成果。

前　言

━━━━━━━━━━━━━━ ❦❀❦ ━━━━━━━━━━━━━━

　　本书系在笔者承担的国家社会科学基金教育学青年课题"'全程贯通一体化教育实践模式'下全日制教育硕士反思能力发展的跟踪研究"（CIA160218）结题报告的基础上修改而成。之所以对这一问题感兴趣，有以下三个方面的契机。

　　第一，20 世纪 80 年代以来，"反思性教学""反思型教师""反思型教师培养"成为教师教育领域的"热词"。从"反思是教师成长的起点"到"促使反思能力成为职前教师的一项基本能力"①，在反思型教师教育思潮的引领下，反思能力逐渐被视为职前教师培养中的关键要素之一。全日制教育硕士专业学位研究生（以下简称"全日制教育硕士"）是现阶段我国培养的最高学历层次的中小学职前教师，反思能力之于其发展与成长的重要性不言而喻。但是，如何有效促进职前教师的反思能力发展呢？笔者对这一问题产生了浓厚的兴趣，希望有机会能够开展系统的研究。

　　第二，笔者从硕士研究生期间开始，一直在东北师范大学学习和工作。东北师范大学"因师而立"，始终致力于培养能够在国家基础教育改革与发展中发挥引领作用的卓越教师和教育家，不断推动教师教育模式的革新。2013 年，学校积极探索全日制教育硕士的培养路径，着手

---

① Toom, A., Husu, J., & Patrikainen, S., "Student teacher's patterns of reflection in the context of teaching practice," *European Journal of Teacher Education*, 3（2015）：320 - 340.

实施培养模式综合改革，改变以往"课程学习＋教育见习＋集中教育实习"的分段式做法，创建了基于"体验—提升—实践—反思"的全程贯通一体化教育实践模式。本书对该教育实践模式有详细解析，此处不赘述。其中，"反思"即突出反思探究，强调将反思探究体现于课程学习、教育实践和学位论文研究等所有培养环节。2014 年秋季学期，学校开始在英语、地理、数学、化学等学科的全日制教育硕士培养中试点实施该教育实践模式，笔者的研究也受益于此。

第三，笔者结束在韩国东亚大学孔子学院的工作回国后，从 2015 年秋季学期开始参与试点学科全日制教育硕士的教育实践工作，成为教育实践管理团队的正式一员。在带领全日制教育硕士开展教育实践的过程中，笔者一方面真切地感受到作为职前教师的全日制教育硕士在反思的意识、意愿、能力以及开展反思的方法等方面存在不足；另一方面深刻地体会到教育实践模式将反思作为关键的目标和任务，期待通过系统化、结构化的反思活动设计促进理论与实践的融通，并促进全日制教育硕士反思能力的发展。笔者通过参与"全日制教育硕士基础实践成效评价"调研，整理与分析全日制教育硕士基础实践阶段的各种反思活动材料，与部分全日制教育硕士开展访谈，收集国内外关于职前教师反思的研究成果等方式进行研究储备，于 2016 年申请并成功获批国家社会科学基金教育学青年课题，随即正式启动了本研究。

本研究旨在分析和探究在全程贯通一体化教育实践模式的引导下，不同实践阶段在不同实践任务与活动、不同指导方式的干预下，全日制教育硕士反思活动呈现的特点和反思能力发展水平的变化，并尝试针对现有的教育实践模式提出完善与改进的建议。为了更好地回应研究问题，最大化地实现研究目的，本研究采用了文献研究法、问卷调查法、文本分析法、观察法、访谈法相结合的综合研究方法。本书第三章和第七章介绍了针对研究对象的初始反思能力和毕业时的反思能力进行的测量和对比分析，直观地呈现了在全程贯通一体化教育实践模式干预下研究对象反思能力到底得到了怎样的促进与发展，倾向于定量研究的方法；第四章至第六章详述了主要针对不同教育实践阶段（基础实践阶段、应用实践阶段和研究实践阶段）研究对象反思能力发展状况开展的为期两年的跟踪研究，借助 Nvivo12 软件、关键事件分析等具体方法进行并置和比较分析，对不同实践阶段全日制教育硕士反思活动的内容、类型、过程、水平、特点以及影响因素等开展综合的质性分析。在此基础上，本书归纳总结了当前教育实践模式对于促进职前教师反思能力发展存在的不足，并结合国际职前教师反思性教育实践开展的优秀经验指出，可以从设计更加"精细化"的反思任务与活动、构建基于"实践共同体"的职前教师指导机制、有效提升中学指导教师的教育实践指导能力以及增设"教育服务活动"实践环节四个方面对现有的全程贯通一体化教育实践模式进行优化提升。

在开展研究的过程中，笔者力求做到科学客观、全面系统和逻辑自洽，致力于回答"全程贯通一体化教育实践模式下全日制教育硕士反思能力发展状况及其规律与特征"这一核心问题，并不断思考"如何通过改善现有的教育实践模式更好地促进职前教师反思能力发展"这一问题。本书最大限度地呈现了对这两个问题的探究和思索。诚然，本研究还存在许多不足，比如：影响职前教师反思能力发展的因素错综复杂，本研究设定了一种相对理想化的情境；反思能力测量问卷的编制仍需继续完善，目前的问卷题目设计还没有很好地涵盖教育实践的所有环节；研究实践在促进研究对象反思能力发展中发挥的作用还需要进一步验证；等等。另外，研究视角也存在一定的局限性。本研究主要基于职前教师的视角，没有过多地从大学指导教师和中学指导教师的视角来分析和验证研究对象的反思能力发展状况，后续研究中，可以通过多主体视角的研究来进行互证，进一步提升研究的完整性和科学性。

需要说明的是，除特别注明外，本书图表中的内容均来源于课题组调研结果。

本书的出版并不是关于职前教师反思能力发展这一问题研究的终结，而是研究的新起点，也希望能够在今后的研究中针对上述存在的不足进行弥补和完善。仅以本书的出版作为求教于学界同仁的重要契机，希望得到更加广泛的指导和批评。

梁荣华

于东北师范大学教育学部国际与比较教育研究所

2022 年 10 月 30 日

目录
CONTENTS

第一章

导　论

第一节　基本概念与相关研究

一　研究缘起

进入 20 世纪 80 年代之后，尤其是随着美国学者唐纳德·舍恩（Donald Schon）《反映的实践者：专业工作者如何在行动中思考》一书的出版，"反思"之于教师教育改革的重要性日益凸显，引领了教师教育发展的潮流，掀起了声势浩大的反思型教师教育运动。早期关于教师反思的研究，更多是以在职教师为对象，目的在于促进在职教师的专业发展。20 世纪 90 年代末以来，在持续关注在职教师反思研究的同时，教师教育领域出现了一个明确的信号：希望职前教师在学习的过程中能够更多地参与教育实践，将反思贯穿教育实践全过程，最终促使反思能力成为职前教师的一项基本能力。[①] 也有研究指出，职前教师通过学习如何反思，可以获得一种成长的能力，职前教师可以借此成为自我引导

[①] Toom, A., Husu, J., & Patrikainen, S., "Student teacher's patterns of reflection in the context of teaching practice," *European Journal of Teacher Education*, 3 (2015): 320 – 340.

的学习者（self-directed learner）。[1] 在强调教师核心素养和能力建设的时代背景下，在反思型、研究型教师教育思潮的推动下，作为未来的专业实践者，职前教师反思能力培养与发展的重要性不言而喻，是其成长之路中的关键要素。

在教师教育领域，已有研究从不同角度对反思概念应用的精准性进行了批评，但很少质疑反思的重要性，总体上倾向于将反思视为审视和回顾教育教学过程时解决问题和困惑的理想方式。[2] 反思是与教育实践密切联系在一起的，脱离了教育实践的反思难以寻觅到落脚点，如同空中楼阁。反思对职前教师的重要性在于，帮助职前教师梳理与审视自己先前作为学习者（学生）而积累形成的对教育教学的初步认识，在职前教师的课程学习与教育实践之间搭起桥梁，实现理论与实践的融合以及专业能力的发展，同时，反思意识与反思能力培养本身也是教师教育的重要培养目标。[3] 以往关于我国职前教师教育的研究成果普遍认为，职前教师缺乏教育教学实践经验，缺乏对教育教学活动的深刻认识与理解，缺乏对教师职业的切身体验与感悟。我国教育部出台的《教育部关于加强师范生教育实践的意见》就明确指出，教育实践依然是教师培养的薄弱环节。[4] 大多数师范类院校的教育实践在培养职前教师反思能力上存在不足，职前教师在教育教学实践中的反思能力较弱，表现为缺乏反思意识和信息收集、整理、分析能力，难以满足基础教育教师专业发展的要求。[5] 职前教师的教育实践必须是一个反思性的经验学习过程的

---

① Korthagen, F. A. J., Kessels, J., Koster, B., Lagerwerf, B., & Wubbels, T., *Linking Practice and Theory-The Pedagogy of Realistic Teacher Education* (Mahwah: Lawrence Erlbaum Associates Publisher, 2001), p. 49.

② Parker, S., "Reflective teaching in the postmodern world: A manifesto for education in postmodernity," *Journal of Philosophy of Education*, 3 (1997): 453 – 455.

③ 李广平、和立伟、张梦雅：《实践反思模式下教育硕士生的反思能力发展研究》，《学位与研究生教育》2018 年第 3 期，第 7 ~ 12 页。

④ 教育部：《教育部关于加强师范生教育实践的意见》（教师〔2016〕2 号），2016 年 3 月 17 日。

⑤ 徐美：《加强师范生实践反思能力的培养》，《中国教育学刊》2016 年第 1 期，第 94 ~ 97 页。

观点已然在国际教师教育领域达成共识。作为一种有目的、有价值导向、致力于问题解决的活动，实践要求其主体在思维与行动时，根据情境的反馈与回话，重构问题框架，不断调适自己的行动，具有反思性和反身性。① 因此，教育实践本身就具有反思性的属性，职前教师反思能力的培养与发展不能脱离教育实践，反思性实践（或实践反思）理论在教师教育中的地位逐步得以确立。

专业教育者常常主张反思性实践，却难以将其模式化并提供明确的指导，"反思性实践能够被教授吗"已成为一个焦点问题。反思性实践应该而且能够被教，明确的指导要远比不断地主张反思性实践更具生产性，明确的指导将使个体理解反思性实践与日常反思意识的区别。反思性实践能否被教，关键在于是否存在有效的手段和技巧或能否提供一个反思性实践的模式。② 反思能力或反思性实践作为"不易教"或"无法教"的知识，舍恩将其理解为自发的、模糊的、隐蔽的"默会知识"（tacit knowledge）或"常规判断"（normative judgements）。他认为首先应当基于体悟的方式进行学习，然后才是教师的演示、辅导或说明，需要在师生的不断互动中完成各自的反思性实践。③ 因此，有必要重新认识教育实践在职前教师培养中的重要性，将其作为职前教师培养体系的核心，但更重要的是如何设计有效的教育实践模式，不仅仅是教师教育理念由"理智取向"向"实践取向"转变，关键在于教育实践的有效性。

在认同反思的重要性和反思性实践可以被教授的基础上，对反思方法的研究或提供一个有效的反思性实践模式就变得至关重要。国内外教师教育领域的研究者和教师教育机构围绕上述问题进行了大量理论探究

① 陈向明：《范式探索：实践—反思的教育质性研究》，《北京大学教育评论》2010 年第 4 期，第 40~54 页。
② Russell，T.，"Can reflective practice be taught，" *Reflective Practice*，2（2005）：199 - 204.
③ 陆德梅：《"反思型执业者"的培养——唐纳德·舍恩的"反思性实践"理论及其对专业学位教育的影响》，《复旦教育论坛》2009 年第 6 期，第 31~35 页。

和实践探索，将"培养职前教师的反思能力"作为职前教师教育实践的关键任务之一。然而，很多教师教育机构尤其是国内的师范类院校在教育实践中仍然存在以典型化、简单化、系统化的理论来简化复杂、烦琐、多变的教育实际的问题，而当职前教师真正进入充满复杂性、不确定性、独特性、不稳定性和价值冲突性的教育现场时，会发现实践中的问题几乎没有一个能完全照搬照套典型。① 因此，建构有效的反思性教育实践模式，通过精细化、结构化的教育实践反思任务安排以及有针对性的指导，实现职前教师反思能力的发展，是一项充满挑战、富有吸引力又极具实践价值的工作。

"教师教育是教育事业的工作母机，是提升教育质量的动力源泉。"② 教师和教师教育的重要性毋庸赘言，如何培养教师也因而成为经久不衰的话题。2021 年 4 月 2 日，教育部办公厅印发了《中学教育专业师范生教师职业能力标准（试行）》等五个文件，将教师职业能力划分为"师德践行能力""教学实践能力""综合育人能力""自主发展能力"四个维度，为职前教师的职业能力培养提供了依据和参照标准。其中，"自主发展能力"包括"注重专业成长"和"主动交流合作"两个方面，"反思改进""发展规划""学会研究"作为"注重专业成长"的三种能力被纳入职业能力范畴。《中学教育专业师范生教师职业能力标准（试行）》中将"反思改进"描述为："具有反思意识和批判性思维素养，初步掌握教育教学反思的基本方法和策略，能够对教育教学实践活动进行有效的自我诊断，提出改进思路。"③ 如何构建和不断完善基于我国国情的职前教师反思性教育实践模式，以更好地促进职前教师的反思能力发展，已成为我国教师教育改革面临的迫切需要解

---

① 杨秀玉：《教育实习：理论研究与对英国实践的反思》，中国社会科学出版社，2017，第 85 页。

② 教育部、国家发展改革委、财政部、人力资源和社会保障部、中央编办：《教师教育振兴行动计划（2018～2022 年）》（教师〔2018〕2 号），2018 年 2 月 11 日。

③ 教育部办公厅：《中学教育专业师范生教师职业能力标准（试行）》（教师厅〔2021〕2 号），2021 年 4 月 2 日。

决的现实问题。

二 概念界定

（一）职前教师

职前教师（pre-service teacher）可以理解为教师预备者，是相对于在职教师（in-service teacher）的概念。贝蒂·E. 斯黛菲（Betty E. Steffy）和迈克尔·P. 沃尔夫（Michael P. Wolfe）等提出的教师职业生涯周期理论认为，职前教师处于教师职业生涯周期的第一个发展期——实习期，因此把职前教师称为实习教师。[①] 由于世界各国的教师选拔、培养与任用制度存在差异性，不能完全使用统一的标准对职前教师进行界定，但通常是指正处于职前培养阶段的教师预备者或教师候选人。

本研究的职前教师既泛指一般意义上的职前教师，也指向特定的研究对象——全日制教育硕士专业学位研究生。全日制教育硕士教育不仅肩负着培养造就卓越教师的使命，而且对教师教育的理论创新和改革发展起着重要的引领与带动作用。全日制教育硕士属于研究生层次的职前教师，是一般意义上职前教师的类别之一。本书在需要特别强调特定研究对象时使用"全日制教育硕士"，除此之外使用一般意义上职前教师的概念。

（二）全程贯通一体化教育实践模式

全程贯通一体化教育实践模式是本课题组所在大学于 2010 年启动的全日制教育硕士培养综合改革的全新尝试，并于 2013 年进行了完善和优化。从 2014 级全日制教育硕士开始，不再沿袭以往的"课程学习＋教育见习＋集中教育实习"分段式教育实践模式，而是采用"基础实践＋应用实践＋研究实践"的全程贯通一体化教育实践模式，将教育实践贯穿全日制教育硕士培养的全过程，实现"体验—提升—实践—反思"的全程贯通，教育实践与课程学习并行开展，进行一体化实施。

---

① 〔美〕贝蒂·E. 斯黛菲、迈克尔·P. 沃尔夫、苏珊娜·H. 帕施、比利·J. 恩兹主编《教师的职业生涯周期》，杨秀玉、赵明玉译，人民教育出版社，2012，第 4～5 页。

第一学年的两个学期是基础实践阶段，每周三天在大学进行课程学习，两天到中学进行教育实践。① 通过在卓越教师培育试验区的优质中学建立学科教学实践平台的方式，全日制教育硕士入学即进入平台，在大学指导教师和中学指导教师的双导师指导下，重点培养教育实践能力的同时，高质量完成课程学习、实践教学和课题研究，促进理论与实践的深度融合。第三学期是应用实践阶段，在应用教育实践基地群开展为期两个月的应用性教育实践。一方面研究实践贯穿于基础实践和应用实践当中，完成两个实践环节中研究实践问题的任务与要求；另一方面在第三学期的后两个月以及第四学期围绕教育实践问题集中进行硕士学位论文的撰写工作。

（三）反思和反思能力

20 世纪 30 年代，约翰·杜威（John Dewey）提出将反思视为一种专门的思维方式的观点，认为反思起源于直接经验情境中所产生的怀疑和困惑，反思会引起有目的的探究和解决问题的行动。杜威认为，反思是通过"对某个问题进行反复的、严肃的、持续不断的深思"和"对于任何信念或假设性的知识，按照其所依据的基础和进一步导出的结论，去进行主动的、持续的和周密的思考"，进而探寻"事物之间客观真实的联结，这种联结使一种事物引出某种其他事物的信念具有根据、理由和证据"。② 迈克尔·林奇（Michael Lynch）认为："在一些社会理论中，反思是人类一项不可或缺的能力；在其他理论中，它可以是一种系统属性，也可以是批评或自我批评，等等。反思通常被视为具有方法论的功能，是卓越洞察力或意识的重要来源，但却很难被建构起来。"③

---

① 2014～2017 级全日制教育硕士基础实践阶段实施"3 + 2"模式，即每周三天在大学进行课程学习，两天在中学开展教育实践；基于多种因素考虑，从 2018 级全日制教育硕士开始实施"3 + 1"模式，即每个月三周在大学进行课程学习，集中一周在中学开展教育实践。

② 〔美〕约翰·杜威：《我们怎样思维·经验与教育》，姜文闵译，人民教育出版社，2004，第 11～18 页。

③ Lynch, M., "Against reflexivity as an academic virtue and source of privileged knowledge," *Theory, Culture & Society*, 3（2000）: 26 - 54.

舍恩则在表达了对专业知识和专业教育的信心危机的基础上，强调思维和行动相互影响使行为不断得以调整，即思维和行动二者之间的往复修正。① 综合上述观点，可以将反思理解为"做"与"受"之间的回话与相互映照，即行动者在思维与行动时，根据情境的反映与对话，重构问题框架，不断调适自己的行动，并进而反思自己的价值观和基本假定。②

从教师教育视角看，反思需要进行专门性的建构，才能够从一种纯粹的和条件反射性的习惯转为能够用来识别、判断、分析和解决教育教学工作中复杂问题的思维方式和基本能力。因此，"反思"即是对教育教学过程或活动的某个或某些经验进行有效的"召回"、"反观"和"评估"，是对过去经验的回应，涉及有意识的回忆和检验；"反思能力"是能够通过自我检验（self-examination）和自我评估（self-evaluation）的过程，来干预和改进自己的专业实践的能力。③

本书中将指向全日制教育硕士的"反思能力"理解为，在全程贯通一体化教育实践模式引导下，在"基础实践＋应用实践＋研究实践"的具体实施进程中，全日制教育硕士对教育理论与问题、教育观念与教师信念、教育教学过程与活动以及教师专业发展等方面进行积极主动的省思与探究的能力。

三 相关研究

随着反思和反思性实践等理论在教师教育中地位的确立和重要性的日益凸显，教师反思相关主题研究越来越多并越来越细化。已有研究围绕反思的思想起源、内涵、理论基础、基本要素和标准、层次和结构等

---

① 〔美〕唐纳德·A. 舍恩：《培养反映的实践者：专业领域中关于教与学的一项全新设计》，郝彩虹、张玉荣、雷月梅、王志明译，教育科学出版社，2008，第22~28页。
② 陈向明：《我们需要什么样的教育学？——兼论实践-反思教育学》，转引自魏戈《教师实践性知识的生成》，教育科学出版社，2020，第2页。
③ Mirsaei, F., Phang F. A., & Kashefi, H., "Measuring teachers reflective thinking skills," *Procedia-Social and Behavioral Sciences*, 141 (2014): 640-647.

进行了比较深入完整的文献综述，① 在此不再赘述。笔者通过对国内外相关研究成果进行梳理发现，关于教师反思，尤其是职前教师反思的探讨，主要集中在反思的内容、反思的过程、反思的类型与水平、反思的质量与成效等方面。同时，鉴于本书选取全日制教育硕士作为特定研究对象，期待通过不断完善现有的教育实践模式更好地促进其反思能力的发展，有必要围绕"全日制教育硕士的实践反思"这一主题进行文献梳理。

（一）关于职前教师反思的研究

1. 职前教师反思内容研究

在比较宽泛的教师反思内容研究的基础上，不少研究指出了职前教师教育实践反思内容的独特性。一般认为，教师的反思内容主要包括以下几个问题领域：教与学的过程、学科内容知识、教育教学中内隐的政治与道德原则、教育制度与改革等。② 也有研究将反思内容概括为几个更加宽泛的领域，包括对教育实际的反思、对教育理论的反思、对影响教育教学活动的社会因素的反思、对教师专业发展的反思等。③

为了更加明晰职前教师教育实践反思与一般意义上教师反思的差异性，一些学者以职前教师的教育实践活动为研究对象开展了行动研究，指出大部分职前教师会将反思集中在教学过程（教学设计、有效教学行

---

① 王艳玲：《培养"反思性实践者"的教师教育课程》，博士学位论文，华东师范大学，2008，第46～53页；王春光：《反思型教师教育研究》，东北师范大学出版社，2010，第53～61页；回俊松：《职前教师反思能力培养研究——本体性反思能力培养的必要性与可能性》，博士学位论文，东北师范大学，2014，第6～15页。

② Tom, A. R., "Inquiring into inquiry-oriented teacher education," *Journal of Teacher Education*, 5 (1985): 35 - 44; Valli, L., "Reflective teacher education programs: An analysis of case studies," in Calderhead, J. and Gates, P., eds., *Conceptualizing Reflection in Teacher Development* (London: Falmer Press, 1993), pp. 11 - 22; 杨秀玉：《实习教师的反思：理论研究与来自美国教师教育实习项目的探讨》，《外国教育研究》2009年第12期，第74～79页。

③ 姜广运：《浅谈教学反思的内容、策略及作用》，《教育探索》2010年第10期，第50～51页；东北师范大学：《体验·提升·实践·反思 东北师范大学全日制教育硕士研究生培养综合改革》，《教育研究》2014年第12期，第2页。

为、课堂组织与管理、分组教学过程等）上，对于更加宽泛的问题领域的关注显得不足或乏力。^① 聚焦教学反思，职前教师和在职教师也存在较为明显的差异，职前教师的教学反思比较关注教师自身在职业中的状况、教学基本能力以及职前培养过程中习得的陈述性知识和程序性的验证；在职教师比较关注学生的发展和教师专业能力的发展，并将学生的思维、能力、动机激发放到了反思的核心位置。^②

一项对全日制教育硕士反思日志进行文本分析的研究结果指出，全日制教育硕士实践反思的内容主要集中在"对教育发展问题的反思""对班主任工作的反思""对师生关系的反思""对学生发展的认识与反思""对教师发展的反思""对课堂教学的反思""对教育实践与自身成长的反思""对指导教师与教育硕士关系的反思"八个方面，其中，涉及课堂教学过程的反思事项占反思事项总数的比例高达 66.7%。^③ 研究表明，全日制教育硕士的反思主要是针对教育教学过程进行技术性反思，对其他问题域的关注存在不足，这与国内外针对职前教师反思内容的研究结果具有一致性。

2. 职前教师反思过程研究

职前教师培养中对反思性实践的重视程度越来越高，一般性观点认为教育实践过程主要是经验学习的过程，这一经验学习的过程就是在行动与反思之间不断转换的过程。舍恩认为，反思的过程是由复杂的、不确定的、不稳定的、独特的或价值冲突的情境所激发的，因此作为实践反思终极目标的"在行动中反思"即是反思过程的本质体现。"在

---

① Valli, L., "Reflective teacher education programs: An analysis of case studies," in Calderhead, J. and Gates, P., eds., *Conceptualizing Reflection in Teacher Development* (London: Falmer Press, 1993), pp. 11-22; Korthagen, F. A. J., Kessels, J., Koster, B., Lagerwerf, B., & Wubbels, Th., *Linking Practice and Theory-The Pedagogy of Realistic Teacher Education* (Mahwah: Lawrence Erlbaum Associates Publisher, 2001), p. 66.

② 王碧梅、胡卫平:《职前教师和在职教师教学反思关注点比较》,《教育科学》2016 年第 1 期, 第 39~44 页。

③ 李春艳:《全日制教育硕士的实践反思研究——基于教育实践反思日志的分析》, 硕士学位论文, 东北师范大学, 2016, 第 16~42 页。

行动中反思"要求对快速的、短暂的、即时的问题采取行动,对于促进教师的实践能力具有重要作用。实践反思所表现出的行动性(时间紧迫性、问题解决性、主体能动性)、不确定性(模糊性、流变性、生成性)、价值性(价值导向性、追求动机和效果的一致性、主观性、情感卷入)、社会性(人是社会关系的总和,强调实践共同体的合作和探究)的特性,决定了反思是实践的关键环节。但是,已有研究对于教师反思的关注更多地聚焦于教师反思的概念、类型、模式等,而不是开展反思的实践程序或方法,对于如何进行反思和促进发展缺乏一致性见解。[①]

基于实践反思的特性,弗雷德·科萨贞(Fred A. J. Korthagen)把职前教师的反思过程划分为行动(action)、回头审视该行动(looking back on the action)、对基本方面的体认(awareness of essential aspects)、创生出行动的多种方法(creating alternative methods of action)以及尝试(trial)五个阶段,[②] 尤卡·胡苏(Jukka Husu)和奥莉·图姆(Auli Toom)等构建了基于"课堂(教室)→事件→探寻关键性事件"和"录像(聚焦教师行为)→视频刺激回忆→反思性研讨"双线并行的"引导性反思流程",[③] 等等。相关研究还强调关注职前教师适应实践环境的重要性,将赋予实践教师安全感视为培养教师反思能力的先决条件。

结合当前国内全日制教育硕士教育实践开展的实际情况,许多研究者立足于各高校实践模式提出了相应的反思性实践过程。其中,本课题组所在大学特别强调将反思探究作为提升教育硕士实践能力的重要手段,通过课程设计研讨反思、课堂观察反思、磨课与研课反思、撰写反思日志与反思实践手册、实践反思总结汇报等具体程序将反思探究贯穿

① Marcos, J. M., Sanchez, E., & Tillema, H. H., "Promoting teacher reflection: What is said to be done," *Journal of Education for Teaching*, 1 (2011): 21 – 36.

② Korthagen, F. A. J., Kessels, J., Koster, B., Lagerwerf, B., & Wubbels, Th., *Linking Practice and Theory-The Pedagogy of Realistic Teacher Education* (Mahwah: Lawrence Erlbaum Associates Publisher, 2001), p. 44.

③ Husu, J., Toom, A., & Patrikainen, S., "Guided reflection as a means to demonstrate and develop student teachers' reflective competencies," *Reflective Practice*, 1 (2008): 37 – 51.

教育硕士实践全过程。

3. 职前教师反思类型与水平研究

国内外关于教师反思类型与水平的研究成果较多，较早的具有代表性的观点是马克斯·范梅南（Max van Manen）提出的"三层次说"，具体包括：技术性反思（technical reflection）、实践性反思（practical reflection）和批判性反思（critical reflection）。[①] 此外，还有"四层次说"：无反思性描述［descriptive（non-reflective）］、描述性反思（descriptive reflection）、对话性反思（dialogic reflection）和批判性反思，[②] 或常规性反思（routine reflection）、技术性反思、对话性反思和变革性反思（transformative reflection）；[③] "五层次说"：技术性反思、行动中与对行动的反思（reflection-in-action and reflection-on-action）、缜密性反思（deliberative reflection）、人格性反思（personalistic reflection）和批判性反思；[④] "七层次说"：一般性反思（reflectivity）、情感性反思（affective reflectivity）、辨别性反思（discriminant reflectivity）、判断性反思（judgmental reflectivity）、概念性反思（conceptual reflectivity）、心理性反思（psychic reflectivity）和理论性反思（theoretical reflectivity）；[⑤] 等等。以全日制教育硕士作为研究对象进行的研究显示，全日制教育硕士的反思类型与水平大体包括无反思性描述、基于自身经历的技术性反思、基于理论的技术性反思、基于自身经历的教育问题反思、基于理论的教育问题反思和批判性反思六个层次，其中基于自身经历的技术性反思所占比

---

① van Manen, M., "Linking ways of knowing with ways of being practical," *Curriculum Inquiry*, 3 (1977): 205-228.

② Hatton, N., & Smith, D., "Reflection in teacher education: Towards definition and implementation," *Teaching & Teacher Education*, 1 (1995): 33-49.

③ Ward, J. R., & McCotter, S. S., "Reflection as a visible outcome for preservice teachers," *Teaching & Teacher Education*, 3 (2004): 243-257.

④ Valli, L., "Listening to other voices: A description of teacher reflection in the United States," *Peabody Journal of Education*, 1 (1997): 67-88.

⑤ Jensen, S. K., & Joy, C., "Exploring a model to evaluate levels of reflection in baccalaureate nursing students' journals," *Journal of Nursing Education*, 3 (2005): 139-142.

重最大，批判性反思所占比重最小。①

研究者普遍认为，反思是层次递进的过程，由低水平逐层进阶至高水平，表现为从习惯性或描述性的反思发展到更具反思性的水平，最终实现高水平、深层次的反思。在开展反思研究的过程中，既往研究者往往会根据研究对象的实际情况及其反思能力呈现出的特点，建立相应的反思水平分析框架或反思量规。

4. 职前教师反思质量与成效研究

教师专业知识包括理论性知识和实践性知识，其中实践性知识属于缄默知识范畴，主要由个体在实践以及对实践经验进行反思的基础上形成。鉴于实际支配教师行为的主要是实践性知识，实践性知识又只能从教师本人的反思性实践中获得，实践反思的质量与成效直接关乎教育实践的成败和教师培养质量的高低。② 一项关于美国教师教育实习项目的研究指出，对于实习教师反思的质量，美国很多大学的教师教育实习项目都表达了一个共同的追求，那就是希望教师能够进行"学者式的"反思，能采用不同的探究模式，能够深入思考多样化的理解或解释。对于这些理论与实践关系的思考可以被用来作为提升反思质量的一种途径。③

国内外对于反思质量与成效的研究，大多通过对职前教师实践反思日志的文本分析、访谈、问卷调查、量表测评等方式进行，研究结论基本接近，即，职前教师的实践反思基本处于技术性反思和理论性反思水平，描述性反思较多，批判性反思能力有一定发展但仍有待提高。④ 总

---

① 李春艳：《全日制教育硕士的实践反思研究——基于教育实践反思日志的分析》，硕士学位论文，东北师范大学，2016，第 15 ~ 16 页。

② 陈向明：《实践性知识：教师专业发展的知识基础》，《北京大学教育评论》2003 年第 1 期，第 104 ~ 112 页。

③ 杨秀玉：《实习教师的反思：理论研究与来自美国教师教育实习项目的探讨》，《外国教育研究》2009 年第 12 期，第 74 ~ 79 页。

④ 冷静、易玉何、路晓旭：《职前教师协作写作中反思能力发展轨迹研究——基于认知网络分析法》，《中国电化教育》2020 年第 3 期，第 93 ~ 99 页；吴兆旺：《实习教师的教学反思研究》，《全球教育展望》2011 年第 6 期，第 52 ~ 57 页；Seban, D., "Researching reflective field practices of elementary pre-service teachers: Two-dimensional analysis of teacher narratives," *Reflective Practice*, 5 (2009): 669 – 681。

体而言，对于职前教师反思能力研究的广度①还有待拓展和挖掘。② 相关研究中，研究者对实践反思日志对于提升反思质量的效果表现出不同立场。有的学者认为写日志能够激发职前教师开展更多的反思，通过叙事研究来审视自己的发展;③ 有的学者则认为以获取毕业资格和分数为目的撰写的反思日志是"无意义词语包裹下的无意义仪式"，其反思性很有限，效果与功用存在争议。④ 可以说，实践反思的质量和成效还有继续提升的空间，考查实践反思质量与成效的方法还有待进一步科学化。

（二）关于全日制教育硕士实践反思的研究

全日制教育硕士是我国当下培养的最高学历层次的职前教师。2009年教育部决定扩大以应届本科毕业生为主的全日制硕士专业学位范围之后，相关高校才开始大规模启动全日制教育硕士的招收和培养工作，实施时间还不是很长。因此，目前很多关于全日制教育硕士的研究尚停留在较为宏观的层面，比如对其培养目的、培养理念、培养体系、培养模式、课程设计与内容设定、身份认同以及发展面临的困境等方面的研究较多。针对全日制教育硕士生源主体多为大学应届毕业本科生、缺乏教育教学实践经验的现实状况，《教育部关于做好全日制硕士专业学位研究生培养工作的若干意见》对开展专业实践的方式和时间提出了明确要

---

① "广度"是指反思能力研究涵盖的内容。已有研究存在狭隘地理解反思范畴的倾向，将反思主要指向教师的行为或教学活动的一些方面，实际上，反思范畴应当更为宽泛，包括教学活动空间维度上的内部与外部、时间维度上的过去与未来等。"深度"是指反思能力的培养应当基于反思发展由浅及深的发展阶段，至少包括描述性反思、比较性反思和批判性反思三个阶段。对于反思能力研究广度和深度的窄化，会对反思质量和成效研究的全面性产生不利影响。

② Kassila, R., & Lauriala, A., "How do pre-service teachers' reflective processes differ in relation to different contexts?" *European Journal of Teacher Education*, 1（2012）：77 – 89.

③ Halen-Faber, C. V., "Encouraging critical reflection in preservice teacher education: A narrative of a personal learning journey," *New Directions for Adult and Continuing Education*, 74（1997）：51 – 60.

④ Dyment, J. E., & O'Connell, T. S., "Assessing the quality of reflection in student journals: A review of the research," *Teaching in Higher Education*, 1（2011）：81 – 97.

求："专业学位研究生在学期间，必须保证不少于半年的实践教学，可采用集中实践与分段实践相结合的方式；应届本科毕业生的实践教学实践原则上不少于 1 年。"① 国内全日制教育硕士培养单位均按照相关要求构建了全日制教育硕士的教育实践环节。

目前，国内关于全日制教育硕士实践环节的研究成果多数是以某所院校的实践状况为个案开展的案例研究和宏观实践状况的研究，比如《全日制教育硕士研究生实践环节的模式选择及思考——以辽宁师范大学为例》②、《全日制教育硕士专业学位研究生实践能力培养体系的构建与思考——以东北师范大学为例》③、《全日制教育硕士实践教学体系的构建研究——以天津师范大学为例》④、《全日制教育硕士专业学位研究生实践能力培养的探索与实践——以曲阜师范大学为例》⑤，以及《全日制教育硕士专业学位研究生实践教学模式研究》⑥、《全日制教育硕士专业学位研究生实践教学的现状研究》⑦ 等。专门围绕全日制教育硕士反思能力发展开展的研究相对不充分，通过 CNKI 检索到的研究成果仅有两篇硕士学位论文。

通过文献梳理可以得知：第一，国内指向全日制教育硕士反思能力

---

① 教育部：《教育部关于做好全日制硕士专业学位研究生培养工作的若干意见》（教研〔2009〕1 号），2009 年 3 月 19 日。

② 关尔群、商建华、余大为、侯少龙：《全日制教育硕士研究生实践环节的模式选择及思考——以辽宁师范大学为例》，《辽宁师范大学学报》（社会科学版）2012 年第 1 期，第 71～74 页。

③ 吴晓威、曹雷、王兴铭、陈旭远：《全日制教育硕士专业学位研究生实践能力培养体系的构建与思考——以东北师范大学为例》，《中国高教研究》2014 年第 11 期，第 103～106 页。

④ 苏丹、王光明：《全日制教育硕士实践教学体系的构建研究——以天津师范大学为例》，《教育探索》2014 年第 5 期，第 32～33 页。

⑤ 刘敏：《全日制教育硕士专业学位研究生实践能力培养的探索与实践——以曲阜师范大学为例》，《学位与研究生教育》2015 年第 2 期，第 32～35 页。

⑥ 邵光华：《全日制教育硕士专业学位研究生实践教学模式研究》，《教师教育研究》2012 年第 2 期，第 87～91、47 页。

⑦ 郭永峰、毕波、于海雯：《全日制教育硕士专业学位研究生实践教学的现状研究》，《学位与研究生教育》2016 年第 6 期，第 14～19 页。

发展的研究成果数量很少，多以理论分析和理论建构研究为主，缺少实证研究，缺少对学生从入学至毕业开展持续两年的全过程跟踪研究，缺乏运用多种研究方法进行的综合研究；第二，当下国内本科层次与硕士层次职前教师培养中，教育实践多是在基本完成课程学习之后进行的一个培养环节，职前教师在学习过程中大部分时间由于没有实践经验，致使反思能力的发展存在局限，从而导致职前教师的反思能力能否被培养以及怎样能培养职前教师反思能力的各种争议；第三，国内对全日制教育硕士反思能力的研究主要是发展现状与问题研究，对有指导性的反思能力发展过程与特点的研究也不充分，更加缺乏专门针对全日制教育硕士的精细化与结构化的反思能力培养实践模式研究。

第二节 研究对象、研究思路、研究方法与研究内容

一 研究对象、研究思路与研究方法

本研究旨在分析和探究在全程贯通一体化教育实践模式的引导下，不同实践阶段在不同实践任务与活动、不同指导方式的干预下，全日制教育硕士反思活动呈现的特点和反思能力发展水平的变化，并尝试针对现有的教育实践模式提出完善与改进的建议。在架构整体研究思路的基础上，根据研究主题和研究内容确定具体的研究对象和研究方法。

（一）研究对象

本课题的研究对象是本课题组所在大学 2016 级语文、英语、数学、化学、地理五个全日制教育硕士培养综合改革试点学科的 189 名全日制教育硕士。此 189 名全日制教育硕士本科毕业于全国 20 个省和 3 个直辖市的 82 所高等院校，其中，生源数量排名前五的高等院校分别是哈尔滨师范大学（18 人）、东北师范大学（17 人）、沈阳师范大学（10 人）、辽宁师范大学（9 人）和河北师范大学（7 人）。具体学科和性别分布详见表 1-1。

表 1 - 1　研究对象的学科和性别分布情况

单位：人

性别	学科教学（语文）	学科教学（英语）	学科教学（数学）	学科教学（化学）	学科教学（地理）	总计
男	8	1	3	2	3	17
女	57	39	27	30	19	172
合计	65	40	30	32	22	189

在对全程贯通一体化教育实践模式实施状况和全日制教育硕士入学时的反思能力初始状况、毕业之前的反思能力发展水平状况开展问卷调查时，研究对象覆盖 2016 级五个试点学科全体全日制教育硕士。在针对全程贯通一体化教育实践模式的实施状况进行访谈和对全日制教育硕士反思能力发展开展跟踪研究时，为保证研究的客观性并结合不同教育实践基地提供的教育实践环境存在差异性等因素，从开展第一学期基础实践①的卓越教师培育试验区中选取 5 所优质基地中学，从在这 5 所中学进行教育实践的 2016 级全日制教育硕士中选取 10 名学生（语文、英语、数学、化学和地理每个学科各 2 人），开展为期两年的发展跟踪与干预研究。

（二）研究思路

在梳理国内外关于职前教师教育实践反思理论与行动的相关研究成果的基础上，对 2014 级和 2015 级部分全日制教育硕士撰写的教育实践反思日志进行分析、整理和归纳，基于研究对象群体的实际情况，开展关于反思活动的内容、类型、过程、水平和特点的前期研究工作。

以 2016 级五个综合改革试点学科的全日制教育硕士为研究对象，运用设定的研究框架（见图 1 - 1）和研究方法，对全日制教育硕士反思能力的初始状况以及在不同教育实践阶段的反思能力发展状况进行全方位研究。结合初始反思能力发展水平的测量结果，确定教育实践开展过程中重点进行指导与干预的环节和问题。通过对不同教育实践阶段反

---

① 基础实践在第一学期和第二学期开展，参加教育实践的全日制教育硕士会在不同的中学进行轮换，原则上覆盖初中和高中两个学段。

思能力发展状况的并置与比较分析，提炼样本对象在反思的内容、类型、过程、水平和特点等方面的进步与提升，总结存在的问题和不足。培养周期结束之前，以全体 2016 级全日制教育硕士为对象开展第二轮反思能力水平测量，对研究结论进行补充和验证。

在以上研究的基础上，归纳总结当前教育实践模式对于促进职前教师反思能力发展存在的不足，并结合国际职前教师反思性教育实践优秀案例的经验，对当前教育实践模式进行优化提升。

（三）研究方法

本研究使用文献研究法、问卷调查法、文本分析法、观察法、访谈法相结合的综合研究方法。

文献分析法主要用于梳理国内外关于职前教师教育实践反思理论与实践的相关研究成果，以及对国际职前教师反思性教育实践优秀案例经验进行分析，为后续研究的开展奠定理论和文献基础。

对全程贯通一体化教育实践模式的实施状况和两轮针对全日制教育硕士的反思能力发展水平测量主要借助问卷调查法，使用本课题组编制的全日制教育硕士基础实践成效自我评价问卷和改编的全日制教育硕士反思能力测量问卷开展调查分析。

在对 10 名样本对象开展为期两年的跟踪研究时，基础实践阶段主要依托文本分析法对样本对象的实践反思日志进行分析，对样本对象两个学期基于课堂观察、教学设计、磨课、试讲、展示课教学以及教育实践反思周总结等环节的反思状况进行对比分析，并结合对样本对象的访谈以及对其教育实践过程的观察，对基础实践阶段的反思能力发展状况进行研究；应用实践和研究实践阶段主要使用访谈法，部分样本对象所在学科在应用实践阶段要求提交实践总结报告，本研究将对总结报告开展文本分析。通过以上方法对不同实践阶段全日制教育硕士反思活动的内容、类型、过程、水平、特点以及影响因素等开展综合的质性分析。

二 研究内容

反思能力发展是全日制教育硕士培养过程中面临的基础性与关键性

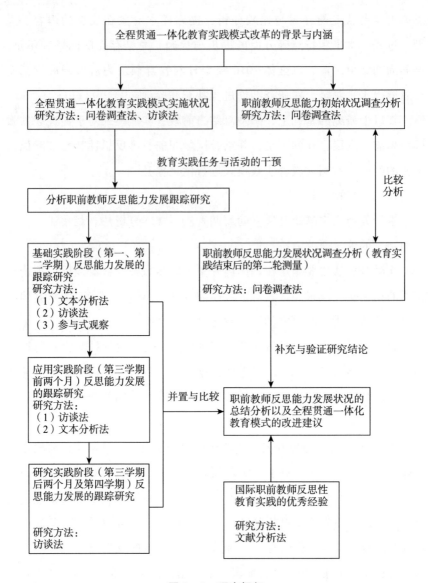

图 1-1 研究框架

问题，是提升全日制教育硕士实践能力与培养质量以及培养卓越教师的重要手段。围绕"全程贯通一体化教育实践模式下全日制教育硕士反思能力发展状况及其规律与特征"这一核心问题，本书拟从以下四个方面开展研究，具体内容安排如下。

一是全程贯通一体化教育实践模式的内涵与实施状况。全程贯通一体化教育实践模式是本书探讨职前教师反思能力发展的路径依托，在对该教育实践模式改革的背景、目标、基本思路、内容和措施进行研究的基础上，揭示该模式设计的着眼点、该模式与以往教育实践模式的本质区别、该模式设计的任务与活动的目的及意图，析出该教育实践模式中会对全日制教育硕士反思能力发展产生影响的因素，并辅以问卷调查和访谈对该教育实践模式的实施状况进行总结。

二是职前教师反思能力初始状况调查分析。把握职前教师反思能力的初始状况，是为职前教师反思能力发展提供有针对性的指导和开展后续持续性跟踪研究的重要前提。初始反思能力是指，本研究的特定研究对象全日制教育硕士入学后未经学习和指导状态下的反思能力发展水平。使用改编的全日制教育硕士反思能力测量问卷，重点结合"全日制教育硕士初始反思能力的整体水平如何""全日制教育硕士初始反思能力发展水平是否存在显著的内部差距""之前的教育背景和教育教学经历等因素对全日制教育硕士初始反思能力发展水平的影响如何"三个问题，对全日制教育硕士的反思能力初始状况进行调查分析。

三是对全程贯通一体化教育实践模式下的职前教师反思能力发展实施跟踪研究。主要依托对全日制教育硕士反思日志[①]的文本分析、访谈法和观察法，依据反思的内容类型和层级归属对基础实践、应用实践和研究实践三个阶段全日制教育硕士的反思能力发展情况进行跟踪研究。在全日制教育硕士毕业前，结束为期两年的跟踪研究，再次使用全日制教育硕士反思能力测量问卷对其反思能力发展水平进行测量，通过数据的对比分析对跟踪研究的结论进行补充和验证。

四是尝试对现有的全程贯通一体化教育实践模式提出完善与改进建

[①] 反思日志的主要来源是全日制教育硕士基础实践的《教育实践手册》，不同学科专业的《教育实践手册》在设计上略有不同，主要内容包括课堂观察（由即时反思、课后反思、授课亮点与感悟、问题探究等内容构成）、教育实践反思周总结（由反思要点、成功与不足之处、原因剖析、改进策略等内容构成）、磨课反思、授课后的书面反思、日常记事等。

议。在前期研究的基础上，结合国际职前教师反思性教育实践优秀案例的经验，分析全程贯通一体化教育实践模式存在的问题与不足，提出改进和优化建议，使之成为更加精细化和结构化的职前教师反思性教育实践模式，更好地促进职前教师的反思能力发展。

第二章

反思能力发展的路径依托：全程贯通一体化教育实践模式

　　职前教师培养面临一些共性问题，包括理论学习与教育实践脱节、课程教学与基础教育关联性不紧密、实践能力培养的体系与机制不完善、教育实践模式粗放和低效等，是制约职前教师培养质量的根本性、瓶颈性问题。全日制教育硕士的生源主体是大学应届本科毕业生，仍处于职前教育发展阶段，同样面临上述问题。本课题组所在大学自2009年开始招收并培养全日制教育硕士，为了全面提升培养效果和质量，从2010年9月开始探索"以职业需求为导向，以实践能力培养为核心，以产学结合为途径"的全日制教育硕士培养改革，构建并与实施了全日制教育硕士的全程贯通一体化教育实践模式，旨在为其成长奠定基础。2013年9月，在研究与总结这一教育实践模式三年实施经验与问题的基础上，学校对其进行了进一步的优化与提升，提出了基于"体验—提升—实践—反思"的全程贯通一体化教育实践模式。

第一节　全程贯通一体化教育实践模式的内涵

　　全程贯通一体化教育实践模式中的"一体化"指的是"基础实践＋应用实践＋研究实践"的一体化，实现一体化的基础和保障是三个

"贯通与一体化"、两大教育实践基地群和"三位一体"协同合作机制。

一 "基础实践 + 应用实践 + 研究实践"的一体化

国内师范类院校和具备教师培养资质的机构多采用"课程学习 + 教育见习 + 集中教育实习"分阶段式的教育实践方式。相关研究表明，理论与实践循环往复的教师教育模式更有利于促进职前教师的教育理解和教育实践能力的螺旋式上升发展。作为研究生层次的职前教师，全日制教育硕士的培养应体现实践取向和研究本位，因而教育实践应该加强实践体验和突出反思探究。为实现理论与实践的循环往复，须将基于行业一线的、浸润式的教育实践贯穿整个全日制教育硕士培养过程。

基于此，本课题组所在大学构建了功能不同、相互衔接的"基础实践 + 应用实践 + 研究实践"一体化的教育实践模式。基础实践在第一学期和第二学期进入大学所在地的卓越教师培育试验区开展，与课程学习并行（概念界定中述及的"3 + 2"模式或"3 + 1"模式）实施，基础实践的活动和任务包括观课、评课、说课、教学设计、磨课、录课、展示课教学、作业与试卷分析、辅导答疑、班会与学生的活动组织、班级管理、参与教研活动以及开展教育反思（包括撰写反思日志、小组反思、实践总结展示与汇报等形式）。基础实践的目的是感悟中学教育教学实践，体验教师角色与教师职业生态，练习与发展教学技能，开展科学规范的备课与教学，深化课程学习与教育实践的联系，培养教育实践能力和反思意识。应用实践是在第三学期进入省外的应用教育实践基地群，在中学实践导师的指导下以"准教师"的身份独立开展两个月的全程教育教学实践以及进行实践问题研究。应用实践的目的是全面锻炼和提升教育教学实践能力。研究实践同样贯穿全日制教育硕士培养全过程，在基础实践和应用实践阶段有研究实践问题的任务与要求，需要完成硕士论文[①]的选题和开题，在第三学期的后两个月及第四学期的论文研究阶段需要围绕硕士论文选题开展教育实践问题研究。研究实践的目

———————

① 如无特别说明，本书中的"硕士论文"指硕士学位论文。

的是发展反思和研究教育实际问题的能力。

二　三个"贯通与一体化"

三个"贯通与一体化"是指大学课堂与基础教育现场的贯通与一体化、教育实践与课程学习的贯通与一体化以及体验—提升—实践—反思的贯通与一体化，是实现"基础实践＋应用实践＋研究实践"的一体化的重要基础和保障。

（一）大学课堂与基础教育现场的贯通与一体化

全日制教育硕士入学后的第一和第二学期，采用"3＋2"模式（2018级之后更改为"3＋1"模式）在大学所在地的卓越教师培育试验区开展基础教育实践，每周三天在大学进行课程学习，两天在优质中学开展浸入式教育实践；第三学期前两个月以准教师身份进入应用教育实践基地群的中学开展应用实践，进行全职角色体验；第三学期后两个月及第四学期重新回到大学和卓越教师培育试验区，结合学位论文研究进行实践反思的理论升华。通过大学课堂与基础教育现场的无缝对接，打破空间界限，强化大学学习环境与中学教育教学实践环境的融合。

（二）教育实践与课程学习的贯通与一体化

全日制教育硕士入学即进入卓越教师培育试验区的中学，边学习边实践，打破"先理论、后实践"的传统模式。全日制教育硕士培养综合改革是系统化改革，教育实践模式改革虽是综合改革的重点和突破口，但不是只针对教育实践的局部改革和创新。为此，综合改革方案对全日制教育硕士的课程内容和教育实践内容进行了一体化设计，通过课程学习与教育实践的相互嵌入和循环往复，深化对教材、课程和学科的理解，促进对教育教学问题和实践的反思，强化课程知识、教育理论与教育实践的深度融合。

（三）体验—提升—实践—反思的贯通与一体化

体验—提升—实践—反思是全程贯通一体化教育实践模式的主轴，贯穿与引领教育实践体系以及教育实践的具体实施，旨在通过体验—提升—实践—反思的贯通一体化设计，实现对教师职业理解与体验、实践能力发展、教育实践研究、自我反思能力提升的相互促进、协同发展。

"体验"即加强对基础教育与教师职业的实践观察、感悟与体会。通过增加实践体验时间，明确实践体验任务，优化实践体验环节与流程，注重将实践教学的各个环节有机结合。

"提升"即注重通过实践深化对理论、知识的理解与认识的提升，加强对实践本身的理解与认识的提升。通过对课程学习和实践环节的一体化设计，围绕教育实践活动及需求，开展课程学习、教学实践和问题研究，使理论学习与应用通过实践贯穿起来。

"实践"即理论指导下的技能发展与实践演练。教学实践是实践能力培养的最基本、最重要的途径。通过改革实践模式，建立卓越教师培育试验区，做好实践内容任务化、实践流程标准化、实践实施课程化，将教育实践贯穿整个培养过程，实现理论与实践的深度融合。

"反思"即突出对教育理论与问题、教育观念与教师信念、教育教学过程与活动以及教师专业发展等的反思与探究。反思探究是提升全日制教育硕士实践反思能力最重要的手段，关键点在于如何将反思探究与培养过程相结合。在实际培养过程中，通过布置具体的实践活动和任务，将教育硕士的反思探究体现在课程学习、实践教学和学位论文撰写等各个培养环节。

三 两大教育实践基地群

为有效实现三个"贯通与一体化"，确保教育实践的高质量开展，基于"从近从优"的原则与大学所在地优质中学共建卓越教师培养试验区，本着"择优选择、相对集中、有利联动"的原则与省外优质中学共建全日制教育硕士应用教育实践基地群。[①] 卓越教师培养试验区主要承担全日制教育硕士的基础实践和研究实践任务，应用教育实践基地

---

① 卓越教师培养试验区和应用教育实践基地群基地学校的数量随着参与全日制教育硕士培养综合改革试点学科数量的增加一直处于调整之中，以2016级全日制教育硕士参与教育实践过程的数据为参考的情况下，两大教育实践基地群的基地学校数量分别为8所和16所。

群主要承担其应用实践任务。遵循"目标一致、责任分担、利益共享、合作发展"的理念，大学充分发挥自身在科学研究、学科建设、课程改革、师资培养方面的资源和优势，为教育实践基地群的中学提供教师专业发展、学校改进、教育问题研究等方面的支持和服务；教育实践基地群的中学把全日制教育硕士培养纳入学校工作的整体规划和日常安排中，遴选优秀骨干教师作为中学指导教师，为全日制教育硕士的教育实践、课程学习、学位论文撰写等提供支持与指导。

四 "三位一体"协同合作机制

全日制教育硕士培养综合改革打破职前教师培养是大学职责、在职教师专业发展是中小学事务的分离观念，对其进行一体化思考与设计，着力建设"大学主导、教育行政部门协调、中小学参与"的"三位一体"协同合作机制。通过协同合作机制，充分调动参与三方的积极性、主动性和责任感，通过把全日制教育硕士培养、教师在职培训、基础教育学校改进和教育实践研究一体化设计与实施，既发挥了大学、教育行政部门和基地学校在教育硕士培养中的协同优势，也促进了基础教育改革与教育质量的提升。

与此同时，"三位一体"协同合作机制能够有效促进大学教师、职前教师（全日制教育硕士）和中学指导教师的"三螺旋"协同成长。一是改变培养过程中存在的大学指导教师与中小学指导教师之间缺乏联系与互动，大学指导教师对基础教育了解不够深入、研究不够透彻、指导教育实践的能力不足以及在指导教育实践中获得感和自我效能感不强的问题；二是解决中小学指导教师对大学课堂所教授的理论与知识了解度与认同度不高、参与职前教师指导的积极性不高以及自身专业发展与提升遭遇瓶颈等问题，在与大学指导教师协同指导全日制教育硕士和进行教育实践问题研究的过程中，突破专业发展遇到的瓶颈性障碍，为成长为专家型教师奠定理论和实践基础；三是解决职前教师一直以来在专业成长过程中的被动地位问题，在"三位一体"协同合作机制下，全日制教育硕士是教育教学活动的独立主体，既能够有效借助大学指导教师和中小学指导教师的指导与支持发展自己，又可以寻求自我反思和自主发展。

第二节　全程贯通一体化教育实践模式改革的目标与思路

基于"体验—提升—实践—反思"的全程贯通一体化教育实践模式改革是本课题组所在大学全日制教育硕士培养综合改革的重点和突破口，不仅是为解决教育实践方式方法问题进行的局部改革与创新，更是针对全日制教育硕士培养全过程进行的系统化改革。全日制教育硕士综合改革的总体目标是：培养具有较强教育实践能力、研究创新与自主发展能力的高素质教师与未来教育家，以中小学教育教学活动与教师职业需要为导向，以学科教学知识优化与教学能力提升为重点，以全程贯通一体化教育实践为支撑，以大学与中学深度合作为保障，建立与基础教育发展相适应、特色鲜明的全日制教育硕士培养模式。全程贯通一体化教育实践模式作为全日制教育硕士培养模式综合改革的支撑，已成为综合改革的着眼点与着力点。

一　全程贯通一体化教育实践模式改革的目标

以全面提升全日制教育硕士培养质量为目标，以促进理论与实践有机融合及相互擢升为着眼点，以大学—地方政府—中小学深度合作为保障，打造大学课堂与基础教育现场贯通与一体化、教育实践与课程学习贯通与一体化、体验—提升—实践—反思贯通与一体化的教育硕士实践平台与培养平台，构建基于教师职业环境的教育硕士培养体系，为全日制教育硕士培养综合改革奠定基础。

二　全程贯通一体化教育实践模式改革的思路

为系统推进基于"体验—提升—实践—反思"的全程贯通一体化教育实践模式，重点突破职前教师培养中存在的共性问题，教育实践模式改革以构建"基础实践＋应用实践＋研究实践"的一体化教育实践课程体系为统领，以打造深度合作、功能衔接的省内、省外两大教育实践基地群为基础，以优化大学、地方教育行政部门、中小学"三位一体"的协同合作机制为保障，着力实现三个"贯通与一体化"，促进理论与实践有机融合及相互擢升，强化全日制教育硕士教育实践能力的培养，助力全日制教育硕士培养综合改革的顺利开展。

第三节　全程贯通一体化教育实践模式的实施状况

全日制教育硕士培养综合改革对教育实践进行了系统设计与精心规划，在具体开展教育实践过程中，将教育实践作为一门课程进行设计和实施，开发科学规范的管理和评价体制，建立反馈和跟踪研究机制，以保障教育实践的实施质量和效果。

一　实施方式

将教育实践作为一门贯穿全日制教育硕士培养全过程的系统课程进行设计和实施，在注重教育实践"量"的积累的同时，更加关注"质"的提升。"基础实践"课程周期为十个月，由大学学科教学教师、教育学科教师、大学实践管理教师和中学实践指导教师组成教师团队共同完成"授课任务"；"应用实践"课程周期为两个月，由"应用教育实践基地群"的中学实践指导教师指导和协助全日制教育硕士开展全职实践，大学派教师进行巡回指导；"研究实践"课程周期为八个月，以大学学科教学教师指导为主，实践基地群的中学指导教师提供必要的协助和指导。

将教育实践作为一门课程融入全日制教育硕士培养的课程体系，凸显教育实践在课程体系中的中心地位。在大学课程学习过程中，教育理论类课程和学科教学类课程均以中学的教育实践活动或案例为焦点，围绕教育实践活动开展或问题解决的环节与步骤、前提假设与理论基础、实施方法与策略、过程监控与效果评价、影响因素与改进研究等事项来提炼、选择和组织知识。课程内容和教学方式围绕如何更深刻地理解教育实践活动与问题、如何更好地开展教育实践活动、如何有效地解决教育实际问题、如何研究与改进教育实践等方面来进行。

二　管理与评价

为了提升教育实践质量和效果，及时了解实践动态，发现和协商解决教育实践中的问题，学校对教育实践进行了规范和严格的管理。第一，与实践基地群的中学相关负责人建立全日制教育硕士培养研讨会制度，在教育实践的关键时间节点（进校前、进校初、磨课、公开课等环节）交流信息，研讨存在的问题和探讨解决问题的办法。第二，对教育实践进行过程管理，建立小组会制、月汇报制、学期（阶段）汇报制。在开展教育实践过程中，每周以实践小组为单位召开小组会，提交小组实习简报；每月召集各实践小组组长进行定期汇报，通报实践开展情况，实现实践小组间的交流和信息共享，集中反馈教育实践中的问题并集体协商解决对策；学期末和在相应实践阶段结束后，以全员为对象召开教育实践总结大会，分别由实践小组组长、学科教师负责人、大学实践管理教师负责人以及基地学校负责人代表向大学做教育实践总结，学校组织专家团队对教育实践进展情况进行反馈。第三，组建专门的大学实践管理教师团队，代表学校与各改革试点学科和实践基地群的中学进行对接和沟通，对教育实践整个过程进行过程管理和质量监督。第四，对全日制教育硕士的教育实践实施多元主体的考核，大学学科教学教师、大学实践管理教师、中学实践指导教师以及实践小组成员全部参与教育实践的考核与评价。

在教育实践评价中，《教育实践手册》是重要的考核和评价依据。《教育实践手册》本质上属于教师档案袋，在教师教育领域，档案袋已被广泛应用为促进职前教师反思性实践的重要工具。档案袋可以在一段时间内有目的地收集具有针对性的材料，旨在验证真实教学情境中的教师发展以及发展的有效性。在职前教师阶段，档案袋可以准确地反映职前教师在教学情境中的表现和取得的进步，清晰地提供职前教师在个体经验、成就和专业发展方面的证据，具有记录和展示职前教师个人反思与成长的功能。[1] 全日制教育硕士的《教育实践手册》包括听课记录、实践日志、教学设计、课例分析、实践反思、实践总结报告等内容，要求按时、按照要求进行记录，在每个实践阶段结束后上交，作为评价和考核的重要参考。

三　教育实践效果调查分析

为了及时了解教育实践的效果，更好地反思、完善与改进全程贯通一体化教育实践模式，本课题组所在大学的实践管理教师团队使用自编的全日制教育硕士基础实践成效自我评价问卷（见附录1）并结合访谈的方式，以2015级试点学科的全日制教育硕士为对象，在基础实践阶段结束之后，针对教育实践的效果进行了调查分析。

（一）对实践能力和学习意识的自我认知更加清晰

通过基础实践和自我评价，全日制教育硕士深刻地感受和认识到自身存在的不足，切身体会到在实践能力和学习意识方面存在的差距，明晰了今后努力的方向。问卷围绕"实践能力和学习意识的自我认知"编制了相应的调查事项，采用Likert 5点计分对基础实践前后各调查事项的得分平均值进行比较发现，教育实践对自我认知的提升效果比较明显。调查对象的得分情况见表2-1。

表2-1　基础实践前、后对实践能力和学习意识的自我认知

序号	自我评价事项	实践前平均值	实践后平均值
1	了解自己学科知识的掌握情况	2.86	4.01
2	了解自己教育理论知识的掌握情况	3.21	3.79
3	了解自己的教育教学能力状况	2.93	4.17
4	了解自己的沟通能力状况	3.34	3.90
5	会主动利用课余时间阅读教育教学书刊	2.67	4.43

---

① Groom, B., & Maunonen-Eskelinen, I., "The use of portfolio to develop reflective practice in teacher training: A comparative and collaborative approach between two teacher training providers in the UK and Finland," *Teaching in Higher Education*, (3) 2006: 291–300.

序号	自我评价事项	实践前平均值	实践后平均值
6	会主动利用课余时间查阅教学研究论文	1.78	3.56
7	会主动关注网上教学视频	2.27	4.08

在基础实践结束之后，大学实践管理教师团队随机对部分全日制教育硕士进行了访谈，请他们结合自己的体验开放式谈一谈对教育实践的理解以及自身的进步与存在的不足。其中，两名全日制教育硕士的表述比较深刻且生动形象。

本科阶段有过教育实习，感觉这次教育实践不会有太大的差别，但走进附中课堂之后，学生的优异状况是我没有想到的，观摩导师的教学，就像是欣赏艺术演出一样，太完美了，要成为优秀的教师有太多要学的了。——2015级学科教学（化学）方向学生

经过实践的历练，成长与收获是显而易见的，但更感到自己的不足，实践过程中感到自己像长了发现问题的眼睛一样，时时检讨和反思，不断督促自己进步，缩小和优秀教师的差距。——2015级学科教学（语文）方向学生

（二）教育教学能力提升明显

经历基础实践后，全日制教育硕士普遍自我感觉教育教学能力有了明显提升（见表2-2）。这方面，在应用实践结束后汇报展示课的评审考核中也得到了印证，专家评委和基地学校的中学指导教师认同全日制教育硕士在教育教学能力方面的提升，认为一部分全日制教育硕士甚至已经达到了成熟教师的水平。

表2-2　基础实践前、后教育教学能力的自我评价

序号	自我评价事项	实践前平均值	实践后平均值
1	我知道如何做教学设计	2.77	4.68
2	我能较好地完成一堂课的讲授	2.41	4.43

续表

序号	自我评价事项	实践前平均值	实践后平均值
3	我知道应怎么说课	1.89	4.67
4	我会做教学反思	2.29	4.58
5	我知道课堂上应怎样激发学生的兴趣	2.77	4.23
6	课堂上出现突发事件时，我会做好灵活处理	1.71	3.89
7	我能很好地掌控课堂进度	2.35	4.48

（三）促进了对教育现场、教师职业和课程学习的理解

教育实践促进了全日制教育硕士对基础教育现场的了解，深化了对教师职业的理解，提升了对教师职业的热爱和从教的信心，增强了在课程学习中理论联系实际的意识（见表2-3）。

部分接受访谈的学生围绕"经过教育实践你觉得自己对于基础教育、教师职业和大学课程学习的看法有什么变化"这一话题，表达了自己的见解。

在教学楼里走，看到来来往往的学生，突然觉得自己已经不是个学生了，是个老师，这种心理的转变之快让我自己都觉得诧异，可能在大学校园里永远不会有这样的感触。——2015级学科教学（地理）方向学生

经过教育实践，更加深刻地理解了当一名教师应具备的素质，不仅教学能力要强，更要有对学生的爱心，现在对当教师更自信了，而且能从理论视角去分析教育中的问题。——2015级学科教学（英语）方向学生

开始我就知道实践不会轻松，但是，还是有很多任务出乎我的意料，比如说，老师要求我们在听课前要准备好我们自己关于本节课的教案，这是我在之前的教育实习中没有做过的，也是我在来之前从未想过的。但是，几乎是在老师提出这一要求的一瞬间，我就明白了这样做的意义。——2015级学科教学（数学）方向学生

理论联系实践（际）要有桥梁，教育实践就是为我们搭建通

往讲坛之路的桥梁，在课程学习、听课、磨课、教研、反思中穿梭往来，真的体会到导师所说的"居高临下、融会贯通"的感觉了。——2015级学科教学（语文）方向学生

表2-3 基础实践后对教育现场、教师职业和课程学习理解程度的自我评价

序号	自我评价事项	实践后平均值
1	对中学教育教学情况有更全面的了解	3.85
2	对教师职业有了更深入的认识	4.52
3	对中学生的特点有了更深入的了解	3.76
4	更喜欢当教师了	3.94
5	对将来成长为一名优秀教师更有自信了	4.05
6	会把教育实践中遇到的问题在大学课堂上提出来进行讨论	3.78
7	会就教育实践中遇到的问题进行专门的学习与思考	4.48
8	会把大学课程中学到的知识或理论及时用到教育实践中	4.06

本课题组针对2016级综合改革试点学科的全体全日制教育硕士在毕业前开展的问卷调查中，有两个调查事项与教育实践的整体实施效果相关，分别是"你对全程贯通一体化教育实践模式整体设计的满意度"和"你觉得我校设计的教育实践模式对你的专业成长帮助程度"。从调查的结果来看，93.23%的调查对象对全程贯通一体化教育实践模式的整体设计感到满意，其中，40.60%的调查对象选择了"非常满意"；97.74%的调查对象认为全程贯通一体化教育实践模式对自身的专业成长有帮助，其中，65.41%的调查对象选择了"非常有帮助"。综合以上研究结果可知，全日制教育硕士对全程贯通一体化教育实践模式的满意度较高，对教育实践效果认同度较高。

第三章

职前教师反思能力初始状况调查分析

国内针对不同类型和层次的职前教师反思能力发展状况的研究结果表明，职前教师反思能力相对薄弱；[1] 大多数职前教师的反思表现出反应性的特征，并非先于活动的预测，多属于描述性和技术性的反思。[2] 全日制教育硕士是教师教育"高度化"背景下，目前我国培养的最高学历层次的职前教师，目的在于打造反思型和研究型教师。全日制教育硕士的生源主要是应届本科毕业生，因此在反思能力发展水平上与一般意义上的职前教师存在同样的问题。有研究指出，职前教师反思能力的欠缺主要有两个方面的原因：一是职前教师的认知能力不足，不能够很好地进行反思；二是职前教师具备一定的反思能力，但缺少反思的意识和意愿。因此，在职前教师的培养中，需要对职前教师反思能力的初始状况给予足够的重视与探索。[3]

当前以"全日制教育硕士"为对象开展的研究中，缺少微观研究和专门指向反思能力的研究。已有研究之所以无法对全日制教育硕士反

---

[1] 宋萑、田士旭、吴雨宸：《职前教师培养实证研究的系统文献述评（2015～2019）》，《华东师范大学学报》（教育科学版）2020 年第 9 期，第 78～102 页。

[2] 兰英、张博：《英国职前教师反思能力的培养》，《比较教育研究》2009 年第 12 期，第 11～15 页。

[3] LaBoskey, K. V., "A conceptual framework for reflection in preservice teacher education" in Calderhead, J. and Gates, P., eds., *Conceptualizing Reflection in Teacher Development* (London: Falmer Press, 1993), pp. 23 – 28.

思能力的发展提出有针对性的指导建议，缘于对其反思能力的初始状况缺乏了解。基于此，本课题组在 2016 级全日制教育硕士入学后，使用改编的全日制教育硕士反思能力测量问卷对其未经学习和指导状态下的反思能力初始状况进行了测量，结合"全日制教育硕士初始反思能力的整体水平如何""全日制教育硕士初始反思能力发展水平是否存在显著的内部差距""之前的教育背景和教育教学经历等因素对全日制教育硕士初始反思能力发展水平的影响如何"三个问题，对全日制教育硕士的反思能力初始状况进行调查分析，以便在后续跟踪研究中有针对性地指导全日制教育硕士的反思能力发展。

第一节　反思能力初始状况调查的研究设计

一　研究对象

对全日制教育硕士反思能力初始状况的研究以本课题组所在大学 2016 级学科教学（语文）、学科教学（英语）、学科教学（数学）、学科教学（化学）、学科教学（地理）五个综合改革试点学科的 189 名全日制教育硕士为调查对象。为确保研究能够最大限度地反映全日制教育硕士反思能力的初始状况，在调查对象入学后、开始课程学习和教育实践前，完成了问卷的发放和回收工作。本研究共发放问卷 189 份，回收有效问卷 185 份。问卷样本覆盖了所有试点学科的全体全日制教育硕士，能够有效代表大学的整体情况。研究对象（有效样本）的整体情况和主要统计学分布情况见表 3-1。

表 3-1　研究对象（有效样本）的整体情况和主要统计学分布情况

变量		人数	合计（人）
性别	男	14	185
	女	171	

续表

变量		人数	合计（人）
教学经验	有	135	185
	无	50	
教育实习经历	有	122	185
	无	63	
本科专业是否为师范类专业	是	137	185
	不是	48	
学科专业	学科教学（语文）	64	185
	学科教学（英语）	40	
	学科教学（数学）	30	
	学科教学（化学）	30	
	学科教学（地理）	21	

二　测量问卷的编制

本研究主要采用问卷调查法。在编制问卷前，通过收集、整理和分析相关文献，对职前教师反思能力的内涵及其具体表现维度进行梳理和划分，并对各个维度的内涵予以界定。在综合杜威、舍恩、戴维·凯姆波、李海珍、芭芭拉·拉里维和法里巴·米尔扎伊等学者观点[1]的基础上，笔者将反思能力的内涵划分为四个维度，分别是日常反思能力、教学反思能力、教育理论与问题反思能力以及合作能力。综合研究对象的实际情况，对四个维度的内涵界定如下："日常反思能力"是指研究对

---

[1] Schon, D. A., & Desanctis, V., "The reflective practitioner: How professionals think in action," *The Journal of Continuing Higher Education*, 3 (1986): 29 - 30; Kember, D., Leung, D. Y. P., Jones, A., etc., "Development of a questionnaire to measure the level of reflective thinking," *Assessment & Evaluation in Higher Education*, 4 (2000): 381 - 395; Lee, H. J., "Understanding and assessing preservice teachers' reflective thinking," *Teaching and Teacher Education*, 21 (2005): 699 - 715; Larrivee, B., "Development of a tool to assess teachers' level of reflective practice," *Reflective Practice*, 3 (2008): 341 - 360; Mirsaei, F., Phang F. A., & Kashefi, H., "Measuring teachers reflective thinking skills," *Procedia-Social and Behavioral Sciences*, 141 (2014): 640 - 647.

象对一般习惯性行为和学习行为进行反思的意识和能力；"教学反思能力"是指研究对象对教学理念、教学过程、教学行为以及教学效果进行审视、分析和反省的能力；"教育理论与问题的反思能力"是指研究对象对教育基本理论和热点问题的反思意识和能力；"合作能力"是指研究对象在生活、学习环境中善于倾听他人意见以及与他人进行良好沟通、团队协作的能力。对于职前教师而言，综合的反思能力是其今后应对复杂的教育教学活动的基本能力。

在明晰了反思能力的内涵及维度划分的基础上，本课题组主要借鉴凯姆波的反思性思维水平测量问卷（Questionnaire to Measure the Level of Reflective Thinking）① 中的因子设计，结合本研究对反思能力内涵四个维度的界定，参考国内外相关研究成果，编制了初始问卷。问卷共 28 个题项，其中，涉及初始反思能力测量的有 23 个题项，分属 4 个因子。采用 Likert 5 点计分，根据具体情况，从"完全不同意"到"完全同意"分别按正向计 1~5 分或反向计 5~1 分。所得数据录入后，采用 IBM SPSS Statistics 24 软件进行数据处理。初始问卷的 KMO 取样适切性量数 0.87，Bartlett 球形检验统计量 1859.45，$p < 0.01$。据此进行初始问卷的探索性因子分析，删除区分度不高以及与设定因子间相关性不显著的题项，最后问卷剩下 18 个题项，分属 3 个因子②，分别是日常反思能力、教学反思能力和教育理论与问题反思能力，每个因子 6 个题项。据此，本研究设定上述 3 个因子，对全日制教育硕士的初始反思能力进行测量与分析。本研究实际采用的全日制教育硕士反思能力测量问卷见附录 2。

三 信效度检验

采用克隆巴赫 Alpha 系数对改编后问卷的内部一致性信度进行检验

---

① Kember, D. , Leung, D. Y. P. , Jones, A. , etc. , "Development of a questionnaire to measure the level of reflective thinking," *Assessment & Evaluation in Higher Education*, 4 (2000): 381 – 395.

② 在探索性因子分析中发现，"合作能力"设计的 4 个题目的公因子方差提取值均比较低，与所属因子的相关性比较差，因此对最初的问卷进行了调整，删除了"合作能力"这一因子。

的结果（见表 3 - 2）显示，总问卷（反思能力）和 3 个因子的内部一致性系数为 0.70 ~ 0.86。这说明问卷具有很高的内部一致性，问卷获得的研究结果具有很好的可靠性。总问卷和 3 个因子的 KMO 取样适切性量数（见表 3 - 2）均在 0.70 以上，说明改编后的问卷具有较好的结构效度。

表 3 - 2　问卷内部一致性系数和 KMO 取样适切性量数

维度	反思能力	日常反思能力	教学反思能力	教育理论与问题反思能力
克隆巴赫 Alpha 系数	0.86	0.71	0.70	0.85
KMO 取样适当性量数	0.88	0.77	0.79	0.87

第二节　反思能力初始状况调查结果

围绕设定的三个问题，从全日制教育硕士初始反思能力的整体状况、初始反思能力的分组对比分析以及相关变量对初始反思能力发展水平的影响三个方面对研究结果进行呈现。

一　初始反思能力的整体状况

对数据进行统计的结果（见表 3 - 3）显示，全日制教育硕士初始反思能力总平均值为 3.56，属于中等偏上水平。从初始反思能力分布情况直方图（见图 3 - 1）可以看出，调查对象初始反思能力基本呈现均匀的正态分布，大多数处于中间水平，少数在初始反思能力上表现为特别强和特别弱。

表 3 - 3　初始反思能力总体状况的描述性统计

反思能力	日常反思能力	教学反思能力	教育理论与问题反思能力
3.56 ± 0.52	3.82 ± 0.53	3.19 ± 0.66	3.68 ± 0.72

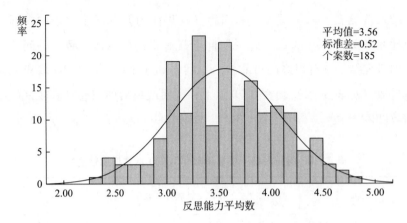

图 3 - 1　全日制教育硕士初始反思能力分布情况

　　反思能力下设 3 个因子的平均值在 3.19 至 3.82 之间，通过反思能力与下设因子间的配对样本 t 检验（见表 3 - 4）发现，日常反思能力和教育理论与问题反思能力的平均值显著高于反思能力的总平均值，教学反思能力的平均值显著低于反思能力的总平均值（$p < 0.01$）。通过进一步对 3 个因子之间进行配对样本 t 检验（见表 3 - 5）发现，各个因子的发展水平也表现出显著差异。其中，日常反思能力的发展水平显著高于教学反思能力和教育理论与问题反思能力，教育理论与问题反思能力的发展水平显著高于教学反思能力（$p < 0.01$）。结果表明，在设定的构成反思能力的 3 个因子中，教学反思能力的表现明显滞后。

表 3 - 4　初始反思能力与下设三个因子之间的差异比较（M ± SD）

反思能力与下设三个因子之间的比较	t 值
反思能力→日常反思能力	-10.28 **
反思能力→教学反思能力	11.50 **
反思能力→教育理论与问题反思能力	-4.19 **

注：** 表示 $p < 0.01$。表 3 - 5、表 3 - 6 同此。

表 3 - 5　初始反思能力下设三个因子之间的差异比较（M ± SD）

反思能力下设三个因子之间的比较	t 值
日常反思能力→教学反思能力	12.37 **

反思能力下设三个因子之间的比较	t 值
日常反思能力→教育理论与问题反思能力	3.42 **
教学反思能力→教育理论与问题反思能力	-8.93 **

二　初始反思能力的内部差距

（一）初始反思能力的分组对比分析

数据分析表明，全日制教育硕士初始反思能力的总平均值为 3.56，中位数为 3.55。据此，本研究以 3.50 作为参考值，将调查对象分为两组：初始反思能力总平均值大于 3.50 的视为反思能力较强的组，简称 A 组；初始反思能力总平均值小于等于 3.50 的视为反思能力较弱的组，简称 B 组。对 A、B 两组进行独立样本 t 检验，对比其初始反思能力发展水平的内部差异（见表 3-6）。

表 3-6　A 组和 B 组初始反思能力发展水平的差异（M ± SD）

维度	A 组（N = 100）	B 组（N = 85）	t 值
反思能力	3.95 ± 0.31	3.11 ± 0.28	19.17 **
日常反思能力	4.15 ± 0.37	3.42 ± 0.41	12.59 **
教学反思能力	3.53 ± 0.62	2.80 ± 0.45	8.95 **
教育理论与问题反思能力	4.17 ± 0.46	3.10 ± 0.51	14.96 **

分析结果显示，A 组反思能力的总平均值为 3.95，B 组反思能力的总平均值为 3.11，t 值为 19.17，$p < 0.01$，表明 A、B 两组间存在显著差异。下设各因子的具体表现与初始反思能力总体表现趋于一致，A 组的各个因子的平均值均高于 B 组，并且差异非常显著（$p < 0.01$）。

（二）不同学科间初始反思能力的对比分析

方差分析（f 检验）的结果表明，不同学科全日制教育硕士的初始反思能力存在显著差异，下设 3 个因子中，日常反思能力、教育理论与问题反思能力存在显著差异，教学反思能力不存在显著差异（见表 3-7）。其中，初始反思能力发展水平的平均值为 3.36 ～ 3.77，日常反思能力的

平均值为 3.59 ~ 4.00，教育理论与问题反思能力的平均值为 3.41 ~
4.03，均为语文学科最高，英语学科最低。在教学反思能力方面，平均
值为 3.00 ~ 3.35，语文学科最高，化学学科最低。不同学科全日制教
育硕士的教学反思能力虽不存在显著差异，但与初始反思能力整体水平
及其他 2 个下设因子相比，其表现依然明显滞后，与前文的分析结果
一致。

表 3 - 7　不同学科间初始反思能力发展水平的差异比较（M ± SD）

学科专业	反思能力	日常反思能力	教学反思能力	教育理论与问题反思能力
学科教学（语文）	3.77 ± 0.51	4.00 ± 0.50	3.35 ± 0.74	4.03 ± 0.68
学科教学（英语）	3.36 ± 0.50	3.59 ± 0.55	3.12 ± 0.55	3.41 ± 0.74
学科教学（数学）	3.57 ± 0.50	3.77 ± 0.57	3.30 ± 0.56	3.64 ± 0.63
学科教学（化学）	3.38 ± 0.46	3.72 ± 0.47	3.00 ± 0.61	3.47 ± 0.70
学科教学（地理）	3.50 ± 0.42	3.93 ± 0.48	3.03 ± 0.75	3.53 ± 0.64
f 值	5.61***	4.48**	2.08	6.30***

注：*** 表示 $p < 0.001$；** 表示 $p < 0.01$。

三　相关变量对初始反思能力发展水平的影响分析

本研究设定了 4 个可能对全日制教育硕士初始反思能力产生影响的
变量，分别是性别、教学经验、教育实习经历和本科专业是否为师范类
专业。由于 2016 级全日制教育硕士中男生数量较少，回收的有效问卷
中来自男生的问卷仅有 14 份，不具有较好的统计学意义，因此主要针
对其他 3 个变量对全日制教育硕士初始反思能力发展水平的影响进行
分析。

（一）教学经验对初始反思能力的影响

鉴于研究对象基本为应届本科毕业生，缺少一线教学经验的实际情
况，本研究将"教学经验"界定为具有 1 个月及以上在校外辅导机构进
行教学或从事家教等其他教学活动的经验。通过对比分析发现，调查的
全日制教育硕士是否有教学经验，其初始反思能力的总体水平和下设 3 个

因子的发展水平均没有表现出显著差异（$p > 0.05$）。具体见表 3 – 8。

表 3 – 8　初始反思能力在有无教学经验上的差异（M ± SD）

教学经验	反思能力	日常反思能力	教学反思能力	教育理论与问题反思能力
有	3.58 ± 0.52	3.84 ± 0.53	3.20 ± 0.68	3.69 ± 0.71
无	3.53 ± 0.51	3.76 ± 0.54	3.17 ± 0.60	3.66 ± 0.77
t 值	0.55	0.92	0.24	0.28

注：p 值均大于 0.05，表明差异不显著。表 3 – 9、表 3 – 10 同此。

（二）教学实习经历对初始反思能力的影响

教育实习经历是指研究对象本科阶段由学校统一安排的教育实习活动。教育实习经历和教学经验在某种意义上都可以被界定为以往的教育实践经历，二者具有同质性，同时也存在明显的区别。区别主要在于：教育实习由学校设计具体的流程和考核环节，存在一定的"指导"；本研究中界定的教学经验主要取决于个体经历，零散且不系统，由研究对象个人生成，基本不存在"指导"。通过对比分析发现，研究对象是否有教育实习经历，其初始反思能力总体水平和下设 3 个因子的发展水平均没有表现出显著差异（$p > 0.05$）。具体见表 3 – 9。

表 3 – 9　初始反思能力在有无教育实习经历上的差异（M ± SD）

教育实习	反思能力	日常反思能力	教学反思能力	教育理论与问题反思能力
有	3.57 ± 0.50	3.86 ± 0.55	3.17 ± 0.63	3.69 ± 0.70
无	3.53 ± 0.55	3.73 ± 0.51	3.24 ± 0.73	3.64 ± 0.77
t 值	0.47	1.61	–0.65	0.42

（三）本科专业是否为师范类专业对初始反思能力的影响

对研究对象的统计学分布特征进行分析时发现，不是所有本科专业是师范类专业的全日制教育硕士都具有教育实习经历或教学经验。为了验证调查对象本科阶段接受的师范教育对初始反思能力发展的影响，将本科专业是否为师范类专业作为自变量进行了对比测量。对比分析的结果（见表 3-10）显示，本科专业是否为师范类专业对全日制教育硕士初始反思能力的总体水平和下设 3 个因子的发展水平均没有表现出显著影响（$p > 0.05$）。

表 3-10　初始反思能力在本科专业是否为师范类专业上的差异（M ± SD）

师范类专业	反思能力	日常反思能力	教学反思能力	教育理论与问题反思能力
是	3.56 ± 0.51	3.84 ± 0.53	3.16 ± 0.65	3.67 ± 0.71
否	3.57 ± 0.54	3.75 ± 0.55	3.29 ± 0.69	3.68 ± 0.76
t 值	-0.21	0.95	-1.22	-0.40

第三节　反思能力初始状况调查结果分析

一　关于初始反思能力的整体水平

根据统计结果，全日制教育硕士初始反思能力的总平均值为 3.56，处于问卷设定 5 点等级评分中 3 和 4 的中间点上，属于中等偏上水平。研究表明，受测的全日制教育硕士总体上具备了一定的反思能力基础，但与高水平还存在比较明显的差距。对初始反思能力与下设因子间的比较分析以及 3 个因子之间的比较分析的结果在一定程度上表明，教学反思能力发展水平的明显滞后以及 3 个因子发展水平的显著失衡，是全日制教育硕士初始反思能力整体表现欠佳的主要原因。

在职前教师的培养过程中，反思必须是一个嵌入式和灌输式的学习过程，职前教师不是生来就懂得如何进行反思的，反思是一个持续的、复杂的生成与发展过程。[1] 教学反思是对日常的教育教学实践进行内省的过程，是个体对自身工作实践中存在问题的自我察觉，属于一种高阶

---

[1] Jones, J. L., & Jones, K. A., "Teaching reflective practice: Implementation in the teacher education setting," *The Teacher Educator*, 1 (2013): 73-85.

思维。① 因而，教学反思是教师反思的核心内容，教学反思能力是教师反思能力最重要的构成维度，需要在专业理论的学习和真实的教学情境中，通过有效的指导和自我引导生成。在重点关注全日制教育硕士教学反思能力发展的同时，促进日常反思能力、教学反思能力和教育理论与问题反思能力之间的均衡发展和相互转化，对于反思能力整体水平的提升也至关重要。

对日常反思能力、教学反思能力和教育理论与问题反思能力分别进行配对样本统计发现，日常反思能力平均值显著高于教学反思能力（t = 12.37，$p < 0.01$）和教育理论与问题反思能力（t = 3.42，$p < 0.01$）；教育理论与问题反思能力平均值也显著高于教学反思能力（t = 8.93，$p < 0.01$）。日常反思能力表现较好，说明受测的全日制教育硕士整体具备较好的反思思维习惯，能够较好地对一般习惯性行为和学习行为进行审视和反省。较好的日常反思能力是教学反思能力和教育理论与问题反思能力发展的基础，如何实现日常反思能力的转化是整体提升反思能力的关键。在教师教育领域，反思能力建构的关键在于如何将反思从一种纯粹的、条件反射性的习惯，转向能够用来识别、判断、分析和解决教育教学工作中复杂问题的思维方式和基本能力。② 对于缺乏一线教学经验的职前教师来说，"教育教学工作"的真实情境是培养和促使日常反思思维成为应对"复杂问题"的反思能力的重要前提，进而实现作为一种"反思思维"和"基本能力"的教师反思能力的不断提升。

教育理论与问题反思能力强于教学反思能力，说明对教育理论与问题有着相对较好的理解，在教育理论与问题的反思直接作用于教学反思这一方面则存在一定的问题。但是，调查对象教育理论与问题的反思能力的平均值为3.68，也未达到高水平，显示在这方面存在学习不足、关注不够、思考不深入等问题。因此，在全日制教育硕士的培养过程

---

① 王碧梅、胡卫平：《职前教师和在职教师教学反思关注点比较》，《教育科学》2016年第1期，第39～44页。

② Toom, A., Husu, J., & Patrikainen, S., "Student teacher's patterns of reflection in the context of teaching practice," *European Journal of Teacher Education*, 3 (2015): 320–340.

中，要加强对教育理论与问题的学习和对教学反思的理论指导，在教育实践中要加强教育理论与问题的反思与教学反思的融合，即广义上的教师职前教育中理论与实践的融合。

二 关于初始反思能力发展水平的内部差距

分组对比结果显示，初始反思能力总平均值大于 3.50 的 A 组（100人）和小于等于 3.50 的 B 组（85 人）之间存在显著差距（平均值 3.95 > 3.11，t = 19.17，p < 0.01），并且 A 组的各因子的平均值也显著高于 B 组。对各因子的分析显示，A 组的日常反思能力和教育理论与问题反思能力的平均值均超过 4，达到了较高的水平，教学反思能力为 3.53，处于中等偏上水平；B 组的日常反思能力平均值（3.42）最高，教学反思能力平均值（2.80）最低，已经处于中等偏下水平。研究结果表明，受测的全日制教育硕士初始反思能力发展水平存在显著的内部差距。同时，对不同学科全日制教育硕士初始反思能力发展水平的比较分析表明，学科之间的反思能力发展水平存在显著差异（语文学科 3.77，最高，英语学科 3.36，最低，f = 5.61，p < 0.001）。但是，通过具体分析可知，这种差异主要由日常反思能力和教育理论与问题反思能力导致，教学反思能力在不同学科之间并不存在显著差异。

导致全日制教育硕士初始反思能力内部差距较大的原因十分复杂。已有研究指出，以往的生活经验、日常思维习惯、教育背景和实践经历等，均会影响职前教师对反思产生不同理解。[1] 反思本身是"权衡事物及思想，全方位、多角度地审视，从多种途径着手加以解决"的过程，[2] 个体差异、既往经历、已接受的训练等使个体反思存在各种"角度"，会导致差距的出现。全日制教育硕士本科毕业院校的层次、类型和水平参差不齐，可能是导致其初始反思能力发展水平存在较大差距的

---

[1] Korkko, M., Kyro-Ammala, O., & Turunen, T., "Professional development through reflection in teacher education," *Teaching and Teacher Education*, 55（2016）：198 – 206.

[2] 〔美〕贝丝·赫斯特、金尼·雷丁：《教师的专业素养》，赵家荣译，上海教育出版社，2019，第 6 页。

可控和显性原因。这种差距表明，全日制教育硕士对于反思本身的理解以及实际的初始反思能力处于不同的发展水平，意味着从培养之初便采用完全相同的理论学习内容和实践活动任务等干预措施，可能难以获得理想的整体效果。

三　关于相关变量对初始反思能力发展水平的影响

研究结果表明，教学经验、教育实习经历和本科专业是否为师范类专业 3 个变量均没有对全日制教育硕士初始反思能力的发展产生明显影响。以舍恩的行动反思理论为代表的大量已有研究，均明确表达了反思应基于专业实践的理念。教育经验和教育实习经历对反思能力发展无影响的结果说明，全日制教育硕士之前的"实践"缺乏"专业"色彩，因此在促进反思能力发展上表现出了异于常规思维的无力感。师范类专业的教育背景也并没有对反思能力的发展产生明显的积极影响，表明本科阶段的师范教育对于职前教师反思能力的培养存在问题。教师教育的目的是培养教师的教学思维和反思能力，[①] 但实际上却并没有获得预期效果。另外，当前我国师范教育中存在的教师教育弱化等问题，[②] 在很大程度上也影响了职前教师的培养质量。

为进一步了解设定变量没有对初始反思能力产生显著影响的原因，笔者作为大学实践管理教师团队成员，在带领全日制教育硕士开展基础实践过程中，从五个学科各选取了两名同时具备以上三个变量条件的全日制教育硕士进行了非正式访谈。访谈主要围绕三个问题展开：你在本科阶段的课程学习和教育实习中是否特别关注过反思能力的训练？你感觉本科阶段教育实习的开展情况怎么样？你在校外辅导机构做教师或做家教时有没有对自己的教学活动进行过反思，你感觉对自己教学能力的提升帮助大吗？

---

① 饶从满、李广平：《芬兰研究本位教师教育模式：历史考察与特征解析》，《外国教育研究》2016 年第 12 期，第 3～20 页。
② 朱旭东：《再论我国师范院校教师教育存在的问题：认识误区、屏障和矛盾》，《教育发展研究》2016 年第 2 期，第 1～6 页。

专业课程学习中没有太多涉及反思的内容，学科课程教法还有学校的公共选修课中老师是不是提过反思，印象不深了。学校安排的教育实习集中在最后一个学期，一共8周，主要是在中学听课和帮助老师看自习、批改作业和试卷，没有安排我们上正式的课，偶尔会让我们在自习课上讲讲试题，感觉参与课堂教学的机会不太多。实习结束后，我们按照要求提交了实习总结，也针对自己的问题进行过一些思考。我做过家教，主要是陪孩子做题，不会的题我给讲讲，对我后来教育实习时在自习课上讲题还是有帮助的，有些题型感觉解题思路已经比较清晰了。——2016级学科教学（数学）方向学生

在课程学习中，老师会引导我们就专业学习的内容进行思考；教育实习时，大学老师会建议我们录讲课或试讲的视频，让我们自己看，然后调整教学状态。但是，学生数量太多，老师没法一一指导，不少地方感觉自己领悟得还不是很到位。我在大一到大三都做过家教，大二时做过辅导机构的老师，我自己课后都会针对怎么和家长交流、怎么调整教学内容进行思考。教学对象好多都是成绩、注意力还有与父母沟通多少有些问题的学生，但我觉得对我教学能力的提升帮助比较大，帮我跨出了扮演教师角色的第一步。——2016级学科教学（化学）方向学生

我感觉本科时学校组织的教育实习还是关注到了反思能力的训练的，主要是撰写实习报告时，是我对理论知识和实践经历进行统一回顾和重新生成的过程，缺点是实习时间太短，对于教育现场还没有完全熟悉，对很多问题也没有更深入的思考。毕业前我做过很长时间的一对一家教辅导，我觉得对我的表达能力、知识点总结分析能力都很有帮助，但可能是受个人认知水平的限制，短时间内对自己教学能力和反思能力的提升不明显，这可能是一个需要长期学习和积累的过程。——2016级学科教学（地理）方向学生

以上仅摘录了部分访谈者的主要观点。整体而言，访谈对象的观点

基本趋于一致，大多认为本科阶段的师范教育存在一些问题，包括主要关注学科知识的学习，针对反思能力进行专门训练方面存在不足，缺少在真实教学环境中进行教学反思的机会；教育实习周期短，一般采取集中实习的方式，存在落实不到位和指导不及时的问题；在家教等教学活动中，主要是凭自己的直觉，没有接受过专门的指导；等等。这些是以往的各种经历没有对初始反思能力产生显著影响的主要原因。另外，访谈对象本科毕业于不同院校，对于访谈问题的回应存在明显差别。比如，同样是评价本科阶段教育实习的开展情况，不同访谈对象的反馈结果很不相同。总体而言，我国当前的师范教育和教育实习还存在落实不到位和对反思能力培养重视不够的问题，零散、基于个体经验、缺乏指导和低效的教育实践活动并不能达到较好的促进反思能力发展的效果。

第四节　结论及对后续开展跟踪研究的建议

一　调查研究的主要结论

通过调查分析，笔者得出的主要结论包括以下三点：第一，全日制教育硕士的初始反思能力整体处于中等偏上水平，总体呈正态分布，下设因子中，日常反思能力和教育理论与问题反思能力表现较好，教学反思能力发展明显滞后；第二，全日制教育硕士初始反思能力发展水平的内部差距非常显著；第三，全日制教育硕士入学之前的教学经验、教育实习经历和本科专业是否为师范类专业等因素没有对初始反思能力发展水平产生显著影响。

二　对后续开展跟踪研究的建议

反思对于专业实践者非常重要，但如何建构是一个难题。[①] 教师作

---

① Lynch, M., "Against reflexivity as an academic virtue and source of privileged knowledge," *Theory, Culture & Society*, 3 (2000): 26–54.

为专业实践者，教师教育领域同样面临如何有效构建反思能力培养体系的困惑。对全日制教育硕士初始反思能力进行调查分析，是为了整体把握其反思能力初始状况，以便在全程贯通一体化教育实践模式的引导下，针对其初始反思能力存在的薄弱点和问题点进行有针对性的强化指导。结合调查分析的结果，对促进全日制教育硕士反思能力发展和后续开展跟踪研究可以形成以下三个方面的建议。

（一）着重关注教学反思能力的发展

由于全日制教育硕士教学反思能力发展明显滞后，在整体提升反思能力发展水平的同时应着重关注教学反思能力的发展。针对全日制教育硕士反思能力发展的现有水平，在培养过程中需设计难易适中的学习内容和实践任务，在教育实践中需要着重关注教学反思能力的提升。如前文所述，教学反思主要是指对教学理念、教学过程、教学行为以及教学效果进行审视、分析和反省。在这里，需要引起注意的是，要规避教学反思是一种分析教学技能的技术的狭隘观点，即停留在美国学者琳达·瓦利（Linda Valli）总结的工具主义取向的"技术性反思"水平上。在工具主义取向中，反思的问题主要集中在如何使教与学的过程更有效果和效率，关注的主要是课堂情境中各种技能与技巧问题，反思的内容局限在课堂管理与教学的手段上，反思的质量取决于使自己的教学行为符合预定规则的能力。[①]"窄化"的教学反思观显然不利于职前教师教学反思能力的发展，但实际上，职前教师的教学反思又多停留在技术层次的反思上。[②] 因此，在指导职前教师教学反思能力发展时，需要引导其对教学反思的理解有更"宽泛"的视角，将重新建构教学经验作为教学反思的终极目标。

在此基础上，还需要关注如何通过恰当的指导和设定有针对性的实践活动或任务，促进日常反思能力、教学反思能力和教育理论与问题反思能力之间的相互转化与均衡发展。将反思能力的培养融入理论学习和

---

① 王春光：《反思型教师教育研究》，东北师范大学出版社，2010，第96页。

② 吴兆旺：《实习教师的教学反思研究》，《全球教育展望》2011年第6期，第52~57页。

教育实践之中，注重理论学习与教育实践的交叉往复和相互促进，在循环和递进的教育实践中提升反思能力的整体水平。

（二）正视个体间和学科间反思能力发展水平的差距

鉴于全日制教育硕士初始反思能力发展水平的内部差距非常显著，在培养和提升全日制教育硕士反思能力时，必须将这种差距纳入考虑范围，在整体提升反思能力的同时，正视内部个体之间和学科之间的差距。显然，反思能力表现较弱的全日制教育硕士应当接受更多关于反思和反思能力的基础理论知识及教育教学实践的指导，个别化或差别化的学习和指导方式或在培养过程中给予倾向性的支持与关注将会对其有所助益。基于教育实践层面，可以在实践过程中，由大学指导教师、中学指导教师和大学实践管理教师对指导的全日制教育硕士的反思能力发展状况进行跟踪观察，对反思能力发展态势不佳或反思能力发展水平明显滞后的全日制教育硕士给予更多的指导，同时对不同学科之间反思能力的发展状况予以更多的关注。

与此同时，理想化状态下，在课堂教学活动分组和教育实践活动分组时，可以将初始反思能力表现作为一个参考依据，对初始反思能力表现较强和表现较弱的全日制教育硕士进行混合编组，通过加强彼此的沟通与合作，建立内部实质性的同伴指导关系。然而，从实际操作层面来看，混合编组的实施难度比较大，可以学科为单位，在同一中学开展教育实践活动的全日制教育硕士组成实践小组，建立内部同伴指导关系，在小组讨论等教学活动和观课、磨课、集体反思等实践活动中充分发挥同伴间的共促互助作用，通过同伴间的相互观察与合作，可以在促进整体的反思能力提升的同时，为反思能力表现较弱的个体提供帮助和支持。有必要使全日制教育硕士意识到，作为反思性实践者，观察、沟通、合作、判断和决策对教师而言都是非常重要的反思能力。[①]

（三）不断完善教育实践模式

通过相关变量对全日制教育硕士初始反思能力发展水平影响的分析

---

① Mirsaei, F., Phang F. A., & Kashefi, H., "Measuring teachers reflective thinking skills," *Procedia-Social and Behavioral Sciences*, 141 (2014): 640–647.

结果可以得知，缺少有系统干预和指导的教育背景与教育教学经历，反思能力的发展难以获得理想的效果。如何在实践中培养和提升职前教师的反思能力，如何教会职前教师将反思有效地应用于教育实践，以实现在循环和递进的实践过程中反思能力也螺旋式发展，关键在于探索有效的手段和技巧或提供一种高效的反思性实践模式。[①] 瓦利也指出，需要从"认知理论的视角——对反思型教师个体认知发展水平进行纵向研究"和"价值理论的视角——对反思型教师教育模式进行横向分析"两个方面思考教师反思能力的培养问题。[②] 模式的重要性在于，模式是理论与应用的中介，在理论与实践之间，模式能够起到承上启下的作用，其过程可以表征为理论⇌模式⇌实践，既有从理论到模式再到实践这一程序，也有从实践到模式再到理论这一程序，模式能够沟通理论与实践，既能丰富和完善理论，又能促进和发展实践。[③] 因此，行之有效的教育实践模式对于职前教师反思能力的培养与提升非常重要。

一项关于职前教师反思性实践介入机制的研究指出，有必要针对职前教师从现有水平向可能水平发展中所遇到的障碍、困难与问题，分阶段有重点地实施介入。介入包括预防性介入、补救性介入、提高性介入和评估性介入，是一个循序渐进的过程。预防性介入一般安排在职前教师教育实践的初始，其目的在于主动帮助职前教师提前掌握应对和解决反思性实践困境所需要的知识和技能，以便使其顺利完成复杂的反思性实践任务；补救性介入一般安排在职前教师反思性实践某一阶段进行中或结束时，其目的在于及时补救职前教师反思性实践过程中出现的纰漏与遗憾；提高性介入一般安排在职前教师反思性实践从现有水平向潜在水平转移的间隙，其目的在于促进职前教师不断跨越最近发展区，进入新的水平区间；评估性介入不同于终端评价，它重在评估过程，一般安

---

① Russell, T., "Can reflective practice be taught," *Reflective Practice*, 2 (2005): 199 – 204.

② Valli, L., "Listening to other voices: A description of teacher reflection in the United States," *Peabody Journal of Education*, 1 (1997): 67 – 88.

③ 王春光：《反思型教师教育研究》，东北师范大学出版社，2010，第 96 页。

排在职前教师反思性实践某一阶段性任务完成之后，目的在于帮助职前教师了解自己反思性实践的进展情况和所取得的成绩，一方面可以使职前教师根据反馈的信息来改进其反思性实践，另一方面也有助于职前教师为取得更好的成绩或避免再犯错误而增强动机。① 因此，教育实践模式是否很好地发挥了介入作用，决定了该模式对于职前教师相应能力提升的有效性。

全程贯通一体化教育实践模式是本课题组所在大学在充分论证的基础上构建的基于"体验—提升—实践—反思"的反思性实践模式，旨在提供一个系统的、具有指导功能的、高效的教育实践模式，以全方位提升全日制教育硕士的培养质量，包括有效促进其反思能力的发展。完善后的全程贯通一体化教育实践模式自 2014 级全日制教育硕士开始试点实施，通过自我评价的方式对实施效果进行调研，整体反馈较好。但是，基础实践、应用实践和研究实践三个阶段设计的活动和任务是否有效介入并促进了全日制教育硕士的反思能力发展，现有的教育实践模式在促进反思能力发展上还存在哪些问题和不足，还能够从哪些方面对现有教育实践模式进行完善以更好地提升其促进反思能力发展的有效性……这些问题还需要通过开展持续的跟踪研究予以验证和解答。

---

① 户清丽：《职前教师反思性实践介入机制：价值、模型与策略》，《首都师范大学学报》（社会科学版）2015 年第 4 期，第 141~146 页。

第四章

基础实践阶段职前教师的反思能力发展

第一节　基础实践阶段职前教师反思能力发展研究设计

一　基础实践阶段反思能力载体与呈现方法的选取

反思常被视为一种思维方式或一种能力，但究其本质，是认识与实践之间的对话。作为专业的实践者，反思需经由专门性的建构，才能从纯粹的和条件反射式的习惯转向能够用来识别、判断、分析和解决专业化实践中复杂问题的思维方式和基本能力。

普遍的观点认为，建构主义理论和批判理论对反思理论的发展产生了重要影响。对于包括教师在内的专业实践者而言，建构主义的影响非常大。舍恩指出，构成实践者在行动中反思这一观点的基础是实践者对待现实的建构主义观点，将实践者视为他自己实践情境的建构者。[1] 也有观点认为，反思属于建构主义，特别是个人建构主义内在的组成部分，它必须是有目的的，教师在反思的过程中为自身建构意义与知识。[2] 批判理

---

[1]　〔美〕唐纳德·A. 舍恩:《培养反映的实践者：专业领域中关于教与学的一项全新设计》，郝彩虹、张玉荣、雷月梅、王志明译，教育科学出版社，2008，第36页。

[2]　〔美〕贝蒂·E. 斯黛菲、迈克尔·P. 沃尔夫、苏珊娜·H. 帕施、比利·J. 恩兹主编《教师的职业生涯周期》，杨秀玉、赵明玉译，人民教育出版社，2012，第10页。

论对反思理论发展的影响同样毋庸置疑。然而有研究者指出，"从定义上看，反思并不是批判性的"，[①] 但是，这并不意味着反思不重要或不必要，批判性的反思是深层次反思，属于高阶思维。无论是作为思维方式或是能力，还是基于建构主义理论的视角或批判理论的视角，反思都是立足于自我之外对自己进行建构的过程或深层次的批判性自省，具有内隐化、不可见和高度个性化等特点，意味着灵活性、严谨的分析和社会意识。[②] 因此，对反思能力发展实施跟踪研究，需要选取恰当的能够反映研究对象反思能力的载体或方法。

关于教师反思的载体，国内外不少研究指向了反思日志。[③] 教师专业实践活动中的反思不容易被他人观察到，除非有特定的形式（可能通过谈话或日志）。[④] 反思笔记、案例研究、日志以及日记都是可供反思的"形式"（modalities）。这些"形式"能够体现反思，是因为善于反思的个体往往会思考自己看到的和做过的，会收集资料并进行分析，经常写下观察（或经历）的内容，对自己的思想进行加工，反思便由起初的"内省的"而成为"外显的"和"互动的"。[⑤] 在一个有效的反思过程中，运用这些资料需要"对这些作品有一种信赖和珍视的态度，并

---

① 〔美〕Stephen D. Brookfield：《批判反思型教师 ABC》，张伟译，中国轻工业出版社，2002，第 9 页。

② 〔英〕Andrew Pollard：《小学反思性教学——课堂实用手册》（第 3 版），王薇、郑丹丹译，中国轻工业出版社，2006，第 8 页。

③ Minott, M. A. , "Valli's typology of reflection and the analysis of pre-service teachers' reflective journals," *Australian Journal of Teacher Education*, 5 (2008)：55 – 65；Cohen-Sayag, E. , & Fischl, D. , "Reflective writing in pre-service teachers' teaching：What does it promote," *Australian Journal of Teacher Education*, 10 (2012)：20 – 36；Allas, R. , Leijen, A. , & Toom, A. , "Supporting the construction of teacher's practical knowledge through different interactive formats of oral reflection and written reflection," *Scandinavian Journal of Educational Research*, 5 (2017)：1 – 16；冷静、易玉何、路晓旭：《职前教师协作写作中反思能力发展轨迹研究——基于认知网络分析法》，《中国电化教育》2020 年第 3 期，第 93 ~ 99 页。

④ 〔美〕南希·菲契曼·达纳、丹恩·耶多·霍廷：《反思课堂教学：为未来的挑战做准备》（第 3 版），杜小双译，黑龙江教育出版社，2016，第 20 页。

⑤ 〔美〕阿瑟·J. S. 里德、韦尔娜·E. 贝格曼：《课堂观察、参与和反思》，伍新春、夏令、管琳译，教育科学出版社，2009，第 18 页。

认为有必要"参与这一过程。① 一项关于职前教师和新手教师在教学实践中使用反思日志情况的调查研究结果显示，大多数职前教师和所有新手教师对使用反思日志表现出积极的态度，不少参与者建议反思日志应该是强制性的，嵌入教学实践中，要求每一名职前教师和新手教师均须撰写反思日志。② 因此，反思日志可以作为教师反思的载体，作为评价教师反思能力的数据来源，能在一定程度上还原教师反思能力发展的过程。

除了反思日志，已有研究也尝试使用其他多种方式和方法对教师的反思能力进行了分析。例如，利用观察法在真实教育情境中寻找关键性事件，同时使用教学录像刺激回忆，通过组合方式对研究对象的反思能力进行研究；③ 将档案袋应用为促进职前教师反思性实践的重要工具，认为档案袋可以在一段时间内有目的地收集研究对象的各项工作，帮助描绘职前教师教育实践的质量，验证真实情境中职前教师发展的有效性，作为评价职前教师思维与能力发展的具有说服力的方法；④ 在收集教育实践的相关资料（教师教育者手册、教育实践现场手册以及其他类型的评价性材料）的基础上，利用访谈和课堂观察对职前教师的反思性实践能力进行研究；⑤ 开发和使用问卷、量表等工具对教师的反思能力进行测量。⑥ 国内关于教师尤其是职前教师反思能力的研究，除了依托

---

① 〔美〕贝蒂·E. 斯黛菲、迈克尔·P. 沃尔夫、苏珊娜·H. 帕施、比利·J. 恩兹主编《教师的职业生涯周期》，杨秀玉、赵明玉译，人民教育出版社，2012，第11页。

② Sultan, A., Yasser, A., & Donald, G., "The reflective diary experiences of EFL pre-service teachers," *Reflective Practice*, 2 (2021): 173 – 186.

③ Husu, J., Toom, A., & Patrikainen, S., "Guided reflection as a means to demonstrate and develop student teachers' reflective competencies," *Reflective Practice*, 1 (2008): 37 – 51.

④ Groom, B., & Maunonen-Eskelinen, I., "The use of portfolio to develop reflective practice in teacher training: A comparative and collaborative approach between two teacher training providers in the UK and Finland," *Teaching in Higher Education*, 3 (2006): 291 – 300.

⑤ 조덕주,「반성적 실천 기반 교사교육 프로그램 사례 연구 – 미국 뉴욕대학 교사교육 프로그램을 중심으로」,『비교교육연구』, 1 (2009): 131 – 165.

⑥ Mirsaei, F., Phang F. A., & Kashefi, H., "Measuring teachers reflective thinking skills," *Procedia-Social and Behavioral Sciences*, 141 (2014): 640 – 647.

反思日志以外，主要使用的也是反思视频分析、访谈、观察以及使用工具进行测量等方式或方法。[①]

在基础实践阶段，根据反思的本质属性和特征，结合国内外教师反思研究的方式和方法，并充分考虑研究对象的特点和开展研究的可行性，本研究主要将反思日志作为反思能力的载体，对反思日志进行文本分析，并结合观察法和访谈法，依据反思的内容类型和层级归属对基础实践阶段研究对象的反思能力发展状况实施研究，呈现其反思能力的发展轨迹。

二　基础实践阶段反思能力发展的研究情境、研究对象、资料收集与分析

20 世纪 70 年代以来，西方教育科学领域的研究范式发生了重要转变，开始从探究普适性的教育规律转向寻求情境化的教育意义，这种转换意味着更加尊重和重视个体经验。[②] 而反思的个人主义色彩浓厚，强调个体体验与经验，主要为个体建构意义与知识。同时，如果认可反思是一项可教可学的技能，[③] 那么，反思的能力对于处在不同阶段的不同的人来说，都是可以发展的，也许就是这样一种能力构成那些从经验中进行有效学习者的特征。[④] 因而，将研究问题聚焦于"职前教师反思能力的发展"的情况下，选取恰当的、相对具有代表性的个案，采用质性研究方法，强调意义性、诠释性和主体性，是从个体视角展示职前教师

---

① 冯志均、李佳、王后雄：《职前化学教师教学反思能力及影响因素研究》，《化学教育》2013 年第 6 期，第 57～60 页；黄慧、张文瑞：《英语师范生实习反思状况调查》，《教育学术月刊》2015 年第 4 期，第 69～74 页；张海珠、陈花、李金亭：《"互联网＋"时代乡村教师教学反思能力检核模型的构建》，《河南师范大学学报》（哲学社会科学版）2020 年第 2 期，第 143～150 页。

② 叶隽：《我们该当如何教育？——读〈教学机智——教育智慧的意蕴〉》，《教育发展研究》2004 年第 9 期，第 118～119 页。

③ 〔美〕阿瑟·J. S. 里德、韦尔娜·E. 贝格曼：《课堂观察、参与和反思》，伍新春、夏令、管琳译，教育科学出版社，2009，第 18 页。

④ 〔美〕贝蒂·E. 斯黛菲、迈克尔·P. 沃尔夫、苏珊娜·H. 帕施、比利·J. 恩兹主编《教师的职业生涯周期》，杨秀玉、赵明玉译，人民教育出版社，2012，第 11 页。

反思能力发展的有效路径。

（一）研究情境的进入

正如前文所述，本研究中的职前教师是指 2016 级五个试点学科的 189 名全日制教育硕士，将其整个培养周期内（2016 年 9 月至 2018 年 7 月）的反思能力发展与变化作为研究问题，研究对象和研究问题清晰明确。在本课题组所在大学设计实施的全程贯通一体化教育实践模式下，2016 年 9 月全日制教育硕士入学后，经历过短暂的整顿期、适应期和大学课程学习之后，便召开教育实践动员大会，对在读期间教育实践的整体设计进行解读，并对第一学年两个学期的基础实践进行详细安排和部署，组织全日制教育硕士做好基础实践前的相关准备工作。2016 年 10 月 12 日，在大学实践管理教师的带领下，189 名全日制教育硕士全员进入大学所在城市的卓越教师培育试验区的优质中学，正式开始为期 1 年的基础实践。笔者是大学实践管理教师团队的成员，在基础实践阶段，具备与相关研究对象进行深入接触、直接观察和实施干预等开展跟踪研究的必要条件。

（二）研究对象的选取

选取个案开展为期两年的跟踪研究，意味着个案的选择需要非常慎重，但从开展研究的实际需要来看，又须尽快选定个案，以便及早聚焦，保证个案研究的扎实性和深入性。在本研究中，个案选择采取了目的性抽样的方法，保证个案的代表性的同时，能够为跟踪研究提供最大信息量。2016 年 10 月至 11 月，笔者进入卓越教师培育试验区的 5 所优质中学（其中两所中学的教育实践管理负责人正是笔者），进行了 7 周共计 14 天的教育实践现场观察，通过个别访谈、集体座谈以及翻阅该期间在这 5 所中学进行教育实践的全日制教育硕士的《教育实践手册》，并结合该期间召开的两次教育实践小组长会上各个实践小组的汇报与自我评价，最终从每个试点学科选取两名全日制教育硕士作为跟踪研究的对象。研究对象基本信息见表 4 - 1。

表 4-1 研究对象基本信息

序号	姓名编码	性别	年龄	本科毕业院校	本科专业	硕士就读专业
1	YW1F	女	22	DB 师范大学	汉语言文学	学科教学（语文）
2	YW2F	女	23	HEB 师范大学	对外汉语	学科教学（语文）
3	YY1F	女	22	YN 师范大学	英语	学科教学（英语）
4	YY2F	女	23	DB 师范大学	英语	学科教学（英语）
5	SX1F	女	24	HN 师范大学	数学与应用数学	学科教学（数学）
6	SX2M	男	23	SY 师范大学	数学与应用数学	学科教学（数学）
7	HX1M	男	23	SD 师范大学	化学	学科教学（化学）
8	HX2F	女	23	HB 师范大学	化学	学科教学（化学）
9	DL1F	女	23	YB 大学	地理科学	学科教学（地理）
10	DL2F	女	23	TJ 师范大学	地理科学	学科教学（地理）

注：姓名编码前两位是研究对象硕士就读专业的拼音首字母，数字"1"和"2"是研究对象的排序，每个学科选取 2 人，"M"和"F"分别代表性别为男和女；"本科毕业院校"前面的字母是院校名称的拼音首字母；"现就读专业"排序参照了课题组所在大学录取信息库中的专业排序。

选取以上 10 名全日制教育硕士作为跟踪研究的对象，主要是基于以下几点考虑。第一，研究对象的数量不宜过多，但要观照到每一个学科。针对全日制教育硕士教育实践进行跟踪研究，涉及大量的反思日志文本分析、课堂观察分析和访谈内容整理，工作量大。为保证个案研究的深入性，将跟踪研究对象的数量限定为 10 名，每个学科 2 人。第二，使用"目的性抽样"方法中的"最大差异抽样"策略确定跟踪研究的对象。通过对全日制教育硕士初始反思能力的分析可知，其初始反思能力发展水平内部差异显著，即"内部异质性很强"，需要考证研究对象"具有最大异质性的特点"，将其"作为抽样的标准来了解差异分布状况"，反映研究对象群体的全貌。[①] 在充分考虑个体间、学科间和教育实践环境间的差异性等因素的基础上，根据 2016 年 10 月至 11 月初步跟踪研究结果的分析，在每个学科选取 1 名反思表现较强且发展趋势良好的全日制教育硕士和 1 名反思表现一般且发展趋势不明朗的全日制教

---

① 陈向明：《教师如何作质的研究》，教育科学出版社，2019，第 43 页。

育硕士作为研究个案，以最大限度地保障研究的客观性和样本的代表性。第三，尽量保障研究对象在自然状态下正常开展教育实践，避免其产生防备心理而有所隐藏或为凸显自己而刻意表现，即在物色理想型研究对象的同时，确保其具有参与研究的意愿和能力。在研究开展过程中，通过与选定的研究对象的长时间接触，彼此建立了信任的良好关系。

（三）资料的收集与分析

在实施跟踪研究时，有计划地进行资料收集、建立分析框架和资料分析。在基础实践过程中，针对研究对象存在的问题和不足之处，借助实践小组反思会、实践小组长月会、访谈、实践考核等途径实施干预和指导。

1. 资料收集

基础实践的实施周期是 2016 年 10 月至 2017 年 6 月，分两个学期进行，分别是"基础实践 I"和"基础实践 II"，两个学期的任务与活动设计基本一致。基础实践期间，本课题组成员跟随研究对象在大学所在城市卓越教师培育试验区的 5 所优质中学进行了为期 8 个月的跟踪，坚持每周两天全天在教育实践现场与研究对象一起听课、参加教研活动、进行教学设计、召开小组反思会，同时参加在大学召开的实践小组长月会，对基础实践的正式授课环节进行观察（观察记录表见附录 3 - 1）并在授课结束后尽快进行访谈（访谈提纲见附录 3 - 2），收集了大量的一手资料。

研究基础实践阶段反思能力发展变化的重要实物类资料是研究对象撰写的反思日志，来源于全日制教育硕士按照要求填写的《教育实践手册》，主要由听课记录、实践日志、教学设计、课例分析、实践反思、实践总结报告等内容构成。除此之外，还收集了研究对象基础实践阶段的"全日制教育硕士教育实践考核表"（包括中学指导教师版、大学指导教师版和大学带队教师版 3 个版本）和"全日制教育硕士教育实践自我评价表"。"基础实践 I"和"基础实践 II"的任务与活动设计以及在教育实践中收集的实物资料类型基本一致，使开展反思能力发展变化的比较分析和个案特征凝练成为可能。

表 4 - 2　基础实践阶段主要研究资料汇总

资料构成	数量
反思日志（《教育实践手册》，每个学期每人 1 本）	20 份
教育实践考核表（中学指导教师版、大学指导教师版、大学带队教师版每个学期每人 1 份）	60 份
教育实践自我评价表（每个学期每人 1 份）	20 份
访谈记录（一对一，时长 20 分钟左右）	20 份
观察记录表	20 份

2. 资料分析的方法

对基础实践阶段研究对象反思能力发展的分析，主要依托类属分析，运用设定的理论框架，使用 Nvivo 12 软件对研究对象的反思日志进行内容分类和编码。编码采取了三级编码的方式，首先，通过对原始资料进行分解、测验、比较、概念化与类属化后，得到一级的开放式编码；其次，通过发现和明确核心类属，即对中心现象的概括得到二级编码；最后，围绕类属关联进行三级主轴编码。因为基础实践的两个阶段的资料收集在类型上具有高度一致性，可以通过两个阶段的对比分析，探究研究对象在该实践阶段反思能力发展变化的状况。在此基础上，通过对访谈记录、观察记录和考核、自我评价表的分析予以佐证和验证。

3. 资料分析的理论框架

对于研究对象反思内容的类型划分，通过初步分析研究对象基础实践阶段的全部资料（主要基于反思日志），并结合在访谈和观察中形成的总体认知，以及已有研究对职前教师反思内容和关注点的总结，初步判断反思内容聚焦于教学、知识和学生学习等几个方面，这与艾伦·R. 汤姆（Alan R. Tom）的观点不谋而合。汤姆提出，探究取向的教师教育包含四个范围各异的问题域，分别是"教学、学习过程""学科问题、知识""教学中内隐的政治与道德原则""社会、教育制度"，针对不同问题域进行的反思，构成了丰富的反思内容和类型。[①]

对于研究对象反思能力发展水平的变化分析，如前文所述，已有研究对反思水平的划分进行了深入探究，形成了多样化的观点。本研究采用约翰·R. 沃德（John R. Ward）和苏珊娜·R. 麦考特（Suzanne R. McCotter）的"四层次说"理论，把职前教师的反思水平从低到高划分为四个层次，分别是常规性反思、技术性反思、对话性反思和变革性反思，处于不同反思水平层次的职前教师反思的关注点和具体内容各不相同（见表 4 - 3）。[②] 根据该理论确定的职前教师反思水平判断标准，职前教师的常规性反思减少，能够基于教育理论进行技术性反思，出现对教育教学实践或相关主体的对话性反思或变革性反思，可以作为判断职前教师反思水平是否有所提升的依据，基于情境对高阶反思进行内容分析能够在一定程度上反映职前教师反思水平的提升程度。

表 4 - 3　职前教师反思水平判断标准

反思水平	关注或探究的内容	特征	改变
常规性反思	以自我为中心或不涉及个人利益的问题，包括对学生、时间、工作量的控制，趋向获得个人成功（包括成绩）的认可，避免失败的指责	多是对定义和事实的陈述；不询问有关需要个人改变的问题；通常将问题归因于外在因素（他人或缺乏资源、时间等）；分析往往是确定或概括的，缺乏质疑和对复杂现象的关注	对实践的分析缺少个人的回应，自我与情境之间存在距离
技术性反思	具体教学任务，如计划、管理、评价，但不考虑教学问题之间的联系。使用评估/观察标记成功或失败，但没有作为诊断目的对学生的学习质量进行评估	在不改变观点的情况下对特定情况做出工具性反应；问题由自己针对特定情况提出，但不对问题本身进行质疑；在解决最初的问题后停止提问	个人对某种情况做出反应，但不利用这种情况改变观点

① Tom, A. R., "Inquiring into inquiry-oriented teacher education," *Journal of Teacher Education*, 5 (1985): 35 - 44.

② Ward, J. R., & McCotter, S. S., "Reflection as a visible outcome for preservice teachers," *Teaching & Teacher Education*, 3 (2004): 243 - 257.

续表

反思水平	关注或探究的内容	特征	改变
对话性反思	重点是学生（学习）和他人。通过评估和与学习者的互动来解释学生的学习方式，为学生尤其是"挣扎"的学生提供帮助。结合情境问题提出新问题	是一个持续的过程，探究情境性问题，包括情境问题与行动的循环，考虑他人观点和产生新的观点和见解。积极寻求学生、同伴和他人的观点	综合情境探究，发展关于教学、学习者或个人教学优势/劣势的新见解，以改进实践
变革性反思	聚焦个人观点和意识（教学的、伦理的、道德的、文化的与历史的）的介入及其对学生和他人产生的影响	深入质疑基本假设和目的；长期持续探究，包括与指导教师、关键朋友、关键文本、学生的对话互动；认真考察关键事件和学生学习；提出挑战个人假设的难题	视角/观点的变革性重构，引发实践的根本改变

资料来源：Ward, J. R., & McCotter, S. S., "Reflection as a visible outcome for preservice teachers," *Teaching & Teacher Education*, 3（2004）：243 - 257。

4. 资料分析的初步结果

对 10 名全日制教育硕士基础实践阶段的反思能力发展进行逐一的个案分析后发现，研究对象的反思水平总体呈现上升趋势，但不同个体在发展路径上表现出明显的差异。研究发现，研究对象的反思能力发展大体呈现出四种类型，分别是高起点快速发展型、高起点平稳发展型、低起点快速发展型和低起点缓慢发展型。本研究选定的研究对象中，语文学科的 YW1F 和地理学科的 DL1F 属于高起点快速发展型，语文学科的 YW2F、英语学科的 YY2F 和化学学科的 HX1M 属于高起点平稳发展型，英语学科的 YY1F、数学学科的 SX1F 和地理学科的 DL2F 属于低起点快速发展型，数学学科的 SX2M 和化学学科的 HX2F 属于低起点缓慢发展型。

（四）研究伦理

教育科学研究活动是一项伦理性活动，须认同并遵循研究中的伦理，遵循自愿、保密、公正平等、互惠互利等原则。在开展跟踪研究的过程中，笔者进行了提前告知，告知研究对象本研究的意图，确认了研究对象参与研究的意愿。对收集的研究对象的资料使用得到了本人授权，每次访谈前均得到了研究对象的录音许可。研究资料的处理中做到了匿名原则，为了保护研究对象的隐私，对研究对象的姓名进行了编码处理（见表 4 - 1）；引用研究对象的反思日志内容时，采用"姓名编码 - 反思日志撰写日期 - 基础实践中学名称拼音首字母缩写"的方式进行处理，例如"YW1F - 161012 - SSYCZ"（如果同一天同一名学生撰写了多份反思日志，则在日期后以数字区分，如"YW1F - 161012 - 1 - SSYCZ""YW1F - 161012 - 2 - SSYCZ"）；引用研究对象的访谈记录时，采用"姓名编码 - 访谈日期 - 访谈"的方式进行处理，例如"YY2F - 180523 - 访谈"；引用研究对象的观察记录时，采用"姓名编码 - 观察日期 - 观察"的方式进行处理，例如"HX1M - 170517 - 观察"。在开展研究过程中，笔者尽量淡化自身的教师身份，与研究对象进行频繁接触，建立良好的沟通交流关系并取得其信任，增加了深入开展跟踪研究的可能性。

第二节　基础实践阶段反思能力发展的类型

一　高起点快速发展型

（一）来自 YW1F 的个案分析

YW1F 本科毕业于部属师范大学的汉语言文学专业，属于师范类专业学生，硕士阶段就读专业为学科教学（语文），在最初的跟踪分析中属于反思表现较强且发展趋势良好的研究对象。笔者从其撰写的基础实践阶段两个学期的《教育实践手册》中提取出的反思日志内容 1.6 万余字，并对其两个学期的反思日志内容进行了对比分析（见表 4 - 4）。

表 4 - 4　YW1F 的反思日志编码及参考数值

基础实践阶段	一级编码	二级编码	三级编码个数
2016 学年秋季学期基础实践 I	对教学的反思	教学方法、教学环节、教学内容、教学理念、课堂时间管理	41 个
	对知识的反思	学科知识、教学知识	19 个
	对学生学习的反思	学情、学习兴趣、课堂参与、学习特点、学习问题	24 个

基础实践阶段	一级编码	二级编码	三级编码个数
2017 学年 春季学期 基础实践Ⅱ	对教学的反思	教学方法、教学环节、教学内容、教育理念、教学设计	27 个
	对知识的反思	学科知识、教学知识、理论和实践的关系、班级管理知识	31 个
	对学生学习的反思	个性化需求、对学生错误进行正确归因、学习方法、学习自主性、学习困难、学习兴趣	43 个

1. 反思内容的对比分析

（1）对教学的反思

"基础实践Ⅰ"过程中，YW1F 对教学反思的关注点集中在不同文本题材的教学方法、教学环节、教学内容、教学理念、课堂时间管理等方面。初中语文课文中的文本题材形式纷呈，YW1F 分别对不同题材作品的教学方法进行了反思："本文为议论文，所以教师将文本内容分解为几个小问题，采用逐句讲解的方式。虽然层次严密，但问题有些烦冗。能否改变议论文传统的逐句讲授方式？如何培养学生的阅读习惯和回答问题的习惯？"（YW1F‐161019‐SSYCZ）"对于文笔优美的写景古诗文，如果为了便于理解，是否可以让学生用白话文进行翻译？"（YW1F‐161109‐SSYCZ）"由于文本是骈文，适合朗读，可以让学生通过朗读来感受和理解文本。"（YW1F‐161109‐SSYCZ）"新手教师如何在小说教学中设计开放性问题？长篇小说的阅读放在课上还是课下进行？"（YW1F‐161117‐访谈）

在对教学环节的反思中，YW1F 认为课堂的导入和总结很重要。在教学理念上，她反思了语文教学中的"大语文"理念。"授课教师是一名有多年教学经验的教师，对于课堂的主导能力非常好。教师将'大语文'教育观念融入作文教学中，让学生对题目瞬间熟悉。"（YW1F‐161012‐SSYCZ）同时，她也反思了学生主体、教师主导的师生关系理念。"学生听课状态整体很好，师生关系融洽，互动频繁，比较充分地体现了学生在课堂上的主体地位。"（YW1F‐161221‐SSYCZ）"如何在教师主导的情况下发挥学生的主体性？教师的思路引导是否有些限制了学生的思路？"（YW1F - 161110 - SSYCZ）

在对课堂教学的时间管理上，YW1F进行了多次反思。例如，"新手教师如何保证教案预设时间与实际教学时间保持相对一致"（YW1F - 161207 - SSYCZ），"授课教师的课堂时间应用超级高效，感觉是争分夺秒"（YW1F - 161208 - SSYCZ）。然而，笔者在对YW1F正式授课的观察中发现，其教学时间预设不理想，导致课堂教学环节略显松散（YW1F - 161117 - 观察）。对此，YW1F表示同意，同时谈道："多看、多比较不同班级的讲课视频，做好教学预设。"（YW1F - 161117 - 访谈）

YW1F在"基础实践Ⅱ"过程中对教学的反思内容与"基础实践Ⅰ"相比，变化不大，增加了对教学设计、教学内容中重难点安排以及教学机智的反思。"在教学设计方面，要更多地去思考这节课要教会学生哪些方面的内容。一堂课不一定要容量大、知识点多，更重要的是重点突出，利于学生把握。在教学方法的选择上要更充分考虑学情。"（YW1F - 170413 - SSYGZ）"课文背景知识的介绍是理解课文内容的基础，但背景知识介绍的量和方式是值得新手教师考虑的。虽然背景有利于理解课文，却不是本课的重点。文本分析，并从中学会如何使用语言文学才是语文课的主要教学目标。"（YW1F - 170420 - SSYGZ）在正式授课中，YW1F意识到自己在突出教学重点方面存在不足，这与笔者的课堂观察记录"课堂教学的重点不突出"（YW1F - 170511 - 观察）吻合。"我发现自己有很明确（的）教学目标，但却没能在课堂上让学生清楚地认识到本节课的学习重点，重点不突出。"（YW1F - 170511 - 访谈）对于该问题，YW1F给出的解释是对文本的把握火候不够，希望通过吃透文本和反复研磨教案来更好地把握课堂上学生的学习重点。

（2）对知识的反思

"基础实践Ⅰ"阶段在对知识的反思中，YW1F的关注点集中在学科知识和教学知识两个方面。学科知识方面，她认为自己存在不足。"我对于外国小说作品的兴趣方面不足，影响教师对于文本解读的深度。"（YW1F - 161117 - 访谈）YW1F对教学知识的反思聚焦于教姿、教态、教学语言，以及板书和 PPT 的使用。例如，由于 YW1F 是学科教学（语文）的专业硕士，因此她非常善于反思教师的语言表述，在反思日志中多次提及这方面的内容。"授课教师的'教姿教态'特别自然、大方、舒服，语言准确又幽默，课堂气氛十分活跃，学生参与的热情非常高涨。"（YW1F – 161013 – SSYCZ）"教师点评时语言幽默生动，课堂气氛活跃；问题连贯，但有些繁（烦）琐。"（YW1F – 161019 – SSYCZ）对于传统和现代的两种教学展示方式——板书和 PPT 也进行了反思。"板书精美，教学灵活，能对学生的问题进行及时的发现和纠正。"（YW1F – 161019 – SSYCZ）"该老师的特点是善于设计板书，从板书的形象性来调动学生对知识的巩固和明确。"（YW1F – 161110 – SSYCZ）"板书具有提示性，设计精美。"（YW1F – 161121 – SSYCZ）"如何合理使用 PPT，感觉本课使用的 PPT 字数过多。"（YW1F – 161109 – SSYCZ）"如何结合授课主题甄选 PPT 的内容？值得思考！"（YW1F – 161208 – SSYCZ）

　　在"基础实践Ⅱ"阶段，YW1F 对知识的反思增加明显，尤其强调教师的学科知识的重要性。"诗歌和文言文中的一些教学内容是许多教师来不及准备的，却是同学们感兴趣的。这时教师本身的文化积淀就很重要了。如果教师没有满足学生对这一知识的需求，一方面会让学生对教师的权威产生质疑，另一方面也失去了拓展学生课外知识和提升语文素养的机会。"（YW1F – 170322 – SSYGZ）。"语文课内涵丰富，需要语文教师不断提高自身素质，才能在人文素养的培育和情感态度价值观的塑造方面给予学生更大的帮助。"（YW1F – 170309 – SSYGZ）在对学科知识和教学知识进行反思的基础上，YW1F 探讨了在语文教学中理论与实践的关系，强调关注大学的理论学习与教育实践相结合。"基于上次开会时研究生院对我们理论与实践结合的建议，本周我们也深入地反思了自己在这方面的不足，并且将自己的实践经验与理论相融合，进行了更为深入的思考。理论的学习如果脱离实践，掌握的效果并不好；而如果仅实践，不与理论结合，则不能形成更深入的思考。这也是我们学习思维方式的转变，有利于我们日后的教育教学实践与研究。"（YW1F – 170323 – SSYGZ）YW1F 也对班级管理的一些知识和技巧进行了反思，比如对班级文化建设和创设良好班级氛围的反思。

（3）对学生学习的反思

在"基础实践Ⅰ"阶段对学生学习的反思中，YW1F 非常强调掌握学生的"学情"。"教师对学生的引导和启发运用恰当，与学情相符。教师对课文内容讲解的深度符合学生现有水平。"（YW1F - 161024 - SSYCZ）"能够感觉到，教师的教学设计是基于学生学情进行的。"（YW1F - 161026 - SSYCZ）这里充分体现了她善于从学生实际情况出发进行教学反思。同时，YW1F 也意识到课堂教学要调动学生的学习兴趣和参与的积极性。"如何使学生真正参与到课堂中来，而不只是停留在形式主义的层面上？"（YW1F - 161020 - SSYCZ）"'轮读'方式有利于充分调动学生阅读的参考性。"（YW1F - 161110 - SSYCZ）通过 YW1F 对学生的观察，她也反思了很多学生在语文学习上的问题，意识到要时刻关注学生的学习状态，思考改进自己的教学。"虽然课堂气氛较好，但仍有同学存在预习态度不认真的问题，该如何解决预习不足的问题？"（YW1F - 161019 - SSYCZ）"虽然教师反对学生照抄答案，但学生由于习惯仍然会照抄。由于时间关系，抄得又不完整。针对这一情况教师应该思考如何改进。"（YW1F - 161012 - SSYCZ）"在文言文学习方面，学生朗读和字音方面较差，部分生僻字掌握不准确，态度不认真。"（YW1F - 161019 - SSYCZ）"大部分学生在课前没有进行充分的预习，这与学生对待学习的态度、能力和兴趣都有关系。"（YW1F - 161110 - SSYCZ）在正式授课后的访谈中，YW1F 也多次谈起学情的问题。她认为，授课中的不足是"对学情的了解不充分，师生之间的问答过程显得零散、琐碎"，而改进的思路是"教学是教师与学生、文本之间对话的过程。了解学情对教学的顺利进行十分重要。新手教师在开展教学前应充分了解学情，了解学生的预习情况。针对本节课的教学内容，热情地、灵活地与同学们进行聊天"。（YW1F - 161117 - 访谈）

在"基础实践Ⅱ"阶段对学生学习的反思中，YW1F 的反思日志也凸显了掌握学生学情和教给学生正确的学习方法的重要性。"对于诗歌背诵的方法，我还是比较倾向于理解记忆，当然重复记忆也是不可缺少的。W 老师的方法值得我们借鉴，将两者结合，并以《氓》为例，让学生能够在背诵中探索更适合自己的学习方法。教师应更注重方法的归纳，既锻炼理性思维，学习效率也会增加（提高）。"（YW1F - 170427 - SSYGZ）"诵读是能够让学生更好地把握诗歌内涵的教学方法和学习方法，教师应该有意识地在诗歌中运用。诵读与内容的把握互相交融，通过诵读体悟内容，在体悟的基础上更好地诵读诗歌。诵读不仅是一种方法，更是一种技能。"（YW1F - 170518 - SSYGZ）关注到了学生学习中的个性化需求。例如，"作文讲解不能以理论讲解为主，要对学生进行个性化的辅导"（YW1F - 170309 - SSYGZ）。在此基础上，增加了帮助学生针对错误进行正确归因的反思。"当学生在某一知识点或某一方面出现集体性问题时，需要及时分析学生产生错误的原因，并及时进行纠错和调整自己的教学。"（YW1F - 170315 - SSYGZ）"通过过去一个月听课时对学生的观察以及这次成绩分析，我能够看到学生的课堂效率一定程度上影响了学生对基础（知识）的掌握。而课堂效率低，可能是因为学生的学习方法有一定的偏差。教师应引导学生自主分析错题，找出错误原因，并分析背后的学习习惯。课上老师也可以将共性的错题进行归纳总结。"（YW1F - 170330 - SSYGZ）

2. 反思水平的对比分析

通过对 YW1F 基础实践两个阶段反思水平的对比分析可以发现，其常规性反思一直不太多，技术性反思和对话性反思较多，在"基础实践Ⅱ"中技术性反思和对话性反思水平有所提升，并且出现了变革性反思的苗头。

在"基础实践Ⅰ"YW1F 的反思日志中，她提出了很多问题，这些提问意味着她对教育实践中遇到的问题和难题存在疑惑并试图进行思考。"对于大家比较熟悉的课文内容，是直接导入比较好还是课外导入比较好？是否应该在本文刚开始就使用学生读课文加教师评点的方式？"（YW1F - 161020 - SSYCZ）"如何合理安排课程内容的容量，使课堂更紧凑？如何在不增加学生学习压力的情况下做充分的预习呢？"（YW1F - 161110 - SSYCZ）"如何在教师主导的情况下发挥学生的主体性？对于优美的写景小品文，怎样让学生不肢解地翻译文章？"（YW1F - 161110 - SSYCZ）这些问题有停留在技术性反思层次的由"自我"提出的基于特定教学情境的问题，也有致力于开放地进行思考和期待与他人进行交流的对话性反思。

在"基础实践Ⅱ" YW1F的反思日志中，她以提问的方式提出的问题很少出现，更多的是对问题的直接探究，对于"基础实践Ⅰ"中的问题进行了更加深入的反思和追问，并寻找到了相应的答案。例如，关于"基础实践Ⅰ"中提到的"如何在教师主导的情况下发挥学生的主体性"这一问题，YW1F在"基础实践Ⅱ"的反思日志中提及："引导学生自主讲解知识点的方式，加强了学生对知识的了解和掌握程度，培养了学生们良好的学习方式，既知其然又知其所以然，也能够培养学生们学习的主动意识。在学生讲解后，教师可以在知识点与讲解方式方面进行点评，指出存在的不足之处，并提出一些改进性的建议，也可以鼓励学生们创新讲解方式。"（YW1F - 170316 - SSYGZ）

在"基础实践Ⅱ"的反思日志中，YW1F经常对不同教师的课堂教学进行横向比较分析；比较作为一种间接的实验，能够对事物或现象产生更加全面的了解，本身就具有一定的反思性色彩。在进行比较的同时，YW1F能够进行总结和开展新的思考，表现出旨在扬长避短的意图，属于基于情境进行对话性反思的一种方式。例如，"兴趣是最大的动力。W老师强调通过发挥学生的主动性，使学生愿意融入课堂中；Z老师则多以提问的方式吸引学生的注意力，激发学生的好奇心，并促使学生参与课堂教学"（YW1F - 170309 - SSYGZ）；"通过观察，我发现两位老师提问的方式略有不同。Z老师以几个大的主干问题为主，课堂重点突出；W老师涉及的各个问题之间具有很强的衔接性，容易让学生跟着教师的节奏读懂课文，两人各有所长"（YW1F - 170413 - SSYGZ）；"两位老师在讲述诗歌时，分别从整体和局部两个方面来设置问题。W老师一边疏通课文内容，一边就诗歌内容进行提问，让学生们能够深入具体地品味诗歌。而Z老师着重在疏通内容后就整体提问"（YW1F - 170427 - SSYGZ）；"Z老师的问题设置比较全面详细，但重点不够突出，不利于学生的把握；W 老师比较习惯将问题融在授课之中，以对话的形式让同学们自然而然地回答问题"（YW1F - 170420 - SSYGZ）。

　　另外，在"基础实践Ⅱ"中，YW1F 表现出尝试进行变革性反思的苗头。例如，"许多教师在授课时参照老旧的文本解读方式，缺乏新意，难以让学生更深入地把握。深入文本解读对教师的要求非常高"（YW1F - 170323 - SSYGZ）。这是在教育教学实践中发现的现实难题，即"现实的语文阅读教学中，文本解读环节存在问题"（YW1F - 170323 - SSYGZ）。为了解决这一问题，她试图寻找理论和文献上的支持："我计划在教育实践中多应用在学校学到的研究方法，以期就某一问题或某一现象形成调查报告。为了更深入地理解这一问题，我们也查阅了众多相关的文献，特别是一篇（题为）《中学文言文教学困境思考及对策研究》的论文。我们发现文言文教学问题是普遍存在的，有待我们深入思考研究。现在越来越多的教师意识到文本解读深度的重要性。指导教师也为我们推荐了一些相关的针对语文文本重新解读的书籍，如《名作重读》。"（YW1F - 170323 - SSYGZ）该问题属于个人参与教学的基本问题和挑战个人假设的难题，并且 YW1F 也尝试在该问题上进行变革性重构，用教学研究的思维解决实践问题，对于职前教师而言非常难得，一定程度上表明其反思能力发展到了较高的水平。

　　（二）来自 DL1F 的个案分析

　　DL1F 本科毕业于省部共建综合性大学的地理科学专业，属于师范类专业学生，硕士阶段就读专业为学科教学（地理），在最初的跟踪分析中同样属于反思表现较强且发展趋势良好的研究对象。笔者从其撰写的基础实践阶段两个学期的《教育实践手册》中提取出反思日志内容 1.7 万余字，并对其两个学期的反思日志内容进行了对比分析（见表 4 - 5）。

1. 反思内容的对比分析

　　（1）对教学的反思

　　在"基础实践Ⅰ"中，DL1F 教学反思的关注点主要包括教学方法、教学内容、教学环节、教学机智、教育理念和理论等几个方面。在教学方法上，DL1F 反思了图片列举、视频总结、实物演练等方法。"在讲授学生不熟悉的内容时，可通过列举图片等多样化的方法让学生产生直观感知。"（DL1F－161026－JYSYXCZ）"教师制作简易工具辅助学生理解，更好的（地）帮助学生掌握。"（DL1F－161123－JYSYXCZ）"通过短视频的形式，对由于亚洲地理位置和范围所带来的各种差异进行了总结。"（DL1F－161013－JYSYXCZ）她反思了备课的重要性，同时也提出仅有备课并不充分，理想的预设和真实的课堂间总会有偏差，教师需要发挥教学机智，随机应变。"真实地去准备一节课，需要花费很多的时间，要准备整个教学活动，例如：提高教师自身素养、了解学生情况、分析教材、明确教学目标、选择合适的教学方法、熟悉教学环境等。这些都要在课前进行充分的准备，这对于新教师来说非常重要，也需要花费很多的精力，但是只有这样才能够呈现出精致的课堂。"（DL1F－161124－JYSYXCZ）"准备一节课看似简单，但是事实上需要教师做的课前准备工作有很多。整个教学活动都需要教师有很好的把控。现在我们在教育实践的过程当中，一方面要熟悉如何设计好教学活动，如何调控好教学活动，另一方面尽可能地去把教育教学理论知识运用到实际中。"（DL1F－161124－JYSYXCZ）"在真实的课堂教学中，与在课前准备的教学设计肯定有不同的地方，有些时候需要我们根据课堂的教学情境及时做出改变，如果仍然按照之前准备好的计划过程去进行，会使课堂变得枯燥、乏味、机械。"（DL1F－161124－JYSYXCZ）

在教学内容上，DL1F认为要充实有条理，做到层层递进并具有连贯性。"课堂内容安排上要层层递进，教师需将框架进行清晰地梳理，这样才会产生更好的课堂教学效果。"（DL1F－161026－JYSYXCZ）"需要思考怎样将这些教学内容连贯地具有逻辑地排列起来，可以采用书本上的排列顺序，也可以按照知识本身的逻辑顺序来组织。"（DL1F－161215－访谈）

在教学环节上，DL1F针对课上的复习和回顾进行了较多的反思。"课堂结束时老师应该带领学生回顾本节课的学习内容，方便学生系统地掌握课堂教学知识，加深学生的记忆。"（DL1F－161027－JYSYXCZ）"通过大量的实例来检验学生知识的掌握程度，这种'复习＋训练巩

固'的方法比较容易帮助学生更好地掌握课堂教学内容。"（DL1F –
161123 – JYSYXCZ）

在对教育理念的反思上，DL1F 强调学生主体和因材施教。"在今
后的教学中，要认真研读地理课程标准与教材，在课堂教学中以学生为
主体，积极创设符合教学内容的情境，联系学生生活实际，培养学生的
学习兴趣。教学内容的组织以学生活动为主要形式，使学生灵活运用地
理知识解决问题，发挥学生的主体作用，成为学生学习的组织者、引导
者和合作者。"（DL1F – 161130 – JYSYXCZ）"教师的劳动本身就有复杂
性，从教学对象来说，面对的是活生生的人，不是无生命的物质，是正
在成长中的青少年，青少年具有主观能动性，而且是千差万别的，是体
力和脑力的发展等，而这个过程每个人的（情况）都不一样，这就需要
教师要懂得教育规律、掌握正确的教学方法，尽可能的（地）进行因材
施教，促进全面发展又不缺乏个性张扬。"（DL1F – 161124 – JYSYXCZ）

表 4 - 5　DL1F 的反思日志编码及参考数值

基础实践阶段	一级编码	二级编码	三级编码个数
2016 学年 秋季学期 基础实践 I	对教学的反思	教学方法、教学内容、教学环节、教学理论、教学机智、教育理念、教材、课堂时间管理、课堂氛围	29 个
	对知识的反思	学科知识、教学知识	6 个
	对学生学习 的反思	地理语言、地理思维、价值观培养、学情、自主学习、学习方法	17 个
2017 学年 春季学期 基础实践 II	对教学的反思	教学方法、师生互动、教学环节、教学机智、课堂氛围、教育理念、教学理论	55 个
	对知识的反思	教学知识	5 个
	对学生学习的反思	地理核心素养、价值观培养、学情	31 个
	对教育制度的反思	教育公平	2 个

DL1F 在"基础实践 II"中对教学的反思增加十分明显。首先，对
师生互动进行了较多的反思。"课堂上师生互动对教学效果有很大的帮
助，互动程度的把握，互动内容的选择非常重要。"（DL1F – 170427 –

SSYGZ）"教师与学生间的互动情况，不仅影响教师的教学情绪，教学连贯性，也影响学生的学习效果，协调好课堂上教师与学生之间的关系，对教学活动的实施有重要影响。"（DL1F - 170511 - SSYGZ）其次，对教学机智的反思更加深入具体。尽管在"基础实践Ⅰ"中DL1F也对教育机智进行了反思，但似乎更像是纸上谈兵，而在"基础实践Ⅱ"过程中经历了一次课堂设备出现问题的"风波"后，其对教学机智的反思更加深入具体。在观察 DL1F 正式授课时，笔者在观察表中作了如下记录："导入环节出现设备故障，应对不充分。"（DL1F - 170518 - 观察）因此在访谈中，笔者与 DL1F 针对该问题进行了交流。"在自己第一次试讲的时候使用多媒体进行辅助教学，有播放视频的部分，为了保留新鲜感在其他班级进行试验，都是可行的，但是真正上课的时候，用视频进行导入，却发现放不出来，一下子突然间不知道该怎么办了，稍微有些慌乱，但是立即调整了下导入，但是从效果上来看，没有之前衔接的（得）那么好，突然间想不出更好的方式去呈现。即使在准备的时候演练流畅，但是真正深入课堂后会发现，有可能和预设的情形不一样，每个学生都有自己的想法，自己的特点，所以应该必须要了解学情，根据学情去预设可能出现的情况，但是更多的还是需要自己在课堂上能有灵活应变的能力。"（DL1F - 170518 - 访谈）最后，对于教育理念和教育理论的反思广度和深度都有进展。她在反思日志中讨论了先行组织者理论和发展性原则。

（2）对知识的反思

在"基础实践Ⅰ"阶段对学科知识的反思上，DL1F 反思了地理知识的分类以及要避免课堂上出现知识性错误。"一般来说，地理知识能够分为三类：陈述性、操作性、策略性。陈述性的知识（例如地理名称、地理分布等），通过教师讲解和学生阅读是能够掌握的知识，适合采用讲解法进行授课；操作性的知识和策略性的知识是回答为什么和怎么做，属于程序性知识，适合采用探究法进行授课。"（DL1F - 161130 - JYSYXCZ）在正式授课中，DL1F 意识到，"在讲课的过程中出现了部分知识性的错误，以及在讲解知识的过程中，没有很好的（地）考虑深和浅的问题。例如，有些内容讲完后，学生在下面小声的（地）说不理解，也不知道教师讲课的目的是什么，造成学生的疑惑，有一些对学生来说比较陌生的地理术语，要向学生事先交代并解释清楚，在教师眼中似乎不值一提，但是学生却很难理解，在这方面应该有所改进"（DL1F-161215-访谈）。同时，对于如何平衡好课堂知识和课外知识的关系以及知识整合她也提出了自己的想法。"本节课补充了一些课外知识，使学生有新鲜感和亲切感，但存在的问题是40分钟的课程无法将课件上的所有内容都进行充分的讲解，特别是旅游景点的介绍最后只能大致进行学习，显得匆忙。"（DL1F-161110-JYSYXCZ）"教师讲课注重对不同知识间的融会贯通，巧妙地将课本知识进行有效整合。"（DL1F-161116-JYSYXCZ）

同时，对教学知识的反思上，DL1F反思了多媒体技术使用的优缺点和教师语言表达的重要性。"初中一年级的学生感性思维发达，所以教师通过展示大量的幻灯片来介绍东南亚特色，但幻灯片播放时间过长，并且对下半节课的内容并没有产生太多的支持，可以减少幻灯片的放映。"（DL1F-161027-JYSYXCZ）"在讲授知识点的过程中，很难达到语言精练的程度，经常围绕一个知识点去反复讲，使课堂不紧凑，学生的积极性也被打消了。"（DL1F-161124-JYSYXCZ）

在"基础实践Ⅱ"阶段，DL1F主要对教学知识进行了反思。例如，围绕板书呈现和教师的教学语言进行了更加深入具体的反思。"教师授课时的语言技巧非常重要，生动幽默的语言更易激发学生的兴趣。"（DL1F-170302-SSYGZ）"板书设计用图表进行分类对比更清晰直观，课堂用语要精炼（练），语音、语调、语速要适中，避免口头语。"（DL1F-170419-SSYGZ）"板书、板画应该准确、科学，能够直观的（地）体现背斜、向斜、断层等地理构造的特点。"（DL1F-170412-SSYGZ）"一名合格的教师，三分是专业知识的能力，还有七分是表达和传授的能力。如果你专业知识很深厚，但是表达能力很逊色，学生理解和消化不了你的讲解，最终的教育也都是归零。"

（DL1F－170622－SSYGZ）

（3）对学生学习的反思

在"基础实践Ⅰ"过程中，DL1F 从学科语言和思维的培养、价值观培养、学情、自主学习、学习方法等方面对学生学习进行了反思。DL1F 认为地理学习中要培养学生的"地理语言"和"地理思维"。"地理思维包括分析推理思维和区域性思维。教师在讲解考试题的过程当中，渗透给学生地理学中的一个重要的思想，就是在分析问题时，要将地理事物放置在特定的区域内进行分析解答，并且在讲解中，带领学生进行分析推理，注重培养学生的地理因果关系的分析推理能力。"（DL1F－161110－JYSYXCZ）"地理学的一个重要特点就是区域性。所以我们在研究某个地理事物或现象时，必须要把它置于一定的空间范围内加以分析，把握它的结构以及与其他要素的关系等方面。还要注意的是，由于区域不同，会产生区域差异，要明确共性与个性的关系，用一般法则与特殊描述去分析问题。通过帮助学生树立区域性的思维，有助于分析地理问题。"（DL1F－161110－JYSYXCZ）

同时，也要在地理学习中培育学生正确的价值观。"教师通过询问学生对家乡的感受引入课程，注重学生情感价值观的培养，再具体分析东北区域的特征。"（DL1F－161019－JYSYXCZ）在学情方面，DL1F 认为要正确认识和了解学生所处的认知发展阶段。"为讲解课本内容而补充相关材料时，要注意学生是否能消化吸收，是否符合此年龄段学生的认知发展水平。"（DL1F－161020－1－JYSYXCZ）

在促进学生自主学习方面，她反思了学生的学习习惯养成和学习方法培养。"分享经验教训的时候，可以让学生们记录下来，制成考试日志，这些都是好的经验，好的习惯的积累，可以让学生印象深刻，也可以随时观摩，互相学习彼此的经验，除了让学生自己总结外，教师的意见观点也是非常宝贵的，要进行归纳与评价。"（DL1F－161110－JYSYXCZ）"每一次的作业、练习题、考试，都是学生积累经验的一个良好的途径，要教会学生如何分析，主动分析，把分析当作一种习惯，并且鼓励学生间的交流分享，促进合作学习。要明确做题的目的是巩固所学习的知识，做题时能够理出知识点，并能够进行分类归纳，对知识点间的逻辑关系有系统的把握。"（DL1F – 161110 – JYSYXCZ）

在"基础实践Ⅱ"中，DL1F 对学生学习的反思的广度深度扩展也十分明显。DL1F 使用"地理核心素养"的概念去囊括学生在地理学科学习中所需要习得的知识和能力，具体包括分析与推断能力、分类比较能力、地理思维、归纳总结能力、科学学习方法、观察能力以及读图识图能力。例如，"分析推理能力在地理学习以及习题演练中占有很大的比重，通过在教学中渗透分析推理的基本思路与方法，鼓励学生大胆猜测，进行验证，逐步培养学生分析推理的习惯和能力，丰富逻辑思维"（DL1F – 170413 – SSYGZ）；"教师在教学的过程中，能够向学生渗透有关地理科学方法的知识，让学生学会获取知识的方法，对于以后的地理学习也有很大的帮助。对于第四章内容的学习，运用比较多的就是分类比较，通过对本章内容的学习，不仅能够掌握知识而且也能够学习到方法。地理比较方法是地理学一切研究方法的基础，是地理学科比较重要的研究方法，通过比较，可以让学生更好的（地）理解学习内容的特点以及差异。让学生掌握比较法的基本步骤以及遵循的逻辑规则，从而能够更好地运用。要使学生掌握比较的一般步骤：选择比较的对象、明确比较的标准、解释比较的内容、得出比较的结论。并且要明确比较的逻辑规则：事物之间要有可比性，选择与制定精确的比较标准，按一定的步骤进行比较，既要比较外部特征，也要比较本质"（DL1F – 170427 – SSYGZ）；"将本课内容与之前内容相联系，提升学生归纳总结能力，例如通过对太阳直射点移动规律的复习，找出气压带风带与直射点之间的关系"（DL1F – 170302 – 1 – SSYGZ）。

同时，与"基础实践Ⅰ"一样，DL1F 反思了如何在地理学科中进行价值观的渗透，做到学科育人。"通过学习水循环以及人类活动对水循环产生的影响，培养学生正确的价值观。授课时渗透水资源的实际状况及其重要性，帮助学生树立珍惜水资源、保护水资源的意识。"（DL1F – 170322 – SSYGZ）"选取与生活中相联系的人类活动与自然环境的关系，培养学生的地理观，潜移默化的（地）培养学生的情感态

度与价值观。通过介绍人类活动对自然环境的影响，培养学生的人地协调观。"（DL1F－170511－SSYGZ）

另外，从反思的内容来看，DL1F围绕教育公平现象对教育制度进行了较为深入的反思，表现出变革性反思的倾向，具体内容在下文关于反思水平的对比分析中予以呈现。

2. 反思水平的对比分析

通过对DL1F基础实践两个阶段反思水平的对比分析可以发现，常规性反思同样占比不高，技术性反思尤其是基于理论的技术性反思不断增多，对话性反思相对较少，在"基础实践Ⅱ"中出现了变革性反思。

通过对DL1F基础实践阶段反思日志的分析可以发现，她善于基于理论进行反思。例如，在"基础实践Ⅰ"的反思日志中，DL1F提到在教学中要注重迁移理论的应用。"讲课之前，要先陈述本节课的内容和学习方法，便于学生的迁移学习。"（DL1F－161026－JYSYXCZ）"注重知识及方法的迁移运用，要善于运用案例方法。"（DL1F－161026－JYSYXCZ）"忽略了知识与生活的联系，没有把学生在生活中熟悉的知识迁移到教学实际中。"（DL1F－161130－JYSYXCZ）在经过一个学期的基础实践后，DL1F在"基础实践Ⅱ"阶段对教育教学中理论与实践的关系有了更深的理解和体会。"经过本学期的教育实践，我明白了实践与理论相结合的道理，在教学中，拥有过硬的专业知识和较强的专业技能是很重要的。以前总是抱怨专业课没有什么实际的用处，但是真正用的时候才会发现，自己所掌握的知识根本不够。在教学的过程中，难免会出现一些错误。比如，上课时对学生的具有个性的提问，还是缺乏很好的应对，我会不断努力，在学习的过程中不断改进和提高自己的教学能力，同时也要不断巩固基础。"（DL1F－170510－SSYGZ）并且，在自己的教学过程中对具体的教学理论进行了运用和反思，主要有戴维·保罗·奥苏贝尔（David Pawl Ausubel）的"先行组织者"理论和列·符·赞科夫的"发展性教学"理论。

DL1F对"先行组织者"在教学中的运用及反思并不是表面上的概念套用，而是真正将理论运用到了教学实践中。例如，她分别反思了陈述性组织者和比较性组织者在地理教学中的实际运用："举例典型，与生活实际联系紧密，学习生活中有用的地理知识，当学生的知识结构存在不足时，以学生熟悉的事物相类比，作为先行组织者"（DL1F - 170303 - SSYGZ）——这是与学生生活联系的陈述性组织者在教学中的运用；"将上节课内容与本节课的知识点相联系，进行对比，设置比较性先行组织者，区分易混淆概念"（DL1F - 170309 - SSYGZ）——这是对比较性组织者在地理教学中的反思。

在对"课堂上应该如何进行关于学生已经熟知的知识点的讲解才能吸引学生的兴趣"这一问题的反思上，DL1F结合"发展性教学"理论进行了反思。"在教育实践过程中我们准备的课型都是新授课，但实际上是学生已经学过的内容。把学生已经学过的地理知识以新授课的形式进行讲解，学生会感到厌烦，失去学习兴趣。所以在教学中应该遵循赞可夫提出的'发展性教学'原则，教学要有一定的难度，不能过于简单，也不能太难，要能够通过学生的能力以及学过的知识进行解决的。而且要使全班的学生都能获得一般发展，就需要选择适合的教学方法去进行实施了。"（DL1F - 170518 - 访谈）

在"基础实践Ⅱ"的反思日志中，DL1F对"教育（师）的爱"和"教育公平"进行了反思，内容上关涉了"教学中内隐的政治与道德原则"和"社会、教育制度"维度，水平上向"变革性反思"靠拢。"在理解很多教育教学问题时，我已经能走出学生立场的狭隘面，从更广泛的视野中来认识我们的教育。比如，对师爱的认识，我不再认同教育中教师那种抽象的、永恒的、单方面的爱，教育（师）的爱必须是真实的、有条件的、相互的爱，教育不可能离开'爱'，没有'爱'的教育，就好比是无源之水，只会把孩子们本来丰盈的生命和生活变得干涸，教育（师）的爱是一种理性的爱，这种爱必须能促进学生的成长。"（DL1F - 170518 - 访谈）经历过近两个学期的基础实践后，DL1F对教育的爱和教师的爱进行了更深层次的反思并有了更深刻的理解。此外，DL1F还从微观视角对教育公平问题进行了思考，围绕"教师要平等地对待每一位学生"表达了自己的立场和观点。"不要歧视任何一个孩子。不可否认，当今社会这个问题存在普遍性和后果的严重性，教师职业也因此在一定程度遭到许多负面评价。在教育实践的过程中，我时时刻刻告诫自己，每个学生从走进这间教室开始都是平等的，没有哪个学生是不可救药的，也没有哪个学生就应该受到不公正的对待。"（DL1F - 170622 - SSYGZ）可以看出，DL1F 已经有意识地对教育教学中的基本问题进行反思，从新的或跳脱自己原有的视角和立场去批判性地反思教育的理论和现象，属于较高水平的变革性反思。

二 高起点平稳发展型

（一）来自 YW2F 的个案分析

YW2F 本科毕业于省属师范大学的对外汉语专业，属于师范类专业学生，硕士阶段就读专业为学科教学（语文），在最初的跟踪分析中属于反思表现较强且发展趋势良好的研究对象。笔者从其撰写的基础实践阶段两个学期的《教育实践手册》中提取出反思日志内容 1.6 万余字，并对其两个学期的反思日志内容进行了对比分析（见表 4 - 6）。

1. 反思内容的对比分析

（1）对教学的反思

在基础实践过程中，YW2F 针对教学进行的反思内容占比最高。其在"基础实践 I"中对教学的反思主要包括教学内容、教学环节、教学方法、课堂时间管理和教育教学理论等方面。

在教学内容方面，重点围绕教学内容的优化整合和教学的重难点进行了反思。例如，在教学内容的优化整合方面提到，"文言文教学中，一定会出现重复的知识点，这时教师要学会将新旧知识串联起来，适时巩固"（YW2F - 161013 - SSYGZ）、"要关注时事，关注社会，将课文内容和实际生活相结合"（YW2F - 161020 - SSYGZ）、"教师要结合教材对教学内容进行一定的取舍和调整、修改，做到重点突出，实现高效课堂教学"（YW2F - 161117 - SSYGZ）；在教学的重难点方面提到，"病句是学生语文学习过程中的一个重难点，怎样才能更好地将病句的相关知识和技巧传授给学生"（YW2F - 161020 - SSYGZ），"整堂课主要是教师一直在讲授，学生很容易出现注意力不够集中的问题，因此，教师需要在讲到授课内容的重难点时进行特别强调"（YW2F - 161027 - SSYGZ）。

表 4 - 6　YW2F 的反思日志编码及参考数值

基础实践阶段	一级编码	二级编码	三级编码个数
2016 学年秋季学期基础实践Ⅰ	对教学的反思	教学内容、教学环节、教学方法、课堂时间管理、教育理念、教学理论	34 个
	对知识的反思	学科知识、教学知识、通识性知识	9 个
	对学生学习的反思	学情、写作能力、学习兴趣、学习动机	10 个
2017 学年春季学期基础实践Ⅱ	对教学的反思	教学环节、教学方法、课堂时间管理、教学理念、生成教学	40 个
	对知识的反思	教学知识	12 个
	对学生学习的反思	学情、学习策略、学生引导、学习兴趣	20 个

在教学环节方面，YW2F 针对备课、导入、拓展、总结、反馈和考试等分别进行了反思。以备课环节为例，经过反思形成的主要观点是，备课要做到以学生为中心，探索寻求创新，做到知识传授和能力培养并重。"备课的过程，相对于其他教学环节是一个重要的过程，应该投入大量的时间和精力，这样才能让学生掌握的知识更加系统化，更加完整。"（YW2F - 161020 - SSYGZ）"备课的过程中，一定要多背多磨，反反复复，找到新颖的点。无论是老生常谈的文章，还是新颖的文章，都要努力呈现出一个学生喜欢、能让学生学到知识的课堂。所以我们在以后的备课过程中，要让知识与能力贯穿于其中。"（YW2F - 161110 - SSYGZ）"新手教师在职前肯定没有老教师经验丰富，对学生的了解也不够，对课文也不够熟悉，所以在备课、讲课时肯定会有很多不足。这需要不断改进，多讲多练，多请教。要以学生为中心，不要将自己封闭起来。"（YW2F - 161110 - SSYGZ）

对教学方法的反思主要包括对学生自主讲解的反思和对教师讲授的

反思。YW2F 认为，为了最大限度地发挥学生自主讲解的效果，教师一定要进行恰当的引导。"教师在上课时做到了以学生为主体，（以）教师为主导，将课堂上的一部分时间还给了学生，让他们发挥。"（YW2F‑161019‑SSYGZ）"学生讲课可以让学生更好地得到锻炼，锻炼他们的言语表达能力、逻辑思维能力、随机应变能力。讲课的学生也会将知识准备得很充分，这对学生的基础知识也是一种巩固。但是，学生讲课时往往把握不好课堂节奏，容易产生拖延现象，需要教师帮助学生把握好时间。在学生讲述的过程中，教师也要对学生讲得不准确的地方进行修正，遗漏的知识点也要进行补充，对学生不会的地方要进行重新讲述。"（YW2F‑161117‑SSYGZ）她对于教师讲授的反思点也比较多，认为教师应该采用多样化的教学方法，形成自己的教学风格。"本节课的讲述一直以教师的陈述为主，教师在陈述的过程中也会和学生互动，学生配合得也很好。我认为还可以和学生多一些互动，可以让学生讲一下自己的经历。"（YW2F‑161027‑SSYGZ）"讲课是个性化的活动，每位教师都应该形成自己独特的讲课风格。"（YW2F‑161201‑SSYGZ）

在课堂时间管理方面，YW2F 认为要学会合理安排课堂时间，基于自身经历进行反思后指出职前教师和新手教师在此方面缺少经验，并将"如何分配学生讲课时间与教师的讲课时间"这一问题作为反思要点进行了探究。"高效利用课堂时间，精简内容，突出重点，作为缺少经验的职前教师和新手教师，有必要预设好每部分内容需要使用的时间。"（YW2F‑161103‑SSYGZ）"控制好课堂时间，学生准备好后可以先向教师汇报要讲的内容，在教师的指导下进行调整和修正，这样就不会浪费太多时间。学生要学会精简讲解的内容，有用的部分要突出重点，没有用的部分可以删去。教师也要和学生所用的时间相配合，在剩余时间内讲完内容。"（YW2F‑161117‑SSYGZ）

YW2F 对教育教学理念或理论的反思也比较多，包括因材施教、教学相长、学习迁移等。关于因材施教："班级学生人数较多，每个学生都有不同的特点，实施因材施教有难度，这就要求教师要做充分的准备工作。深入班级了解学生，在考试之后给予学生一定的鼓励，帮助学生制定一个目标，学生可能处于一个迷茫阶段，并不知道如何学习。"（YW2F－161103－SSYGZ）关于教学相长："教师是一个权威的存在，长久以来都是如此，但是教学是一个相长的过程，师生可以相互为师，这样才能共同进步。"（YW2F－161020－SSYGZ）关于学习迁移理论："在新旧知识点的整合上，教师要认识到迁移的重要性。"（YW2F－161013－SSYGZ）"针对枯燥的文言文，教师更要不断探索，不断研究，课内外相结合，迁移与巩固相结合，让学生的基础打牢，扫清知识盲区。"（YW2F－161103－SSYGZ）

进入"基础实践Ⅱ"阶段后，YW2F重点围绕教学环节、教学方法和课堂时间管理等方面开展了对教学的反思。在教学环节方面，与课堂教学的其他环节相比，该阶段YW2F对课堂提问进行了较为深入的思考，包括提问的次数、提问的深度、提问的对象、提问的技巧、提问的针对性等。例如，"课堂提问不宜过少，要有针对性，针对学生的错误提问"（YW2F－170301－SSYCZ）；"进行提问时，如何在面对一个学生和全体学生之间取得平衡以及如何合理调节课堂气氛，需要格外关注"（YW2F－170308－SSYCZ）；"教师的提问虽然是层层深入的，但由于没有用板书来穿起来成为一条线，所以学生的记录情况并不好，对文章本体内容的理解可能会出现问题"（YW2F－170309－SSYCZ）；"提问时要将有针对性的提问与全面化的提问相结合"（YW2F－170322－SSYCZ）；"在课堂尽量呈现自己的问题，让学生明确教师的问题。层层深入，引导学生加深对文本的理解，更明确地理解课文，因此，提问最好能与文本相结合"（YW2F－170309－SSYCZ）。

在"基础实践Ⅰ"阶段对教学环节的反思中，YW2F对备课给予了特别的关注，"基础实践Ⅱ"阶段经历过一次集体备课后，又对备课进行了新的思考。"现在中学教师备课存在着各种各样的问题，其中最主要的问题是教师备课时不够认真，对文本的把握不够深入，不够仔细。教案过浅，经不起推敲。有时教师备课不求创新，只讲一些普遍的内容。通过这次备课活动，我认识到了集体备课集思广益，发散思维在语文备课中的重要性。在参加语文组集体备课活动时，体会到了一线教师备课的认真。这一次的集体备课活动，深入拓展了文本，并对文中表达方式的运用进行了分析，对文章的解读十分细致。主备的老师讲完后，其他老师对他的备课进行评论，提出了一些创新性的想法。经常开展一个年级语文老师集体备课的活动，每周由一名老师做主备，其他老师评价并提出新思路。这样可以发散思维，集思广益。"（YW2F－170316－SSYCZ）

在教学方法方面，在"基础实践Ⅱ"阶段YW2F依然主要对教师授课过程中的内容呈现形式（如板书和PPT的使用情况）、具体的教学方式（如"讲解作文时，运用阅读与写作相结合的教学方式"）和教学方法（如"将学生划分成小组，系统地布置任务"）等的反思，与"基础实践Ⅰ"阶段的反思内容比较接近。

在课堂时间管理方面的反思点也与"基础实践Ⅰ"阶段类似，她主要是对学生展示时间和教师授课时间之间的平衡进行了重点关注。"小组活动比较占用课堂时间，教师应对学生展示时间再控制一些。"（YW2F－170302－SSYCZ）"课堂中有一半的时间被学生分享和讲习题占用了，留下的讲课时间只有20分钟左右，教学进行过程中就显得有点匆忙。"（YW2F－170309－SSYCZ）

在"基础实践Ⅱ"阶段，YW2F对教学的反思中特别关注到了"生成教学"。对生成教学产生关注，缘于中学指导教师对其撰写的教案提出的修改意见。"指导教师认为，我们的教案有一个共通性的问题，就是预设感太强，所有的提问与回答都是围绕着我们自己的预设和自己期待的学生的反应来设计的，有点脱离了初中学生的实际情况，也没有考虑到学生课堂的自主生成。学生资源是语文课堂中非常重要的资源，在备课中必须要注重对学生课堂生成的考虑……要重视语文课堂的生成性。"（YW2F－170330－SSYCZ）虽然意识到了生成教学的重要性，但通过对YW2F正式授课的观察和访谈得知，她对于自己在教学实践中生成教学的应用并不满意。"与学生就问题进行的探究不够，课堂互动不充分。"（YW2F－170511－观察）"我也意识到往往一个问题抛出去，自己就急于听到问题的答案，这样做会使很多同学在还没有对这个问题进行深入的自主探究的情况下就接受答案，限制了学生的思维活动，没有很好地注意教学的生成性。"（YW2F – 170511 – 访谈）

（2）对知识的反思

在整个基础实践阶段，YW2F 对知识的反思主要是从学科知识、教学知识和通识性知识三个方面开展的，其中，"基础实践 I"阶段对通识性知识的反思是其在反思内容类型上的独特之处，"基础实践 II"阶段则主要围绕教学知识进行了大量反思。

在"基础实践 I"阶段，YW2F 之所以关注通识性知识，其基点是语文教师应该具有深厚的文化底蕴和扎实的文学素养。"文言文，尤其是课外文言文教学，对教师的文化底蕴提出了很高的要求。"（YW2F – 161012 – SSYGZ）"语文教师需要夯实基础文化知识，多看书，在阅读的过程中将知识融入头脑中，能够将知识信手拈来；多看书，要认识到文化知识的学习不仅对学生有着重要的意义，对教师也很重要。"（YW2F – 161020 – SSYGZ）"语文教师要努力成为一个杂家，上知天文，下知地理，不仅要将书本上的知识讲明白，也要不断提升自己的文学素养，还要关心社会时事。"（YW2F – 161013 – SSYGZ）

在"基础实践 II"阶段，YW2F 尽管对教学知识进行了关注和思考，但除了对相对内隐的个性化教学风格的探究以外，大部分反思依然关注的是外显的教学技能知识，与"基础实践 I"阶段的关注内容没有明显差别。所谓教学风格，是指教师在长期教学实践中逐步形成的、富有成效的一贯的教学观点、教学技巧和作风的独特结合和表现，是教学艺术个性化的稳定状态的标志。[①] YW2F 在反思日志中对教师个性化的、抽象的教学风格进行了讨论。"教师的教学风格形式上显得'随意'，但实际上她在课堂上收放自如，自由洒脱，个人的知识、经验非常丰富。"（YW2F – 170309 – SSYCZ）"教师比较幽默，能够通过这样的方式不断吸引学生的注意力，幽默不仅仅是讲'段子'，而是以幽默的语言和表达方式贯穿整堂课的教学，始终都能激发起学生的兴趣。"

---

① 李如密：《教学风格的内涵及载体》，《上海教育科研》2002 年第 4 期，第 41~44 页。

（YW2F－170518－SSYCZ）可以看出，YW2F 主要是基于自己的课堂观察对教师的教学风格进行了描述性反思，后期经过访谈了解到，课后 YW2F 也并没有围绕教学风格进行理论层面的深入探究，对于教学风格的类型归纳和生成机制也没有进行深层次思考。

（3）对学生学习的反思

在"基础实践 I"阶段，YW2F 针对学生学习的反思并不多，主要涉及了学情、学习动机和学习兴趣等反思点。在学情方面，YW2F 关注了（高一）学生从初中向高中过渡过程中的衔接与适应问题以及掌握学情的重要性。"针对高中生的教学不同于初中生，需要一个衔接的过程。"（YW2F－161020－SSYGZ）"学生从初中升入高中，学习会有不适应，不适应高中的学习节奏。教师该如何做才能更好地让学生切入到高中生活中？"（YW2F－161103－SSYGZ）"教师要了解学生，了解学生的思想特点、学习能力和兴趣特点，这样才能不断进步。"（YW2F－161027－SSYGZ）关于如何了解学情和帮助学生做好初高衔接，YW2F 只提及"要深入班级，多与学生进行接触，更好地解决学生的问题"（YW2F－161103－SSYGZ），可见其尚缺乏深层次的实践层面的思考。

在学习动机和学习兴趣方面，YW2F 主要围绕如何调动学生的课堂参与积极性和学习兴趣进行了思考。"在试卷讲解与分析课上，学生的学习积极性可能没那么高，所以教师要善于观察，掌握技巧，吸引学生。"（YW2F－161012－SSYGZ）"教师要关注时事，关注社会，将课文中的内容和社会相结合，这样才能更好地调动学生的学习积极性。"（YW2F－161020－SSYGZ）

在"基础实践 II"阶段，YW2F 针对学生学习的反思有所增加，除了"基础实践 I"阶段关注的内容，重点针对学习策略进行了反思。"学习策略是指学习者为了提高学习的效果和效率，有目的、有计划的（地）制定有关学习过程的复杂方案，学习策略可分为认知策略、元认知策略和资源管理策略等。其中有一些策略可以帮助学生记忆，在语文教学中，教师引导学生在记忆一些枯燥的点时去使用这些方法。"

（YW2F－170323－SSYCZ）"教师在讲授时，要求学生硬性记忆的知识要注重运用记忆策略，注重对于知识的整合和编码。综合运用复述策略、精细加工策略和组织策略，促进学生对知识的记忆。"（YW2F－170323－SSYCZ）虽然 YW2F 对学习策略的内涵、层次分类以及在面对知识点记忆时的认知策略的应用进行了说明和探究，但在该阶段其他时期的反思日志中对上述学习策略内涵与应用的内容没有再出现。此外，YW2F 还提到了"学习中集中注意力的技巧"（YW2F－170322－SSYCZ）、"随堂笔记"（YW2F－170413－SSYCZ）以及"对学生提问后及时给予肯定性和鼓励性评价"（YW2F－170511－访谈）等促进学生学习的方法的重要性。

2. 反思水平的对比分析

在"基础实践I"阶段，YW2F 关于自身教学的常规性反思较多，更多地关注以自我为中心的问题。例如，"作为一名新教师，一名职前教师，我的基础知识并没有很扎实，在课外知识的拓展方面又有很多不足"（YW2F－161020－SSYGZ），"自己作为一名实习期的语文教师，在基础知识方面存在着很多盲区，很多知识自己的理解并不到位"（YW2F－161124－SSYGZ），"讲课时过于紧张，板书不好看，学生提问时没有及时给予肯定"（YW2F－161208－访谈）。并且，YW2F 自己也意识到了这种情况。"在准备教学的过程中，大多数时候是以自我为中心的，关注学生的比较少。"（YW2F－161110－SSYGZ）进入"基础实践Ⅱ"阶段，她关注自身的常规性反思开始减少，更加强调从"学生主体""学生中心""学生资源"等学生的角度来进行反思，并且基于教师专业发展的阶段理论反思了自己所处的发展阶段。"一名新教师的成长往往要经历'关注生存''关注情境''关注学生'三个阶段。当教师进入'关注学生'阶段，才能根据学生情况真正备一节好课、上一节好课。往往越是经验丰富的老教师，越能真正地走近学生，结合学情来备课。但是，老教师往往又容易产生职业倦怠，有时候即使注意到了学生的情况，往往也容易选择忽视。"（YW2F－170316－SSYCZ）从开展反思的出发点或"立场"的角度来看，YW2F 已经形成了一些新的认识。

从反思的类型层次和水平来看，整个基础实践阶段 YW2F 基于自身经历和基于理论的技术性反思较多。根据类属分析的结果和内容的分析，在教学环节、教学方法、课堂时间管理、教学知识、学情、学习兴趣等方面，YW2F 从基础实践之初就具有较好的表现，但通过对"基础实践Ⅰ"和"基础实践Ⅱ"两个阶段的对比可以基本判断，在上述方面反思的层次和水平上不存在十分明显的差别或显著的提升，但呈现出平稳进步的趋势。例如，前文对于教学环节中备课的反思，在"基础实践Ⅱ"阶段的参与集体备课的经历对于其认识和理解备课产生了较大的影响。

在"基础实践Ⅱ"阶段，YW2F 对话性反思有所增多，尤其是在生成教学、学习策略和教学理念三个方面。在反思内容分析中已经提到，YW2F 首先能够对生成教学和学习策略的理论内涵进行解读，然后基于理论对在课堂观察、试讲或正式授课中发现的情境性问题进行分析，考虑了他人（主要是中学指导教师）的观点，并结合自身的不足和未来对自己的预期进行了反思。在教学理念方面比较有代表性的反思点是渗透式教学，强调通过语文教学对学生进行正确的情感态度与价值观教育本就是语文教学的题中应有之义。"基础实践Ⅰ"阶段对语文教学的反思主要关注知识与能力层面，"基础实践Ⅱ"阶段开始关注语文教学通过人文性内容和思想性内容向学生进行价值观传递。"教师在课堂中渗透了较多的人文性内容，所提的问题之间看似没有联系，实际上却是层层深入的。"（YW2F－170308－SSYCZ）"能够在发散的问题和发散的讲解中，向学生渗透很多人文性和思想性的内容，对学生起到熏陶作用。"（YW2F－170309－SSYCZ）"教师在讲解文言文时提及了道德的上限和下限问题，并与学生分享了'上限是做标杆，下限是底线'的观点，有效地将教书与育人结合了起来。"（YW2F－170323－SSYCZ）仅从其针对渗透式教学的反思而言，YW2F 反思能力的层次属于接近对话性反思的水平，但尚没有完全达到该水平，基本表现出全盘的正向积极评价的倾向，却没有"结合情境问题提出新问题"或"产生新的观点和见解"。

（二）来自 YY2F 的个案分析

YY2F 本科毕业于部属师范大学的英语专业，属于师范类专业学生，硕士阶段就读专业为学科教学（英语），在最初的跟踪分析中属于反思表现较强且发展趋势良好的研究对象。笔者从其撰写的基础实践阶段两个学期的《教育实践手册》中提取出反思日志内容1.5万余字，并对其两个学期的反思日志内容进行了对比分析（见表4-7）。

1. 反思内容的对比分析

（1）对教学的反思

在"基础实践Ⅰ"过程中，YY2F主要从教学环节、课堂时间管理、教学策略、教学评价与反馈、教育理念、教材、教育教学理论、教学目的八个方面进行了教学反思。

在教学环节方面，YY2F的反思围绕课前准备、预习、导入、过渡、总结、作业布置等环节展开。"教师应该给学生更加充分的课前准备时间，而不是前一天晚上才通知；回顾和复习对于新课程的学习来说非常重要，可以为新课程做铺垫。"（YY2F-161020-CCWGY）"本节课的导入部分做得特别精彩。教师先介绍自己的家庭状况，然后让学生们猜自己平时的爱好是什么，这很好地抓住了学生们的兴趣，同时又很好地引出了本文的主题。"（YY2F-161012-CCWGY）"在有可能的情况下，家庭作业的设计需要体现由书本到生活的转换，当堂生成作业是一种效果很好的布置作业的方式。"（YY2F-161109-CCWGY）"有总结和作业才是完整的一节课。"（YY2F-161013-CCWGY）

表4-7　YY2F的反思日志编码及参考数值

基础实践阶段	一级编码	二级编码	三级编码个数
2016学年 秋季学期 基础实践Ⅰ	对教学的反思	教学环节、课堂时间管理、教学方法、教学理念、教学理论、教材、教学评价与反馈、教学目的	39个
	对知识的反思	学科知识、教学知识、学科教学知识	3个
	对学生学习的反思	写作能力、口语能力、阅读能力、语法学习、学习动机、学习兴趣、学习策略	42个

基础实践阶段	一级编码	二级编码	三级编码个数
2017 学年 春季学期 基础实践 Ⅱ	对教学的反思	教学环节、课堂时间管理、教学方法、教学理念、教学理论、教材	50 个
	对知识的反思	学科知识	2 个
	对学生学习 的反思	写作能力、口语能力、听力能力、认知能力、学习兴趣	24 个

对课堂时间管理，YY2F 给予了较多关注，并重点结合自身存在的不足进行了反思。"本节课教师在学生做'news report'部分耽误的时间太长了，导致后半部分无法正常完成。"（YY2F - 161117 - CCWGY）"我觉得我在试讲时导入部分占用时间就过长，具体知识点和总结词都涉及了，中学指导教师也认为，不用全部涉及，浪费时间还画蛇添足。"（YY2F - 161207 - 访谈）"正式授课时，第一部分最不成功，因为我在这一部分用了过多的时间，导致我在第二部分不得不加快速度。如果我再上一次这个课程，我认为我不会改变太多，但是下一次我会更好地安排时间，让每一部分的时间更平均。"（YY2F - 161207 - 访谈）

在教学方法方面，YY2F 重点围绕分组教学、难点处理、角色扮演、化抽象为具体等进行了反思。"作为一堂活动课，我采取了分组的方式，而且设计了模拟会议的形式，调动了学生的积极性。"（YY2F - 161207 - 访谈）"教师很好地化解了本节课的难点部分，在理解一个比较有难度的单词时，学生没能很好地根据语境猜测其含义，因此阻碍了学生对文章的理解。此时教师并没有让学生通过查词典来了解单词的含义，而是用雅典神话的典故来讲解这个词。讲为什么这个词有弱点的含义，是因为这个战士的薄弱环节是脚跟，所以'脚跟'这个词有'弱点'的含义。"（YY2F - 161020 - CCWGY）"（在）学生们了解课文大意的基础上，要求学生开展小组活动，进行角色扮演，加深理解。"（YY2F - 161019 - CCWGY）"角色扮演是加深对文章理解和练习语言输出的很好方式，本身具有强化语境的作用。"（YY2F - 161020 - CCWGY）"案例可以和练习相结合，使抽象的内容更加具体化。"（YY2F - 161110 - CCWGY）"举例可以化抽象为具体，教师给出一个有代表性的例子即可，引导学生积极进行思考。"（YY2F - 161215 - CCWGY）另外，在该实践阶段，YY2F 非常推崇将思维导图作为化抽象为具体或提升学生学习效率的手段。以"思维导图"作为检索词，笔者对该阶段 YY2F 的反思日志和访谈记录进行"查找"，发现"思维导图"出现了 16 次。

在教学理念方面，YY2F 的反思涉及三个方面。首先，YY2F 言及了"学生中心"。"教师可以适当地将一节课的主动权交给学生，让学生成为课堂的主人，提高学生参与课堂教学的积极性。"（YY2F - 161013 - CCW-GY）其次，从英语学科的文化属性出发，指出英语教学不仅仅是教授语言，还要发挥英语的文化交流作用。"补充必要的西方文化知识是高中英语课程标准的一部分，即增强文化意识，这样可以扩大学生的知识面，学会从西方思维的角度思考问题。"（YY2F - 161020 - CCWGY）最后，对"*information first language second*"的阅读理念进行了思考，显现出对语言学习、英语教学目的和功用的反思。"在本节课之前其实我并不清楚语言教学与其他学科的区别，经过教师点拨，我才意识到语言教学是一门能力型学科，目的在于学习者可以掌握这门语言的使用能力，而不在于语法的灌输，而数学、理化等则是知识型学科。如果教师意识不到这一点，就会陷入知识性教学的误区，不仅耽误学生的学习，也严重偏离了国家和世界对英语学习者的要求。着眼于英语阅读教学，需要落实'*information first language second*'的理念。"（YY2F - 161110 - CC-WGY）

除此之外，YY2F 还结合自己在教育实践中的经历和体会，围绕一些经典的教学理论开展了反思。例如，对苏格拉底"产婆术"的应用与反思："教师先让学生独立完成段落，再与课文中的经典段落进行对比，从而发现自己的不足，这样可以创设情境，形成认知冲突。然后组织围绕'在英语写作中，段落该如何展开'这一问题进行探索，通过有效引导，在师生互动中寻找问题的答案，最后再进行教学讲解。"（YY2F - 161109 - CCWGY）又如，对迁移理论的应用与反思，指出在阅读中提取关键信息是一种水平迁移的运用："结合文章主题，通过快速阅读提取关键信息，将关键信息用于增进理解，这是略读的一种迁移。"（YY2F - 161012 - CCWGY）再如，对动机理论的应用与反思，探究如何利用学生的好奇心激发其内在动机："教师在分析课文前会问学生 *What do you want to learn about this passage*，这时学生会告诉老师他们真正想知道什么，而不是完全被动地接受教师传授给他们的内容。学生可以带着问题去阅读、分析文章，提高了学习的针对性，也激发了学生内在的学习动机。"（YY2F - 161013 - CCWGY）

YY2F 对教学的反思在"基础实践Ⅰ"和"基础实践Ⅱ"两个阶段整体差别不明显，但其关注点发生了一些变化。在"基础实践Ⅱ"中 YY2F 对教学环节中的导入给予了特别的关注。在"基础实践Ⅰ"的反思日志和访谈记录文本中，"导入"出现了 3 次，而在"基础实践Ⅱ"中出现了 9 次，对导入的形式、作用、时长等进行了总结和反思。例如，关于导入的形式，YY2F 至少提及了格言警句、生活性对话、图片、歌曲、视频、提问和回顾："歌曲导入可以调动学生的积极性，增加课堂趣味性。"（YY2F - 170405 - SDFZMZ）"课堂预热的部分，教师只用了一个问题就引发了学生的热烈讨论，调动了课堂气氛。我意识到，引入导入环节并不需要多么复杂，有时只需简明引入正题即可，但问题设置需要符合学生的认知能力。"（YY2F - 170426 - SDFZMZ）"回顾是导入的良好方式。"（YY2F - 170615 - SDFZMZ）除此之外，YY2F 在"基础实践Ⅱ"中对课堂时间管理给予的关注多达 6 次。例如："应该预留三分钟作总结，本节课同伴结对练习占用的时间太多，导致其他环节时间紧张。"（YY2F - 170426 - SDFZMZ）"采用翻转课堂的教学形式时，教师要掌握好时间，本节课留给小组合作准备时间明显不足。"（YY2F -170615 - SDFZMZ）然而，在自己实际进行教学时，YY2F 的课堂导入和时间管理都出现了一点小问题："导入部分耗时过长。"（YY2F - 170509 - 观察）对此，YY2F 表示："目前在这方面确实存在不足，没法很好地协调各个教学部分的时间。"（YY2F - 170509 - 访谈）

（2）对知识的反思

在基础实践阶段 YY2F 对知识的反思较少。在"基础实践Ⅰ"过程中她对知识的反思主要是基于自身在学科知识、教学知识和学科教学知识方面存在的不足来展开的。"自我感觉语音语调不够地道，个别词语发音不精准，包括课程内容的熟悉程度、相关教学内容的背景性知识、组织课堂的能力等方面都有许多问题需要改进和提升。另外，我的不足还表现在缺少教育教学的实际经验，虽然也学过相应的课程，但真正在教育实践中遇到问题和困惑的时候，很难从以前学过的知识中找到解决的方法。"（YY2F－161207－访谈）在"基础实践Ⅱ"阶段，YY2F对知识的反思主要关注了学科知识中的文化知识以及通过文化知识实现文化学习。"文化学习是课程标准中提到的内容，教师应该更好地掌握和延伸学习，并向学生传递文化知识。"（YY2F－170426－SDFZMZ）"本节课没有很好地实现文化学习，应该给学生多补充一些语言和文化背后的背景性知识。"（YY2F－170509－访谈）这与笔者观察其正式授课时的记录吻合："没有很好地结合课堂知识组织相关文化学习。"（YY2F－170509－观察）

（3）对学生学习的反思

在"基础实践Ⅰ"中YY2F对学生学习的反思主要集中在学生的写作能力、口语能力、阅读能力、语法学习、学习动机、学习策略、学习兴趣等方面。

关于学生的写作能力培养，在听课过程中和听课后YY2F主要从段落构成的角度进行了总结和思考。"写作时，主题句、拓展句、总结句这三点非常关键，缺一不可；一篇好的文章，在段落构成方面应该包含主题句、拓展句和总结句三个部分，之后再让学生体会三个部分各自在段落中发挥的作用，如果缺失一个环节会怎么样。"（YY2F－161109－CCWGY）

关于学生口语能力的培养，YY2F主要提到了做新闻播报和做演示两种方式。"做'news report'可以提高学生口语表达力，也可以检测学生的理解及复述能力。"（YY2F－161013－CCWGY）"让学生做演示可以提高口语能力，选材好坏可以影响学生们的兴趣。"（YY2F－161019－CCWGY）

关于学生阅读能力的培养，YY2F特别推崇思维导图、阅读技巧以及猜词能力的重要性。"思维导图可以帮助学生全面提升阅读能力——

概述、理解、细节捕捉等，也会提升阅读效率。"（YY2F - 161110 - CCWGY）"读后通过思维导图反映学生对篇章整体的把握，实现由细节到整体的过渡，显得很有层次感。略读不是简单直白地寻找中心思想，而是在每段中分别概括影响习惯形成的因素，节省时间，主题明确；精读阶段对于内容的理解以猜测生词词意的形式替换，既可以培养学生的推测能力，也达到了检验理解程度的目的。"（YY2F - 161012 - CCW-GY）"阅读课中要利用语境、猜词等形式进行，从而提高阅读效率。"（YY2F - 161215 - CCWGY）

关于学生的语法学习，YY2F 多次从利用语境和理解文章两个角度进行反思。"直到看到本节课教师的语法课，感觉自己又打开了教学的一扇窗户，这是一节借助语境进行理解学习的非传统语法课。"（YY2F - 161019 - CCWGY）"我深信语法不是教出来的，它不是抽象的符号，对于学生来说语法是感受出来的，是在语境中获得的，离开语境只能培养出会应试、能做题，却不知如何使用的学生，然而学习的真正目的在于提高学生的语言能力。"（YY2F - 161207 - 访谈）"理解文章是学习语法的前提要素。在充分理解文章内容后，让学生自己去体会文章里新的语法点。"（YY2F - 161019 - CCWGY）

关于学生学习动机和学习兴趣的激发，YY2F 基于自身的教育实践过程进行了反思，认为物质奖励、活动设计、调查分析等都是有效的途径。"我准备了一些零食和国家的卡片作为给学生的奖品，这些物品在激发学生学习动机方面非常有效。"（YY2F - 161207 - 访谈）"教师不是生硬地介绍本节课的主题是什么，而是问学生觉得英语的哪部分最难学，经过现场调查，大部分学生认为单词最难学，于是教师说本节课的课文就是关于'vocabulary'的，激发了学生的学习兴趣和好奇心。"（YY2F - 161215 - CCWGY）

针对学生的学习策略，YY2F 也给予了较多关注，包括不要禁锢学生思维、培养学生创造性思维、教师积极引导学生、学生自主复述等。"教师让学生写下自己认为重要的能够保持良好关系的品质，先不让学生看教材上给出的内容，怕禁锢学生的思维。教师想引出'respect'的重要性，但并没有直接说明，而是让学生通过小组讨论给出不同的答案，体现了英语教学的开放性思维，并没有统一标准的答案，这对于培养学生的创造性思维也很有益。"（YY2F－161117－CCWGY）"教师对学生进行了学习策略的教授，在处理文中的生词和难词时要联系前后文进行推测，不可以遇到单词就查词典。"（YY2F－161215－CCWGY）

关于学生学习的反思，YY2F 在"基础实践Ⅰ"和"基础实践Ⅱ"两个阶段的关注内容基本接近，但其在"基础实践Ⅱ"阶段更多地关注到了学生的认知能力。"初中生的形象思维仍占据主导地位，逻辑思维还在发展生成的过程之中，因此，图片以其形象化的优势存在于大量新授课中，它有利于帮助学生将抽象符号化为形象内容，方便加深其理解。"（YY2F－170302－SDFZMZ）"初中生学英语缺乏阅读经验，词汇量又少，常用句型也不是很熟悉，阅读便成为吸收语言材料、增加语言知识、巩固或扩大词汇量、熟悉常见句型的手段。……本节课上，教师很好地掌握了初中生的认知特点，鼓励学生根据题目及首段内容猜测文章大意，培养学生的阅读兴趣、信心和策略。"（YY2F－170426－SDFZMZ）

整体而言，YY2F 在"基础实践Ⅰ"和"基础实践Ⅱ"两个阶段的反思内容上，对知识的关注都比较少；在"基础实践Ⅰ"阶段她对学生学习的反思略多于对教学的反思；在"基础实践Ⅱ"阶段则对教学的反思的关注度大幅提升，明显多于对学生学习的反思。

2. 反思水平的对比分析

在基础实践阶段的反思活动中，YY2F 的常规性反思并不多，主要集中在技术性反思和对话性反思层次上，变革性反思的迹象不明显。从"基础实践Ⅰ"开始，YY2F 就围绕教学和学生学习开展了广泛反思，关注点包括较深层次的教育理论、教育理念、英语教学目的和学生认知等方面。YY2F 的反思起点较高，在教育实践初期其反思内容就较为全面，反思程度比较深入。

通过对 YY2F 在"基础实践Ⅰ"和"基础实践Ⅱ"两个阶段的反思水平进行对比分析可以发现，尽管两个阶段都以技术性反思和对话性反思为主，但从反思的角度和深度来看，也表现出一定程度的发展与进步。例如，在对教学方法的反思方面，YY2F 在"基础实践Ⅰ"阶段主要关注具体教学方法的使用，绝大多数对教学方法的反思都是基于观察和自身经历给予肯定性的评价；在"基础实践Ⅱ"阶段，YY2F 开始从正向和反向两个角度对具体的教学方法进行更加深入的反思。在针对教师课堂开放性提问的反思中，YY2F 提到，教师提开放性问题的优点是"开放性问题并没有统一的答案，因此学生在回答问题时没有拘束，有利于培养发散思维，如果长期坚持，可以提升学生的创造力。在写作中，也不会形成模板思维，无论是对当下的学习还是未来的人生都有巨大意义。但是，这无疑是对教师水平的巨大考验，它考验教师掌控课堂的能力，如何分配时间，并且对于学生天马行空的答案如何给予反馈。开放性问题一定要适量，并于（与）封闭或半开放性问题适当结合，掌握适度原则。因此，开放性问题一定要适量，并于（与）封闭或半开放性问题适当结合，掌握适度原则"（YY2F－170405－SDFZMZ）。在观察完一节翻转课堂的公开展示课后，YY2F 对翻转课堂的利弊进行了反思。"翻转课堂指重新调整课内外的时间，将学习的决定权从教师转给学生，教师不再占用课堂时间来讲授信息，这些信息需要学生在课后完成自主学习。优点是学生可以通过实践获得更真实的学习；缺点是学生对于知识的把握相对分散，不能系统地学习，而且占用学生课后时间过长，会一定程度上加重学生的课业负担。"（YY2F－170615－SDFZMZ）

在"基础实践Ⅱ"阶段，YY2F 继续围绕情境教学法、支架式教学理论、学习迁移理论等教学理论进行了反思，与在"基础实践Ⅰ"阶段更加侧重基于自己教育实践的经历和体会相比，其之后的反思更加倾向于探究情境性问题或基于理论本身进行反思。例如，在对情境教学法进行反思之前，先对其内涵进行了总结："情境教学法是指在教学过程中，教师有目的地引入并创设具有一定情绪色彩的、以形象为主体的生动具体的场景，以引起学生一定的态度体验，帮助学生理解教学内容，并使学生心理机能得到发展的教学方法。"（YY2F－170426－SDFZMZ）然后，进行了真实情境下的进一步思考："在较为真实的情境下操练，比单纯的语法练习更利于激发学生的积极性，同时也和真实生活相联系，这样做实

用价值高，可以实现由抽象到具体的过渡。"（YY2F - 170426 - SDFZMZ）

在对学生学习的反思方面，YY2F 也尝试更加深刻地反思"常识性现象"，试图跳脱原有的特定观点，但总体上并没有提出挑战个人假设的难题或生成新的观点，多数时候选择用观察到的或自己理解的中学教师的做法来回应了自己的反思和疑惑。例如，在关于学生英语听力的学习策略的反思中，YY2F 在反思日志中写道："最开始，很多学生乃至教师认为'听'与'读'是一项被动的接受性技能，但实际上人们在听的过程中并非只是被动地、单向地、消极地接受，因为听力理解是一个解码与意义再构建的过程。现在，越来越多的教师已经意识到了这个方面，所以在听力过程中补充相应的听力技巧和策略非常有必要，其中，听前预测是学生应该掌握的必要策略之一。比如，预测听力的主要内容、人物关系、情节发展过程等。这样学生在听的过程中可以有目的、有侧重、有针对性地听，能够极大地提高听力效率，快速锁定正确答案。本节课教师从题干给出的图片入手，预测听力答案，是很巧妙的预测方式之一，值得我去借鉴。"（YY2F - 170426 - SDFZMZ）

（三）来自 HX1M 的个案分析

HX1M 本科毕业于省属师范大学的化学专业，属于师范类专业学生，硕士阶段就读专业为学科教学（化学），在最初的跟踪分析中属于反思表现较强且发展趋势良好的研究对象。笔者从其撰写的基础实践阶段两个学期的《教育实践手册》中提取出反思日志内容 0.9 万余字，并对其两个学期的反思日志内容进行了对比分析（见表 4 - 8）。

表 4 - 8 HX1M 的反思日志编码及参考数值

基础实践阶段	一级编码	二级编码	三级编码个数
2016 学年秋季学期基础实践 I	对教学的反思	教学环节、教学方法、教学机智、教学内容、教育理念、教学理论	26 个
	对知识的反思	学科知识、教学知识	7 个
	对学生学习的反思	学情、观察能力、总结能力、自主学习能力、归纳能力	8 个
	对教育制度的反思	应试教育	2 个

基础实践阶段	一级编码	二级编码	三级编码个数
2017 学年 春季学期 基础实践Ⅱ	对教学的反思	教学环节、教学方法、教学机智、 教学内容、教育理念、教学理论	24 个
	对知识的反思	教学知识	3 个
	对学生学习 的反思	学情、学科思想、逻辑思维能力、 语言表达能力、自主学习能力	14 个
	对教学伦理的反思	教师专业伦理	3 个

1. 反思内容的对比分析

（1）对教学的反思

在基础实践过程中，HX1M 的反思围绕教学开展的最多，且出现了对教育制度和教学伦理问题的反思。在"基础实践Ⅰ"阶段他主要从教学环节、教学方法、教学机智、教学内容、教育理念、教学理论等方面对教学进行了反思。

在教学环节方面，HX1M 特别关注了教学中的导入环节。"教师通过对'导学案'的讲解，解答学生预习时的疑惑，让学生更易接受新知识。用贴近生活的例子来引入新课，易于引起学生兴趣。"（HX1M－161013－SYZXGZ）"以设问导入，创设问题情境，引发学生思考。"（HX1M－161102－SYZXGZ）受中学指导教师教学导入风格的影响，HX1M 在"基础实践Ⅰ"阶段的试讲和正式授课时也都采取了较为生活化和简洁直接的导入方式。除此之外，HX1M 还对提问、总结、评价等教学环节进行了反思。"通过提问，帮助学生形成了试验方案的设计，提问是有效的教学手段。"（HX1M－161214－SYZXGZ）"学生完成描述后，教师需要进行即时总结。"（HX1M－161130－SYZXGZ）"使用形成性评价来评价学生的掌握情况，用即时评价来检验学生的注意力状态。"（HX1M－161102－SYZXGZ）"使用形成性评价来评价学生的作业完成情况。"（HX1M－161103－SYZXGZ）

在教学方法方面，HX1M 针对知识整合、实验操作、直观教学等具体方法的应用进行了反思。例如，"通过建立新旧知识点之间的联系，引导学生建构知识体系"（HX1M－161102－SYZXGZ），"本节课由学生主导完成实验操作，通过几名学生的操作为全体学生进行示范，使学生掌握的（得）更加牢固"（HX1M‑161013‑SYZXGZ），"教师善于用表格等直观的方式来呈现实验现象与结论，便于学生进行对比和加强记忆"（HX1M‑161116‑SYZXGZ）。

在教育理念方面，HX1M 主要围绕"教学与生活相联系""学生主体、教师主导""因材施教"等进行了思考。"通过创设问题情境的方式展开教学，与生活实际建立联系，学生更容易理解和掌握教学内容。"（HX1M‑161102‑SYZXGZ）"教师善于创设问题情境且与生活相联系。"（HX1M‑161117‑SYZXGZ）实际上，通过教学与生活实践的结合，除了便于学生的理解，还能够促使学生用课堂学到的知识来解决实际生活的问题，强化知识学习的意义。由于化学是一门实验科学，HX1M 关注到，在实验环节，教师会进行演示后由学生进行操作，体现了学生主体、教师主导的理念："教师边演示边讲解，发挥了教师的主导作用，再让学生完成（整）地进行实验操作，体现了学的主体地位。"（HX1M‑161013‑SYZXGZ）除此之外，通过课堂观察，教师因材施教的理念也给 HX1M 留下了深刻的印象："同样的问题，老师针对不同班级学生的学习能力存在差异的情况，使用了不同的方法（教师直接给出答案与安排学生总结答案），体现了教师因材施教的教育理念，这是我应该学习的。"（HX1M‑161118‑SYZXGZ）

在"基础实践 Ⅰ"阶段，HX1M 还针对学习迁移理论、最近发展区理论、自我效能理论等理论进行了实践层面的反思。在教师完成课堂教学内容，进行知识拓展的情境下，HX1M 认为教师"充分利用了顺向迁移，丰富了学生的知识，对学生的发展很有帮助"（HX1M‑161019‑SYZXGZ），而在拓展知识的时候，教师能够"根据学生的最近发展区拓展知识"（HX1M‑161117‑SYZXGZ）。同时，在日常的教学过程中，"教师善于用内部强化的方式，鼓励学生勇敢表达自己，及时提出表扬，通过表扬提高学生的自我效能感"（HX1M‑161110‑SYZXGZ）。可以看出，HX1M 并没有针对理论本身进行过多探究，而主要是基于课堂观察和自己对理论的理解进行了实践层面的应用反思。

在"基础实践Ⅱ"阶段，HX1M对教学的反思在关注点上与"基础实践Ⅰ"阶段基本接近，在具体内容上有一定的深化和拓展。例如，在教学方法方面，除了知识整合、实验操作、直观教学以外，HX1M对学生互评、小组合作学习、互动教学、案例教学等方法进行了关注。"在学生互相讲评试题中，学生参与的积极性非常高，产生了很多思想碰撞，提高了学生的小组合作能力。"（HX1M－170301－SDFZMZ）"在教学方法上依然采取了小组合作学习，重视学生合作意识和探究能力的培养。"（HX1M－170412－SDFZMZ）"从教师活动来看，教师能够清晰明了地讲授教学内容，并且善于抓住学生的问题点和矛盾点，与学生的互动也很多，学生的注意力非常集中。"（HX1M－170420－SDFZMZ）"用生活实例引出课堂教学内容，举例讲解更加清晰明了，还能增加课堂的趣味性。"（HX1M－170419－SDFZMZ）"用学案中的范例来讲解，巩固知识，加深对质量守恒定律的理解。"（HX1M－170420－SDFZMZ）

在教学理论方面，在"基础实践Ⅱ"阶段HX1M主要关注了分层教学理论、支架式教学理论和信息加工理论。"教师强调突出重点，让学生知道'学什么'，自己建构'怎么学'。教学目标明确，重难点教授到位，运用了'分层教学'，尽量关照不同学生的学习需求。"（HX1M－170419－SDFZMZ）为了便于学生理解，可以利用支架式教学将复杂的学习任务进行分解。"教师步步引导，用'支架式教学'让学生逐步领悟知识，直到能准确完整说出知识内容。教学具体形象，让学生产生兴趣，容易理解定律的意义与内容。"（HX1M－170503－SDFZMZ）在作业的布置上，HX1M应用信息加工理论对作业内容构成进行了思考。"布置的作业内容既有复习巩固的内容，又有预习的内容，符合人的信息处理加工方法。知识需要循环、记忆、提取才能进入长时记忆。"（HX1M－170524－SDFZMZ）

在教育理念方面，HX1M依然主要围绕"教学与生活相联系"和"因材施教"进行了反思。在"基础实践Ⅱ"阶段，他对于因材施教的反思次数明显比在"基础实践Ⅰ"阶段多，在其反思日志中至少出现了5处，其中比较有代表性的包括："照顾学习能力不同的学生，接受快的安排更多的练习，接受慢的学生给详解，不放弃每（任何）一位学生。"（HX1M－170323－SDFZMZ）"教学过程中遵循从易到难、由浅入深、层层递进的原则，顺应学生的心理认知发展，同时关注跟不上教学进度的学生，通过提问进行确认或是进行单独辅导。"（HX1M－170420－SDFZMZ）

（2）对知识的反思

整个基础实践阶段，HX1M对知识的反思主要包括学科知识和教学知识两个方面，关注点比较接近，差别不明显。由于化学是实验学科，因此在对学科知识的反思上，HX1M重点关注了实验的操作设计及规范。"教师一边连接实验装置一边介绍各种仪器，讲解注意事项，规范实验操作。"（HX1M－161116－SYZXGZ）"教师对于实验中颜色变化现象及颜色识别的知识与学生进行了分享，让我也感觉受益匪浅。"（HX1M－161214－SYZXGZ）"教师让学生演示实验，提高学生的动手能力，在学生演示实验的过程中，教师讲授实验设计和操作规范，对学生演示进行即时指导。"（HX1M－170503－SDFZMZ）在自己的教学实践中，HX1M也对实验设计进行了关注："我对自己的实验设计不太满意，也是我觉得存在不足的地方，就是实验设计过于追求创新性，导致缺乏科学性。"（HX1M－161208－访谈）

在教学知识方面，HX1M的反思点主要集中在外显的教学技巧性知识上，例如，关注教学语言，教姿、教态，板书和PPT应用等。"教师讲课语句连贯，逻辑性强，板书字迹漂亮，将'学生、知识、社会'三个中心完美结合。教师在课堂上有很多控制性语言，提醒学生注意认真听讲。"（HX1M－161110－SYZXGZ）"'教姿教态'要好，语言要规范，多使用课堂语言。"（HX1M－161130－SYZXGZ）"幻灯片的设计过于追求美观，没有考虑到清晰度以及内容呈现的逻辑性与连贯性。并且不能处理好自己、黑板与幻灯片的一致性关系。"（HX1M－161208－访谈）"教师的讲解很清楚，但答案没有明确呈现在PPT或黑板上，会导致学生容易遗忘或产生疑惑。"（HX1M－170419－SDFZMZ）"教师板书不错，模块清晰，逻辑性强，语言再生动些更好。"（HX1M－170525－

SDFZMZ）可以发现，HX1M 对于教学知识的思考，不完全是肯定性的评价，也有基于自己理解的新观点。

（3）对学生学习的反思

在"基础实践 I"阶段，HX1M 主要从学情和学生各项能力的培养等方面对学生学习进行了反思。HX1M 反思了掌握学情的重要性，提出要根据学生的认知特点进行教学。"考虑到学生的接受能力，教师在本班讲解课程时很慢很细致，讲授难度较大的内容时，教师转换了教学方式。"（HX1M - 161103 - SYZXGZ）"由于学生的思维比较活跃，知识面很广，生活经验相对丰富，教师在教学过程中显得比较轻松。"（HX1M - 161130 - SYZXGZ）同时，HX1M 关注到了学生观察能力、总结能力、自主学习能力和归纳能力的培养。"学生亲自观察试（实）验现象，培养学生的观察、总结能力。"（HX1M - 161019 - SYZXGZ）"教师对于教科书中的简单内容以学生自学为主，培养学生独立自主能力，并能够及时检验学生的自学效果，对其进行评价。"（HX1M - 161123 - SYZXGZ）"教师在本节课中变换了授课方式，通过提问，给学生时间设计实验方案，探究金属活动性顺序。这种方式既锻炼了学生的自主探究能力，又提高了学生的科学素养。"（HX1M - 161214 - SYZXGZ）"引导学生从共同现象到个别现象的归纳，提高他们的归纳能力。"（HX1M - 161222 - SYZXGZ）此外，HX1M 还对化学教学中学生的价值观教育进行了反思，认为教师虽然有意识地进行了价值观教育，但还有进一步加强的空间。"课程中涉及环保问题，教师有意识地对学生的情感态度和价值观进行了引导，但只是一带而过，并没有进行深入的讲授和讨论。"（HX1M - 161123 - SYZXGZ）

与在"基础实践 I"阶段的反思进行对比分析可知，HX1M 在"基础实践 II"阶段对学生学习的反思在内容上变化不大，依然对学情和学生各项能力的培养进行了思考。其中，重点关注了逻辑思维能力、语言表达能力和自主学习能力。"通过让学生演示实验，提高学生的动手能力；通过循循善诱式的教学，锻炼学生逻辑思维。"（HX1M - 170503 - SDFZMZ）"强调特例，规则中总有例外，训练学生的发散思维。"（HX1M - 170412 - SDFZMZ）"教师经常让学生讲题，提高学生的自主性，锻炼学生的语言表达能力和思维能力；运用简单逻辑运算，让学生逐步学会用逻辑思维思考问题。"（HX1M - 170419 - SDFZMZ）"教师有意培养学生的逻辑推理能力和类比推理思维。"（HX1M - 170510 - SDFZMZ）在"基础实践Ⅱ"阶段，HX1M 提到了"学科思想"（HX1M - 170525 - SDFZMZ）这一概念，认为"教师渗透了很多学科思想"，这是"为学生的将来发展着想"，但对于教师渗透的学科思想包括哪些内容 HX1M 并没有进行具体描述。

2. 反思水平的对比分析

在基础实践阶段的反思活动中，HX1M 的常规性反思占比不高，主要还是集中于技术性反思和对话性反思，并且在"基础实践Ⅰ"阶段和"基础实践Ⅱ"阶段均出现了变革性反思。整体而言，HX1M 的反思能力从基础实践之初就处于较高水平，随着实践的深入，反思能力呈现平稳发展的趋势，基础实践全过程其反思能力处于"全程高能"状态。

与在"基础实践Ⅰ"阶段的情况相比，HX1M 在"基础实践Ⅱ"阶段的反思水平的发展提升至少表现在两个方面，一方面是反思的"理论性"色彩，另一方面是反思的"批判性"色彩。在反思的理论性方面，尽管在基础实践的两个阶段 HX1M 都基于理论进行了很多的技术性反思和对话性反思，但如果针对反思的对象、反思的过程以及反思的结论进行细致对比分析的话，其在"基础实践Ⅱ"阶段的反思尤其是基于理论开展的反思要更深入一些。HX1M 在"基础实践Ⅰ"阶段基于学习迁移理论、最近发展区理论和自我效能理论进行的反思活动，主要是围绕课堂观察过程中的发展"现象点"——"知识拓展"和"表扬"开展起来的，从自己对理论的理解和自身存在的不足出发，对被观察教师的行为给予了肯定性的评价。在"基础实践Ⅱ"阶段他对分层教学理论、支架式教学理论和信息加工理论的关注，是针对教学和知识开展的本体性反思，对教学方式、教学过程和知识掌握等进行了更多的理论层面的探讨，更倾向揭示理论本身之于教学和知识的价值和意义，而不仅仅限于对课堂现象的直接回应和评价。

在反思的批判性方面，如何判断反思是否具有批判性，除了语言表述上的否定性和批评性，还要分析反思的目的。已有研究认为，反思具有以下两个不同的目的，就具有更强的批判性：第一是试图了解教学中的权力如何能够加强、塑造和扭曲教育过程和教育交往；第二是对教学中的假定和实践提出质疑，它们看起来让我们的教学变得更容易，但实际上却与我们的长远利益背道而驰。[①] 在"基础实践Ⅰ"阶段，HX1M的反思日志中具有否定性和批评性的话语包括"我认为教师有时候并没有照顾到所有学生"（HX1M – 161110 – SYZXGZ），"学生对生活现象的观察不够仔细，这方面知识较浅薄"（HX1M – 161123 – SYZXGZ），"本堂课，教师在授课时思路有些混乱，有些地方讲得过于细致，以至于应该深入讲授的内容没有完成"（HX1M – 161215 – SYZXGZ），等等。从反思目的的视角进行分析的话，以上反思内容主要针对的是现象和技巧层面，批判性体现得并不十分明显。在"基础实践Ⅱ"阶段，类似表述的内容主要包括"教师对学生说：'能问出这种问题？你等下课之后再来问我。'我觉得教师表现得明显缺乏耐心，并且暗中嘲讽了学生"（HX1M – 170419 – SDFZMZ），"教师授课以学科为核心，对情感态度价值观的渗透较少，且与（6人）学生为主的活动较少"（HX1M – 170510 – SDFZMZ），"教师对座位靠后学生的提问次数明显偏少，应该注意到这个问题，尤其是后排学生更应该通过提问提醒他们集中注意力"（HX1M – 170420 – SDFZMZ），等等。通过对比可以发现，基于反思目的的视角，在"基础实践Ⅱ"阶段 HX1M 的反思的批判性色彩更浓一些。

HX1M 分别在"基础实践Ⅰ"阶段和"基础实践Ⅱ"阶段对教育制度范畴下的"应试教育"问题和教学伦理范畴下的"教师专业伦理"问题进行了反思，表现出变革性反思的倾向，也在一定程度上表明其反思能力达到了较高的水平。在"基础实践Ⅰ"阶段，HX1M 对应试教育

---

① 〔美〕Stephen D. Brookfield：《批判反思型教师 ABC》，张伟译，中国轻工业出版社，2002，第 9～10 页。

下注重学生成绩却忽视价值观教育的问题进行了反思，从制度层面思考教育中的不合理现象，但并没有跳脱原有的特定视角和立场。"教师能够耐心解答学生的问题，但过于强调正确的审题方式、做题步骤以及如何将答案回答完整。表现出严重的应试色彩，有让学生死记硬背标准答案的感觉。"（HX1M – 161117 – SYZXGZ）"教师以学科为中心，过于注重应试，应该更加重视培养学生的情感态度与价值观。"（HX1M – 161123 – SYZXGZ）在"基础实践Ⅱ"阶段，HX1M对教师专业伦理进行了思考，指出教师应当关怀、尊重、爱护学生。"教师能够换位思考，尊重学生，随时为学生答疑。"（HX1M – 170412 – SDFZMZ）"教师应当关怀学生，有对学生的责任感，爱护学生。"（HX1M – 170419 – SDFZMZ）"学生答错时要告诉学生，但也要顾及学生的心理感受。"（HX1M – 170517 – SDFZMZ）可以看出，HX1M主要基于学生的角度对教师专业伦理进行了反思。

三　低起点快速发展型

（一）来自YY1F的个案分析

YY1F本科毕业于省属师范大学的英语专业，属于师范类专业学生，硕士阶段就读专业为学科教学（英语），在最初的跟踪分析中属于反思表现一般的研究对象。笔者从其撰写的基础实践阶段两个学期的《教育实践手册》中提取出反思日志内容1.4万余字，并对其两个学期的反思日志内容进行了对比分析（见表4–9）。

表4–9　YY1F的反思日志编码及参考数值

基础实践阶段	一级编码	二级编码	三级编码个数
2016学年秋季学期基础实践Ⅰ	对教学的反思	教学环节、教学方法、教学评价、教学理念	42个
	对知识的反思	学科知识、教学知识	8个
	对学生学习的反思	写作能力、口语能力、阅读能力、自主学习能力、学习兴趣、学习方法	30个

基础实践阶段	一级编码	二级编码	三级编码个数
2017 学年 春季学期 基础实践 II	对教学的反思	教学环节、教学策略、教学方法、 教育理论、教学理念、教材	42 个
	对知识的反思	学科知识、教学知识	6 个
	对学生学习 的反思	口语能力、阅读能力、听力能力、 学习兴趣、价值观培养	17 个

1. 反思内容的对比分析

（1）对教学的反思

在"基础实践 I"阶段，YY1F 对教学的反思主要聚焦于教学环节、教学方法、教学评价和教学理念等方面。在教学环节方面，YY1F 围绕课程导入与热身、课堂提问以及具体的环节设计等进行了反思。YY1F 认为导入和热身在自己的教学活动中比较薄弱，在课堂观察过程中特别留意了授课教师的导入和热身环节，并对教学热身的作用进行了较深入的思考："教学热身是启发学生思维，帮助学生更深刻地理解本单元的话题，读懂阅读材料以及学习语法的准备阶段。成功的教学热身可以发挥以下作用：第一，激活学生已有的语言生活背景知识和经验，并对其进行丰富和补充，为后续学习打下基础；第二，从情感上激发学生的求知欲和学习兴趣；第三，通过多种形式的活动，组织学生亲身体验，用英语完成任务，在实际运用中获得语感和知识。"（YY1F - 161130 - CCWGY）关于提问，YY1F 在"基础实践 I"阶段的反思日志中也反复提及，总体上她认为，对学生的提问不宜过难，尽量避免指令不清，提问要和学生的经验相联系，精心设计富有启发性的问题，提问要做好铺垫、层层递进。除此之外，YY1F 还较好地运用了角色扮演活动，关注了单词检测等具体的教学环节设计。"角色扮演活动环节是亮点，每组都展现出了不同的风采并且都有自己的创意。"（YY1F - 161207 - 观察）"单词检测环节是了解教学目标是否达成的环节，十分重要。"（YY1F - 161222 - CCWGY）

在教学方法方面，YY1F 关注到了归纳教学、小组合作学习和情境教学等具体方法。"和传统语法教学不同，本节课教师采用的是归纳教学法，把语法教学放在具体的语境中。这位教师平时特别用心收集教学资源，好的文本是归纳法能够成功实施的关键之一。学生在具有真实性的语境中，更容易产生学习的兴趣。"（YY1F－161020－CCWGY）"要针对不同的写作内容、写作对象以及写作环境，灵活运用小组合作教学方法，不断总结运用过程中出现的问题，不断改进，让小组合作教学法更适合英语写作教学的需要。"（YY1F－161124－CCWGY）"给学生创设问题情境，让学生在阅读前先自行思考，当学生的个体经验与课堂教学中出现的内容重合时，学生会有一种成就感。"（YY1F－161130－CCWGY）

在教学评价方面，YY1F对作业批改、模拟测试等过程性评价方式进行了思考，并认同评价的作用和意义。"作业批改和反馈能够帮助检查学生是否完全理解和掌握了课程内容。"（YY1F－161013－CCWGY）"上午做考官模拟测试学生的口语，帮助学生提前熟悉下午英语口语测试的考试流程，并通过排练提高他们的自信心。测试完成后要给出合理的打分并给学生提出改进的建议，帮助学生增强考试的自信心，让学生对口语练习重视起来。"（YY1F－161222－CCWGY）

在教学理念方面，YY1F提到了因材施教和学生中心，但仅仅一笔带过，没有进行深入讨论。"教师必须充分了解学生已有的知识水平和归纳推理能力，这样才能提出有价值的问题，才能激发学生主动思考的行为，才能做到因材施教。"（YY1F－161020－CCWGY）"我在教学过程中尽量做到学生中心，有意识地提供了很多机会给学生，让他们表达自己的想法。"（YY1F－161207－访谈）

与在"基础实践Ⅰ"阶段的情况一样，YY1F在"基础实践Ⅱ"阶段也对教学环节、教学方法和教学理念进行了关注。在教学环节方面，主要关注了课程导入环节和课堂提问环节。YY1F认为，大声朗读和使用与教学主题相关的格言都是较好的导入形式。关于课堂提问，YY1F基于课堂观察的实例重点思考了提问的技巧："教师需要掌握提问的技巧，通过变换提问方式引导学生对问题继续进行思考。教师问学生'*Why do you think pandas are in danger?*'，学生只回答出'*It's difficult for pandas to have a baby.*'，这时教师马上补充提问'*Do you think people cut*

down bamboo?',引导学生继续思考熊猫濒临灭绝的原因。"（YY1F -
170420 - SDFZMZ）在教学方法方面，YY1F 在"基础实践Ⅱ"阶段关注了
直观教学法、分层教学法、游戏教学法、视频教学法和思维导图法。其
中，视频教学法是 YY1F 在自己的正式教学中应用的方法（YY1F -
170428 - 观察），她认为，"可以有效帮助学生理解阅读材料"（YY1F -
170428 - 访谈）。在教学理念方面，其依然主要围绕学生中心和因材施教
进行了思考。

在"基础实践Ⅱ"阶段，YY1F 对教学的反思增加了教学策略、教
育理论和教材等方面的内容。例如，在教学策略方面，关注了教学中的
非语言策略："本节课的课堂十分活跃，教师用极其丰富的语调以及肢
体语言让学生处于一个比较兴奋的学习氛围。"（YY1F - 170301 -
SDFZMZ）同时，在反思日志中多次提及了阅读教学中的策略使用问
题。在教育理论方面，主要提到了最近发展区理论和学习迁移理论。以
学习迁移理论为例，思考点聚焦于课堂知识向生活实际的迁移："教师
在讲解规则时，配有很多形象生动的图片，让学生根据图片自行归纳规
则，促进了学生对于规则的掌握，同时学生日后在生活中看到表示规则
的图片也能学以致用，实现迁移，规范自己的行为。"（YY1F - 170329 -
SDFZMZ）在教材方面，YY1F 主要是从补充教材内容和最大化利用教
材内容两个方面进行了反思。"很多教师只处理教材上给出的听力题目，
本堂课授课教师则根据听力文本，结合本单元的重难点，加上了自己改
编的题目，更加强化对学生听力的训练。"（YY1F - 170322 - SDFZMZ）
"教材上的插图具有很强的实用性，教师应该利用教材上的插图，培养
学生的观察能力。"（YY1F - 170323 - SDFZMZ）

（2）对知识的反思

在基础实践的两个阶段，YY1F 均主要基于自身实际情况对学科知
识和教学知识进行了反思，内容上趋于一致。例如，在学科知识方面，
其在"基础实践Ⅰ"阶段和"基础实践Ⅱ"阶段基本都是反思自身在
此方面存在的不足："我觉得在讲课过程中存在明显不足的地方是，语
速有点快，导致吞音问题，还有英语发音不够纯正"（YY1F - 161207 -

访谈），"在讲课时感觉到部分单词发音存在不准确的问题"（YY1F－170428－访谈），等等。在教学知识方面，也同样是基于自身不足进行的思考，但并未探索出解决的方案。"内心深处我真的想引导学生思考，但每当他们无法给出合理的回答或答案时，除了给出自己的答案，我找不到好的方法继续进行引导。"（YY1F－161207－访谈）"当学生只能回答出问题的一部分时，如何进行有效引导？"（YY1F－170420－SDFZMZ）

（3）对学生学习的反思

整个基础实践阶段，YY1F主要都是围绕学生各项能力的培养对学生学习进行的反思，其中，其在"基础实践Ⅰ"阶段重点关注了写作能力、口语能力、阅读能力和自主学习能力，在"基础实践Ⅱ"阶段则重点关注了口语能力、阅读能力和听力能力。除了对培养学生各项能力的思考，YY1F还在"基础实践Ⅰ"阶段和"基础实践Ⅱ"阶段分别针对学习方法和学生价值观教育进行了反思。

在"基础实践Ⅰ"阶段，YY1F主要围绕体验式学习法以及直接法与间接法对学习方法进行了探讨。"教师让学生分享自己从事园艺活动的经历，再结合阅读材料谈谈对园艺工作的认识和体会，既引起了学生的阅读兴趣，又让其他同学也对园艺工作产生了向往之情。"（YY1F－161130－CCWGY）"在教学中教师要有意识地培养学生学习的方法意识。以单词学习为例，有直接法和间接法两种，学习单词和背诵单词不是一个概念。直接法相对更传统，对于学习高频词汇效果明显，但是要想真正地掌握词汇，更应该鼓励学生运用间接法，如看英文原著、看英文电影、听英文歌曲，间接法更容易激发学生学习英语的动机。"（YY1F－161208－CCWGY）

在"基础实践Ⅱ"阶段，YY1F观察到教师有意识地通过格言、问题设计等方式向学生进行情感价值观教育。"格言的教育作用很强，教师可以充分利用与教学主题相关的格言，给学生以知识和情感的教育。"（YY1F－170308－SDFZMZ）"本节课的课文讲述的是中国一个边远地区学生如何乘索道过河的故事，教师通过让学生观察图片获取重要信息，希望学生学习课本中孩子们身上的勇敢和好学精神。在阅读教学中，如果能不断地渗透情感态度价值观，对学生的发展会有长远意义。"
（YY1F－170323－SDFZMZ）

2. 反思水平的对比分析

（1）反思由笼统概括走向具体深入

在一些反思点上，在"基础实践Ⅰ"阶段相对笼统概括，缺乏深入系统的思考，在"基础实践Ⅱ"阶段有明显改进。例如，针对因材施教理念的反思，在"基础实践Ⅰ"阶段YY1F仅用"教师必须充分了解学生已有的知识水平和归纳推理能力……才能做到因材施教"（YY1F－161020－CCWGY）一带而过；在"基础实践Ⅱ"阶段则结合教学实践进行了更为细致深入的剖析："教师的课堂教学关注到了每一名学生，教师设计的对话练习分为三个层次，由浅入深，由易到难。第一组对话呈现一个带有'music'的图片，对话内容只有一个空需要学生填写；第二组对话学生则需要补充'want to join'这个重点词组；第三组对话则全部由学生看图后进行表达。这种难度递进的对话练习，符合全体学生的发展水平，每个学生都有机会展现自己的英语风采。"（YY1F－170301－SDFZMZ）

再例如，在激发学生学习兴趣方面，"基础实践Ⅰ"阶段多采用了"口号式"的表述，从应然的角度强调了激发学生学习兴趣的必要性。"教师应该使用多种方式激发学生的学习兴趣。"（YY1F－161006－CC-WGY）"一节好课，需要一个好的方法和好的内容导入……能调动和提高学生的学习兴趣。"（YY1F－161027－CCWGY）在"基础实践Ⅱ"阶段，YY1F针对学生学习兴趣的反思能够更多地聚焦于实践层面，更加具体化。"英语教学中很重要的一点是如何使学生对英语学习感兴趣、有动力。图片在教学中的运用，首先在感官上抓住了学生的注意力，使抽象的语言变得具体而实在……图片的生动形象又使学生有感而发，作用远远超出了图片本身。"（YY1F－170329－SDFZMZ）

（2）基于理论和具有批判性色彩的反思增多

整体而言，YY1F在"基础实践Ⅰ"阶段有大量的常规性反思以及基于课堂观察和基于自身经历的技术性反思，进入"基础实践Ⅱ"阶

段后，基于理论的技术性反思和具有批判性色彩的反向角度的反思开始
增多。

例如，基于理论来讨论课堂提问的技巧。"教师在设计提问时一定
要了解学生的能力水平和现有的知识储备，设计学生通过思考能够回答
的问题，问题要难易适中，根据维果斯基的'最近发展区'理论，教
师掌握问题难度的原则应该是稍难但不超过学生的水平。"（YY1F－
170510－SDFZMZ）结合维果斯基的最近发展区理论，YY1F对课堂提
问难度设计的反思上升到了理论层面。

在针对小组合作学习和游戏教学等教学方法的反思上，YY1F的反
思在"基础实践Ⅱ"阶段明显具有了批判和质疑的倾向。例如，在
"基础实践Ⅰ"阶段其针对小组合作学习的思考，多是基于课堂观察后
的肯定性评价和应然性分析，而在"基础实践Ⅱ"阶段则针对小组合
作学习的效用进行了更深入的反思："小组合作已经提倡了很多年，但
落实情况因学校和教师个体而异。在日常的英语教学中，不应把小组合
作当成一种形式来膜拜，而是把它作为一种真正的教学手段，发挥其不
可替代的作用，我想这才是提倡小组合作的初衷。对于中学教师来说，
需要思考的不是该不该使用小组合作，而是如何发挥其最佳效果。"
（YY1F－170308－SDFZMZ）

在"基础实践Ⅱ"阶段，YY1F从正向和反向两个角度对游戏教
学进行了反思，表现出一定的批判性味道。先是对游戏教学的肯定性
评价——"通过游戏教学可以丰富课堂教学形式，寓教于乐还能取得
事半功倍的教学效果"，继而对如何恰当运用游戏教学进行了思考——
"游戏活动是促进和激发兴趣的一个很好的形式，但需要限定游戏活动
的时间，一般为3~5分钟，否则会失去意义和效果，如何恰当地运用
游戏非常关键。"（YY1F－170426－SDFZMZ）

（二）来自SX1F的个案分析

SX1F本科毕业于省属师范大学的数学与应用数学专业，属于师范
类专业学生，硕士阶段就读专业为学科教学（数学），在最初的跟踪分
析中属于反思表现一般的研究对象。笔者从其撰写的基础实践阶段两个

学期的《教育实践手册》中提取出反思日志内容0.9万余字，并对其两个学期的反思日志内容进行了对比分析（见表4-10）。

表4-10　SX1F的反思日志编码及参考数值

基础实践阶段	一级编码	二级编码	三级编码个数
2016学年秋季学期基础实践 I	对教学的反思	教学环节、教学方法、教学理念	15个
	对知识的反思	教学知识	2个
	对学生学习的反思	学情、数学思维	5个
2017学年春季学期基础实践 II	对教学的反思	教学环节、教学方法、教学理念、教学理论、教学内容、教学机智、课堂时间管理	24个
	对知识的反思	教学知识、学科知识	6个
	对学生学习的反思	学情、数学思维、动手能力、问题解决能力、自主学习能力	16个
	对教育制度的反思	德智体美劳全面发展	1个

1. 反思内容的对比分析

（1）对教学的反思

在"基础实践 I"阶段，SX1F主要从教学环节、教学方法和教学理念三个方面对教学进行了反思。在教学环节方面，SX1F重点关注了提问、课程导入和复习等环节，强调了导入和复习的重要性，认为复习可以是课程导入的形式之一。"课程导入采用复习的方式，引导学生回顾所学的知识。"（SX1F-161103-SDFZMZ）"课程导入引导学生回顾所学知识点，适当地对学生进行提问，发挥学生的主观能动性。"（SX1F-161124-SDFZMZ）"及时复习巩固所学知识点，提醒学生对关键概念的掌握。"（SX1F-161012-SDFZMZ）"当授课内容对于学生来说较难理解时，复习就显得格外重要，对学习之后的知识点帮助会很大。"（SX1F-161109-SDFZMZ）

在教学方法方面，SX1F的关注点较多，包括个别指导法、案例教学法、启发式教学法、对比式教学法、归纳法和教学留白等。"教师在讲解习题的过程中，应该走到学生中去，观察同学的做题情况，掌握学生的知识掌握度，并对个别学生进行个别指导。"（SX1F-161019-

SDFZMZ）关注学生个体之间存在的差距，将个别指导视为解决个体差异问题的理想形式。"学生接触新知识点时，对相关内容不熟悉，教师应该适当举例，引导学生进行理解；举生活中常见的例子，让学生从生活中了解相关概念。"（SX1F – 161103 – SDFZMZ）SX1F 认同案例教学的重要性，并提出案例要联系实际生活。"启发教学强调教师引导学生思维的重要性，教师授课要多用启发式教学法，用提问来一步一步地引导学生思考，让学生尝试自己去解题。"（SX1F – 161123 – SDFZMZ）可以看出，SX1F 仅从提问和引导学生尝试两个角度提到了启发式教学法的运用，未将启发式教学视为一个有序的教学系统，从整体的角度去考察教学过程。[①] 关于对比式教学法，SX1F 选取的角度是多种方法和解题思路之间的共用与横向比较，目的在于寻找到最恰当的方法：教师"要引导学生通过对比找到恰当的解题方法，不要局限于一种方法或目前所学过的方法"（SX1F – 161103 – SDFZMZ），"教师在授课过程中采用对比方法来理解三种结构以及关系，让学生对知识点掌握（得）更牢固"（SX1F – 161109 – SDFZMZ）。关于归纳法和教学留白，SX1F 在课堂观察的基础上提出，要"通过题型对比引导学生进行总结归纳"（SX1F – 161012 – SDFZMZ）和"教师要对易错的知识点不断强化和重复，对于较难的知识点要留给学生一些思考整理的时间，让学生进行充分的自主思考"（SX1F – 161116 – SDFZMZ）。

在教学理念方面，通过对 SX1F 在"基础实践 I"阶段反思日志的内容和正式授课后的访谈记录进行分析可以发现，她提及了"学生中心"和"学生主体"的理念，但并没有明确的语言表述。"教师在课堂要多给学生发言的机会，激发学生的学习兴趣，拉进与学生的距离。"（SX1F – 161109 – SDFZMZ）"教学工作复杂烦琐，要管理好整个班级，又要顾及每一名学生。"（SX1F – 161130 – 访谈）教学要体现学生中心，又要保障学生的主体地位，教师应当努力做到"一切为了每一位学生的

---

① 谢国生：《启发式教学整体设计的若干思考》，《中国教育学刊》1997 年第 4 期，第 46～49 页。

发展"。

在"基础实践Ⅱ"阶段，SX1F 依然针对教学环节、教学方法和教学理念进行了反思。其中，在教学环节方面，除了导入和复习，还关注了提问、总结和反馈等其他课堂环节；在教学方法方面，重点关注了情境教学法、直观教学法和小组合作学习等；在教学理念方面，提及了对"教学源于生活"和"学生中心"的理解和思考。除此之外，SX1F 还围绕教学理论、教学内容、教学机智和课堂时间管理等方面展开了思考。

在教学理论方面，SX1F 基于学习迁移理论，对数学教学中的概念教学进行了一定的思考："教师在本课中通过类比的手段从一个概念迁移到相关概念的性质，注意层层引导学生，让学生去思考，师生共同进行探讨。"（SX1F - 170413 - CCWGY）

关于教学内容的反思，主要体现在两方面。一方面，SX1F 强调新旧知识点之间的整合。例如，"教师应提醒学生将新知识点与已学过的知识建立联系"（SX1F - 170329 - CCWGY），"复习旧知易于与新知之间建立联系；利用学生上节课的知识导入新课，在旧知识点中发现新问题"（SX1F - 170413 - CCWGY），等等。另一方面，强调突出课程内容的重难点，在教学过程中予以重点突破。例如，"教师在授课时应该重点分明，要设立清晰的教学目标，能够带着目的进行教学，在适当引导下突破难点，让学生掌握知识间的相关性"（SX1F - 170315 - CCWGY），"教师讲课要有轻重缓急，突出重点和难点"（SX1F - 170329 - CCWGY），"通过利用均值不等式、三角函数、向量三个部分的知识，重点解决了本节课的难点题目，真正做到了一题多解，综合运用各种所学知识进行解题"（SX1F - 170426 - CCWGY），等等。

在教学机智方面，SX1F 意识到教师应该具备灵活机智地处理教学调整和课堂突发情况的能力。"教师应该具备亲和力，要具有能根据实际情况对自己的教学进行调整的能力。"（SX1F - 170315 - CCWGY）"要能够灵活的（地）处理课堂中学生出现的问题，真正做到智慧教学。"（SX1F - 170316 - CCWGY）可以看出，SX1F 虽然注意到了教学机智问题，但并没有对事件本身进行描述和解析。另外，SX1F 还关注了课堂时间管理的问题，认为"教师要培养掌握课堂时间的能力，每节课都要尽量的（地）去控制每个环节所用的时间"（SX1F – 170517 – CCWGY），并且谈及在课堂上要给学生留出思考、讨论、解题的时间。

（2）对知识的反思

在"基础实践Ⅰ"阶段，SX1F 对知识开展的反思很少，仅围绕教学语言和板书两个方面对教学知识进行了简单的思考。例如，"将较难的知识点用学生易于理解的语言去讲述……易于学生理解"（SX1F – 161124 – SD-FZMZ），"教师板书要更清晰直观"（SX1F – 161019 – SDFZMZ），"教师应该将解题过程完整板书，提醒学生书写的规范性"（SX1F – 161208 – SDFZMZ）。在对 SX1F 正式授课进行观察时笔者发现，其在授课过程中"缺乏自信"（SX1F – 161130 – 观察）。针对这方面进行访谈时，SX1F 表示，为了改善该问题，"我认为，在教学过程中教师要具备敏捷的思维，正确使用教学语言和数学语言，以前教学经验少，所以上讲台就慌张，得克服紧张心理，让自己的教学充满自信"（SX1F – 161130 – 访谈）。

在"基础实践Ⅱ"阶段，SX1F 依然从教学语言和板书两个方面反思了教学知识，同时还对学科知识进行了思考。SX1F 认为，数学教师必须掌握良好的学科知识，并反思了自己在学科知识方面存在的不足。"教师要具备将一道题型进行变式思考的能力，举一反三，使学生不仅仅是就题论题，而是在思考中学会某一类题的解法，最后由教师进行归纳和总结，这对学生数学学习具有极大的帮助。"（SX1F – 170308 – CCWGY）"数学学科有其自身的特殊性，教师应该掌握分类讨论的思想并将其贯穿整个教学过程，（这）也是我们（职前教师）应该具备的基本素养。"（SX1F – 170329 – CCWGY）"引出定理前的铺垫是点睛之笔，我发现自己作为一名职前教师对有些概念及知识点的了解并不清晰，今后要多分析教材，发现更多的知识盲点。"（SX1F – 170524 – CCWGY）

（3）对学生学习的反思

在"基础实践Ⅰ"阶段，SX1F 主要从掌握学情和培养学生数学思维两个方面对学生学习给予了关注和思考。SX1F 认为，观察学生以及与学生进行互动交流是掌握学情的有效方法。"教师在讲解习题的过程中，应该走到学生中去，观察同学的做题情况，掌握学生的知识掌握度。"（SX1F - 161019 - SDFZMZ）"教师在教学过程中要时刻注意观察学生的反应，与学生进行眼神的交流，更好地了解学生对于教学内容的掌握情况。"（SX1F - 161124 - SDFZMZ）同时，SX1F 还指出，数学教学的本质在于培养学生的数学思维，尤其是解题思路。例如，"通过本堂课，我对教学的目的产生了一些思考，教学的本质不是要教给学生结果，而是解题过程中对解题思维的培养，对学生思维的关注尤为重要"（SX1F - 161116 - SDFZMZ），"教师要善于将数学与其他学科建立联系，开拓学生思路，培养学生将所学知识融会贯通的能力"（SX1F - 161208 - SDFZMZ），等等。

在"基础实践Ⅱ"阶段，除了学情和数学思维培养之外，SX1F 还围绕学生在数学学习中应该具备的动手能力、自主学习能力和问题解决能力等各项能力的养成进行了思考。

在掌握学情的方法方面，SX1F 在"基础实践Ⅱ"阶段提到要学会倾听、关注学生心理和多与学生进行接触。"要学会倾听学生的看法，让学生更积极主动地参与课堂，拉近与学生的距离。"（SX1F - 170322 - CCWGY）"教师要善于抓住学生的求知心理，引领学生逐层深入开展学习。"（SX1F - 170427 - CCWGY）在正式授课环节，SX1F 指出，课堂提问学生的反馈效果没有达到自己预期，自我感觉是本节课的不太满意的地方，认为对于学情的了解不到位是问题的症结所在："问题的设置和层层引导要建立在充分了解学生的基础上，因此要在教学实践中多和学生接触。"（SX1F - 170518 - 访谈）

在培养学生数学思维方面，SX1F 在"基础实践Ⅱ"阶段对数学思维进行了更加细化的分类，认为数学思维包括推演归纳思维、发散思维和创新发现思维等。"对于新公式，学生开始会感到陌生，应该鼓励学生观察分析并尝试解题，随后进行严谨的证明，引导学生从特殊到一般，找出规律。"（SX1F - 170329 - CCWGY）"一题多解有利于培养学生的发散思维。"（SX1F - 170419 - CCWGY）"教师要注重对学生发散性思维的培养，注意观察学生对知识点的掌握情况，综合运用多种知识

求解一道题，并解释选取此方法的原因。"（SX1F－170426－CCWGY）
"通过学习一些基本定理，让学生能够发现一些方法的简便之处，认识
到数学往往是由复杂到简单，通过创新思路找到简便且易于理解的方
法。"（SX1F－170524－CCWGY）显然，SX1F 对于数学思维的分类主
要基于自己的主观理解，缺少理论层面的探究和分析。

在培养学生的各项能力方面，SX1F 关注了动手能力——"教师为学
生提供上讲台前演示的机会，提高学生的动手能力"（SX1F－170316－
CCWGY）、问题解决能力——"教师应该鼓励学生进行思考，让学生主
动去研究问题，培养解决问题的能力，教师真正发挥引导作用，这样学
生在自主学习的过程中对知识的记忆可以更加深刻"（SX1F－170322－
CCWGY）以及自主学习能力——"教师要留给学生思考的时间，而不
是直接把答案和书本上的知识给他们，学生的自主学习往往能收到更好
的效果"（SX1F－170510－CCWGY）。

（4）对教育制度的反思

在"基础实践Ⅱ"阶段，在对一节班会课进行观察后，SX1F 质疑
了当下学校教育过度关注智育的问题，认为应当促进学生德智体美劳全
面发展："通过这节班会，我看到了班级的风采及特色，我看到了学生
张扬的个性和天真的笑脸，许多勤奋努力、安静学习的学生在班会课上
都变成了活泼青春、富有朝气的青少年。即便是在应试教育体制下，学
校也应该多组织丰富多彩的活动，关注学生德智体美劳等基本素质的训
练……让他们的生活不是只有学习，让他们展示自己的个性，展现自
己，促进学生更好的（地）成长。"（SX1F－170525－CCWGY）尽管
SX1F 主要是基于主观体验和感受对当前教育制度框架下过度重视智育
的现象进行了批评，但其背后实际是一个非常宏大且重要的时代课题，
新时代要求平衡充分发展，落实到教育，即是构建德智体美劳全面培养
的教育体系。①

---

① 孟万金、姚茹、苗小燕、张冲：《新时代德智体美劳"五育"并举学校课程建设研
究》，《课程·教材·教法》2020 年第 12 期，第 40~45 页。

2. 反思水平的对比分析

通过对 SX1F 在基础实践两个阶段的反思日志进行对比分析可以看出，其在"基础实践Ⅰ"阶段反思的内容量和关注点都比较少，且很多反思停留在常规性反思的水平。进入"基础实践Ⅱ"阶段后，SX1F 反思的内容量和关注点明显增多，针对相近的反思点，反思的层次和水平有明显提升，技术性反思和对话性反思增多，出现了基于理论的技术性反思——基于学习迁移理论对数学中概念教学的反思，以及更多针对教学理念的反思。

对相近的反思关注点进行对比分析，可以更好地发现 SX1F 在反思水平上的进步。以教学环节中的课堂提问为例，在"基础实践Ⅰ"阶段，SX1F 对课堂提问的反思更趋向于描述，属于明显的常规性反思。"教师用提问来一步一步地引导学生思考。"（SX1F - 161123 - SDFZMZ）"课程导入引导学生回顾所学知识点，适当地对学生进行提问，发挥学生的主观能动性。"（SX1F - 161124 - SDFZMZ）在"基础实践Ⅱ"阶段，SX1F 对课堂提问的反思更深入具体，具有较为明显的批判性色彩，已经基本达到对话性反思的水平。"在课堂上给学生留出时间让他们思考，课堂提问要环环相扣，循序渐进。"（SX1F - 170329 - CCWGY）"教师要多进行提问，给学生表达的机会，有时学生们有明确的答案，但却不能很好地表达出来，如果教师一直在讲台上讲，学生只是被动地听，不仅不利于学生语言组织的训练，也不利于调动课堂气氛和检验学生的知识掌握情况。"（SX1F - 170510 - CCWGY）通过对比可以看出，在"基础实践Ⅱ"阶段，围绕如何进行有效的课堂提问以及课堂提问的作用，SX1F 对课堂提问环节进行了更加深入的思考。

另外，尽管在"基础实践Ⅱ"阶段 SX1F 基于教育制度视角对"德智体美劳全面发展"的反思，还没有达到变革性反思所要求的"视角的变革性重构"或"引发实践的根本改变"的层次，但也表明其具有了从更广泛的社会、制度层面来思考教育问题和现象的意识，也能够在一定程度上证明，在"基础实践Ⅱ"阶段 SX1F 的反思水平还是得到了比较明显的提升。

（三）来自 DL2F 的个案分析

DL2F 本科毕业于省属师范大学的地理科学专业，属于师范类专业学生，硕士阶段就读专业为学科教学（地理），在最初的跟踪分析中属于反思表现一般的研究对象。笔者从其撰写的基础实践阶段两个学期的《教育实践手册》中提取出反思日志内容 1.1 万余字，并对其两个学期的反思日志内容进行了对比分析（见表 4 - 11）。

表 4 - 11　DL2F 的反思日志编码及参考数值

基础实践阶段	一级编码	二级编码	三级编码个数
2016 学年 秋季学期 基础实践 I	对教学的反思	教学内容、教学方法、教学环节、课堂时间管理、课堂气氛	27 个
	对知识的反思	学科教学知识	3 个
	对学生学习的反思	学情、学习方式、信息提取能力、识图能力、价值观培养	12 个
2017 学年 春季学期 基础实践 II	对教学的反思	师生互动、教学方法、教学环节、教学理念、课堂气氛	40 个
	对知识的反思	学科知识、教学知识、学科教学知识	12 个
	对学生学习的反思	学情、培养学生地理思维、识图能力、价值观培养	17 个

1. 反思内容的对比分析

（1）对教学的反思

通过对基础实践中其反思日志的内容进行分析可以看出，DL2F 对教学的反思比重最大。在"基础实践 I"阶段，DL2F 主要围绕教学内容、教学方法、教学环节、课堂时间管理、课堂气氛等方面对教学进行了反思。

她对教学内容的关注，主要包括复习内容和课外内容两个方面。"课前回忆上节课的重点内容，帮助学生们加强理解和记忆。"（DL2F - 161013 - JYSYXCZ）"教师每次课前都回顾上节课所讲的内容。"（DL2F - 161222 - JYSYXCZ）"学生由于知识储备不够，导致上课跟不上教学内容，教师应当根据学生掌握的知识情况进行适当的内容补

充。"（DL2F - 161027 - JYSYXCZ）

在针对教学方法的反思方面，其主要关注了讲授法、直观教学法（图片、地图、视频）和读书指导法，其中，讲授法和读书指导法仅在"基础实践Ⅰ"阶段的反思日志中分别出现了 1 次。"教师授课时单纯以讲授法为主，没有配合地图，不够直观，应该结合地图进行教学，而非单纯的口述。"（DL2F - 161013 - JYSYXCZ）"遇到学生未曾听说过的专业词汇时，教师采用了读书指导法进行教学。读书指导法的运用应建立在明晰的问题、要求基础上。"（DL2F - 161026 - JYSYXCZ）利用图片、地图、视频等方式进行直观教学的内容在反思日志中出现频率很高，基本贯穿了"基础实践Ⅰ"阶段的始末。例如，"教学没有很好地结合地图，形式上不够丰富"（DL2F - 161013 - JYSYXCZ），"课堂中运用了大量的图片直观展示了日本的自然条件、发达工业体系和兼容的文化，便于学生理解"（DL2F - 161110 - JYSYXCZ），"利用直观的图片直观的（地）解释构造复杂的'坎儿井'"（DL2F - 161222 - JYSYXCZ），"出示湿地的图片，讲述湿地的作用"（DL2F - 161228 - JYSYXCZ），"教师用视频导入课程，将本课相关知识通过视频进行的（了）展示"（DL2F - 161103 - JYSYXCZ），"通过视频介绍了日本的自然特点，作为学习的认知基础"（DL2F - 161110 - JYSYXCZ），等等。

在教学环节方面，DL2F 针对课堂导入、提问、总结、课堂练习等环节进行了思考。课堂导入环节其重点关注了导入方式，并就导入方式进行了笼统的反思。例如，"新颖的课程导入方式更容易吸引学生的注意力"（DL2F - 161019 - JYSYXCZ）、"课程导入更贴近学生实际效果会更好"（DL2F - 161130 - 访谈）。在提问、总结、课堂练习等环节也多是基于课堂观察的描述性反思。例如，"在课前回顾中，教师提问节奏过快，导致学生有紧张感"（DL2F - 161020 - JYSYXCZ），"对学生进行适当提问，加强课堂参与感"（DL2F - 161110 - JYSYXCZ），"给出总结，梳理本节课的讲授内容"（DL2F - 161013 - JYSYXCZ）"课堂的体系结构较为明晰，但课堂结尾缺少总结环节"（DL2F - 161109 - JYSYXCZ），"及时出课堂练习题，帮助学生巩固课堂的知识点"（DL2F - 161117 - JYSYXCZ）。

关于课堂时间管理，她主要是针对观察到的课堂时间安排不合理现象进行了一些思考。"要求学生回答问题，但耗时过长。"（DL2F－161013－JYSYXCZ）"视频材料播放时间过长，拖延了课堂进度，在课堂后半部分赶进度现象明显，存在直接在书上划知识点的现象。"（DL2F－161019－JYSYXCZ）课堂气氛方面，提及"教师要积极调动课堂气氛"（DL2F－161109－JYSYXCZ），并指出加强师生互动和学生之间的交流，有利于营造活泼的课堂气氛。

在"基础实践Ⅱ"阶段，DL2F重点围绕教学方法和教学理念对教学进行了反思。在教学方法方面，除了在"基础实践Ⅰ"阶段提及的部分方法外，还提到了小组合作学习、同辈指导、思维导图、知识点对比讲解等具体方式或方法。例如，"课堂上小组讨论较多，让他们自己发现问题、解决问题、探索规律，十分有条理，与学生也进行了更充分的互动"（DL2F－170510－SSYGZ），"学生上讲台画图时，如果仅让一个学生来画，其他同学可能会走神，让其他学生同步指导画图学生的方法，能很好地调动全班的积极性"（DL2F－170323－SSYGZ），"教师提出思维导图的方法，把知识点串联起来形成知识网络，讲课细致，气氛轻松，能照顾到学生的认知水平"（DL2F－170302－SSYGZ），"将学生易混淆的知识点进行比较、区分，达到梳理知识、帮助学生解题的目的"（DL2F－170419－SSYGZ），"通过列举长白山和阴山山脚的自然带，类比讲授，便于学生记忆"（DL2F－170518－SSYGZ）。

在"基础实践Ⅰ"阶段，DL2F并没有针对教育教学的理念或理论进行过多的关注和思考；在"基础实践Ⅱ"阶段，DL2F围绕"教学与生活相联系"和"学生中心"的教学理念进行了反思。DL2F在"基础实践Ⅱ"阶段的反思日志中多次指出，课堂教学要与学生的生活实际相联系。例如，"本节课逻辑清晰……符合学生实际，引起了学生的兴趣，要多思考如何将教学内容、知识点与学生的日常生活实际相联系"（DL2F－170302－SSYGZ），"课程内容贴近生活，举例也都贴近生活，真正做到了学习生活中的地理"（DL2F－170323－SSYGZ），"教师讲课循循善诱，以（从）学生的日常生活经验入手，吸引学生兴趣"

（DL2F – 170518 – SSYGZ），等等。同时，DL2F 在正式授课后的访谈中还指出，"课堂上多设计学生活动，以学生为中心，发挥学生的主动性"（DL2F – 170517 – 访谈），对学生中心的理念进行了思考。

（2）对知识的反思

在"基础实践 I"阶段，DL2F 对知识的反思内容较少，针对学科教学知识的思考较多。例如，"通过气温曲线图和降水量柱状图更直观展现当地气候与农业的特点"（DL2F – 161109 – JYSYXCZ），"基于特定的自然地理要素对人文地理要素进行讲解"（DL2F – 161117 – JYSYX-CZ）。在"基础实践 II"阶段，DL2F 对知识的反思增加十分明显，反思的内容涉及学科知识、教学知识和学科教学知识三个方面。

在对学科知识的反思中，DL2F 认为应多搜集一些课外的地理知识和地理现象作为教学的储备，并且掌握绘图的能力。"多搜集有关的地理现象，与所学知识进行结合，并应用于课堂。"（DL2F – 170423 – SSYGZ）"无论什么类型的课，都要深度挖掘教材，不仅教授教材里的知识，还要结合教材中的知识合理补充课外知识。"（DL2F – 170428 – SSYGZ）在正式授课过程中，DL2F 意识到绘图是地理教师的基本功，自己还存在不足。"地理课堂中适当的画图是必不可少的，这不仅是老师的基本功，而且能起到强化学生记忆的作用。"（DL2F – 170517 – 访谈）

在"基础实践 II"阶段对知识的反思中，DL2F 关于教学知识的反思内容最多。首先，教学是语言的艺术，DL2F 认为，教学语言对于凸显课程特色和促进学生对知识的理解至关重要。"在地理课中，要让地理有地理的特色，让学生由浅入深地加深对知识的理解和认识，与教师生动形象、准确深刻的语言描述以及适当的举例密不可分。"（DL2F – 170412 – SSYGZ）其次，PPT 和板书是教师呈现教学内容的重要载体，二者的区别性使用是教师必须掌握的教学知识。"教师在授课时要将 PPT 与板书相结合，节奏一致，不要顾此失彼，板书写什么内容，哪些是必须要写的，哪些是可以用 PPT 呈现的，都需要思考和选择，确保留在黑板上的是最为精华的部分。"（DL2F – 170416 – SSYGZ）"PPT 是辅助手段，起到呈现材料的作用，讲课时不要被它牵着走。"（DL2F –

170517 - 访谈）最后，DL2F 认为，如果想要帮助学生形成知识网络和构建完整的知识体系，教师必须更好地建立知识点之间的联系。"作为一堂复习课，教师讲解要具有条理性，既注重细节和疑难知识点的讲解，又进行了深入的题型挖掘，节奏非常紧凑；在新教师上这种类型的复习课时，一定要注意备课时要理清知识点之间的关系。"（DL2F - 170406 - SSYGZ）"在给学生讲褶皱山、断块山等位置时，比较抽象，不好理解，教师应当将知识点梳理清楚，通过画图、类比等方式呈现知识点之间的区别和联系，以便于学生理解和掌握。"（DL2F - 170419 - SSYGZ）

（3）对学生学习的反思

在整个基础实践阶段，DL2F 主要从学情、学生的学习方式和思维方式、学生的各项能力培养（信息提取能力、识图能力等）以及学生的价值观培养等方面对学生学习进行了反思。

在学情方面，DL2F 认为，教师需要对学情有很好的把握，包括学生的认知能力、认知水平和已有的经验与知识储备等。"重视知识体系的完整性，但是要考虑学生的接受水平。"（DL2F - 161013 - JYSYXCZ）"运用学生已有的知识储备，进行新的教学内容的学习。"（DL2F - 161123 - JYSYXCZ）"能够结合学生的认知发展水平，对理科班的学生来说，物理知识基础强，可借助其对力的了解进行地理概念的分析。"（DL2F - 170324 - SSYGZ）"结合学生的认知发展水平，适当的（地）让学生处于主动地位。"（DL2F - 170510 - SSYGZ）

在学生的学习方式和思维方式方面，DL2F 认为，教师需要有意识地对学生的学习方式、思维方式以及学科思维进行培养。例如，"教师授课要突出对学生学习方式的引导，关注学生现有的学习基础"（DL2F - 161117 - JYSYXCZ），"以往对于教学的理解停留在知识传授的层次，实际上教师很注重对学生思维能力的培养，在我自己的教学中还没有完全找到感觉"（DL2F - 161130 - 访谈），"根据学生的回答来纠正其描述地理问题的方式"（DL2F - 170309 - SSYGZ），"引导学生经过思考得出结论，而不是直接下结论，注重对于过程的探索，帮助学生用地理思维来思考问题"（DL2F - 170322 - SSYGZ），"以生活中必不可少的水引发学生的思考，体现各个水体的联系性，培养学生的地理思维"（DL2F - 170324 - SSYGZ），等等。

在培养学生的各项能力方面，DL2F 指出，由于地理学科的特殊属性，识图、读图和信息提取等能力的培养对于地理学习非常重要。"教学过程中要重视对学生读图、识图能力的训练。"（DL2F - 161013 - JYSYXCZ）"通过提问训练学生的识图和指图能力。"（DL2F - 161117 - JYSYXCZ）"在对资源条件的讲解中，教师多用读图的形式让学生自己总结，锻炼识图、读图能力。"（DL2F - 170322 - SSYGZ）"教师要重视对学生思路的引导，训练学生提取地理信息的能力。"（DL2F - 161027 - JYSYXCZ）"在本节课授课过程中，教师重视利用读图来提取信息。"（DL2F - 170518 - SSYGZ）

在培养学生的价值观方面，DL2F 通过课堂观察发现，教师在授课过程中能够有效结合教学内容，包括文化古迹、湿地、环境保护等对学生进行正确的价值观和情感教育。"讲述历史文化建筑时，利用对比法来激发学生保护名胜古迹的情感。"（DL2F - 161201 - JYSYXCZ）"展示了大量的湿地图片，讲述湿地的重要作用，引发学生保护湿地的情感。"（DL2F - 161228 - JYSYXCZ）"通过课堂讲授与事实举例，激发学生的民族自豪感与环境破坏的危机感。"（DL2F - 161229 - JYSYXCZ）"选取与实际生活联系紧密的人类活动与自然环境的关系，培养学生的地理思维和观点，潜移默化地培养学生（的）情感态度和价值观。"（DL2F - 170426 - SSYGZ）"教师在授课过程中向学生渗透水资源的现实状况与重要性，帮助学生树立珍惜水资源的意识。"（DL2F - 170324 - SSYGZ）

2. 反思水平的对比分析

DL2F 在"基础实践Ⅰ"阶段的反思以描述性反思为主，多是围绕课堂观察和教学实践的直观描述，并以短句的形式出现，缺少基于个人立场的回应，分析多是确定的或概括性的，缺乏质疑和对复杂现象的关注。整体而言，DL2F 的反思起点较低，在"基础实践Ⅰ"阶段的反思多处于常规性反思和技术性反思水平。

通过对 DL2F"基础实践Ⅰ"阶段和"基础实践Ⅱ"阶段反思水平

的对比分析可以发现，其在"基础实践Ⅱ"阶段进行了更多的技术性
反思，技术性反思逐渐具体深入；出现了对教学理念的反思、基于理论
的技术性反思以及对话性反思；在对教学方法的反思和对知识的反思方
面，无论是广度上还是深度上，都有非常明显的进步。

（1）走向基于理论的技术性反思

与在"基础实践Ⅰ"阶段多是对教学、知识和学生学习的描述性
反思相比，DL2F 在"基础实践Ⅱ"阶段开始出现基于理论的技术性反
思："教师要适时调整讲课思路，以学生的思维去思考问题，一步一步
的（地）为他们搭建桥梁，使他们能够在理解的基础上达到最近发展
区的水平，而不是生硬地去讲。"（DL2F - 170416 - SSYGZ）可以看到，
DL2F 运用了最近发展区理论去解释教学的进阶性，提出要根据学生的
思维立场和认知水平构建教学过程，含有支架式教学理论的意蕴，但显
然她对支架式教学并没有深入的理解或是没有结合实践进行理论阐释。

（2）技术性反思逐渐具体深入

尽管在基础实践的两个阶段 DL2F 的反思内容有不少重合之处，但其
针对同一问题或现象的反思趋于更加具体和深入。以对教学方法的反思
为例，其在基础实践的两个阶段均提及了直观教学法，关注了直观教学
中的图表运用问题。在"基础实践Ⅰ"阶段，DL2F 对图表运用的思考
多是笼统概括的泛泛表述。例如，"在讲解人口分布的部分，运用图表
的方式，进行识图分析训练，较好地实现了预定的教学目标"（DL2F -
161020 - JYSYXCZ），"授课时，图文并茂可以更好的（地）吸引学生
对课程知识的注意力"（DL2F - 161222 - JYSYXCZ），等等。在"基础
实践Ⅱ"阶段，DL2F 在一次课堂观察后指出，"本节课用了大量的图
表，以对比图、分析图等形式，引导学生分析读图技巧，帮助学生有逻
辑地推导出结论。这表明，在授课和其他教学活动中，培养学生的读图
分析能力和有条理地叙述成因、推导过程、问题、结果的能力，都需要
教师在备课环节给予重点关注"（DL2F - 170524 - SSYGZ）。通过对比
分析可以看出，DL2F 不仅对课堂上的图表运用进行了更加具体深入的
反思，也对学生读（识）图和教师备课进行了关联性思考，反思水平

表现出比较明显的提升。

（3）开始出现对话性反思

通过分析 DL2F 在基础实践阶段的反思日志可以发现，其相关的对话性反思并不多，且基本出现在"基础实践Ⅱ"阶段。DL2F 的反思中批判性色彩并不明显，但开始基于情境性问题提炼自己的观点，主要是在已有观点和见解的基础上进行归纳、加工和总结。"本节课教师实际采用了'先推测、后验证'的做法，以此培养学生的地理思维。"（DL2F - 170302 - SSYGZ）"在给学生上复习课时，大可不必按照书本的顺序来讲，而是融会贯通，以模块的形式整合知识，形成思维导图，这样会更加具有条理性。"（DL2F - 170419 - SSYGZ）

四　低起点缓慢发展型

（一）来自 SX2M 的个案分析

SX2M 本科毕业于省属师范大学的数学与应用数学专业，属于师范类专业学生，硕士阶段就读专业为学科教学（数学），在最初的跟踪分析中属于反思表现一般的研究对象。笔者从其撰写的基础实践阶段两个学期的《教育实践手册》中提取出反思日志内容 0.8 万余字，并对其两个学期的反思日志内容进行了对比分析（见表 4 - 12）。

表 4 - 12　SX2M 的反思日志编码及参考数值

基础实践阶段	一级编码	二级编码	三级编码个数
2016 学年秋季学期基础实践Ⅰ	对教学的反思	教学环节、教学方法、教学理念、课堂氛围	15 个
	对知识的反思	教学知识、学科教学知识	3 个
	对学生学习的反思	学情、数学思维、推理能力、归纳能力	13 个
2017 学年春季学期基础实践Ⅱ	对教学的反思	教学环节、教学方法、教学理念、课堂氛围	16 个
	对知识的反思	教学知识、学科教学知识	2 个
	对学生学习的反思	学情、数学思维、归纳能力、运算能力、自主学习能力	12 个

1. 反思内容的对比分析

（1）对教学的反思

在基础实践的两个阶段，SX2M 均主要围绕教学环节、教学方法、教学理念对教学开展了反思，具体的反思关注点略有差异，但数量都不多，且在"基础实践Ⅰ"阶段还关注了课堂氛围。

在教学环节方面，"基础实践Ⅰ"阶段 SX2M 重点关注了课程导入和课堂反馈两个环节。例如，"用回顾复习的方法引入新课的知识点，可以起到一箭双雕的作用"（SX2M－161109－SDFZMZ），"让学生上讲台解题并给出依据，教师要及时给学生反馈，培养学生的严谨思维"（SX2M－161110－SDFZMZ）。其在"基础实践Ⅱ"阶段也同样关注了课程导入环节，同样将复习视为课程导入的有效方式。例如，"在学习新知识前教师要带领学生进行简单复习，不仅能唤醒学生的记忆，而且能迅速进入课堂状态，为学习新课做准备"（SX2M－170406－CCWGY），"引导学生回顾已有知识，为本课学习做准备"（SX2M－170426－CCWGY）。

在教学方法方面，"基础实践Ⅰ"阶段他重点关注了直观教学法、小组合作学习、灌输式教学法和对比式教学法等具体方法。例如，"将解题步骤与方法总结清晰直观的（地）列举出来，学生更容易去理解"（SX2M－161013－SDFZMZ），"教师在课堂上应该积极发挥小组讨论的作用，引导学生思考"（SX2M－161013－SDFZMZ），"教师不应该单纯的（地）灌输式的讲解，要引导学生一步一步的（地）分析、列式，多利用学生分组讨论的形式，调动学生的积极性"（SX2M－161026－SDFZMZ），"教师在教学时把初中知识点与高中知识点进行了联系和对比"（SX2M－161027－SDFZMZ），"教师要在讲课中穿插整体与类比的思想，注意讲题步骤及细节"（SX2M－161109－SDFZMZ），等等。其在"基础实践Ⅱ"阶段除了直观教学法和小组合作学习以外，还关注了启发教学法和情境教学法。例如，"教师可以适当给出一些关键点，启发学生的思考，既能提高课堂参与度，又能加深学生对知识点的理解"（SX2M－170420－CCWGY），"教师要善于设置问题情境，调动学生的学习积极性，激发探究欲望，鼓励学生进行自主探究"（SX2M－

170510 – CCWGY），等等。

在教学理念方面，"基础实践 I"阶段 SX2M 主要围绕"学生中心"进行了思考。"教学要以学生为中心，引导学生主动思考，层层推进。"（SX2M – 161026 – SDFZMZ）"课堂要以学生为中心，发挥学生的主观能动性。"（SX2M – 161110 – SDFZMZ）其在"基础实践 II"阶段除了关注"学生中心"，还提及了"教学相长"："教师通过带领学生回顾旧问题，提出新问题，潜移默化地让学生积累数学学习的经验，让学生自己去列式演算，寻找规律，组织学生充分讨论交流，在思维的碰撞中加深对知识的理解，以典型例题和变式为载体，师生共同研究，教学相长。"（SX2M – 170406 – CCWGY）

在课堂氛围方面，其在基础实践两个阶段均有围绕把握和活跃课堂氛围进行的思考。例如，"初中一年级的学生相对来说更为活跃，在开展教学过程中教师要把握好课堂气氛"（SX2M – 161026 – SDFZMZ），"让学生进行解题竞赛，激发学生积极性，能更好的（地）活跃课堂氛围"（SX2M – 161102 – SDFZMZ），"给予学生更多讨论的机会，才能充分发挥学生的主动性，也能活跃课堂氛围"（SX2M – 170315 – CCWGY）。

（2）对知识的反思

在基础实践的两个阶段，SX2M 对知识的反思内容均较少，关注点主要包括教学知识和学科教学知识两个方面。在教学知识方面，都是围绕教学语言进行的思考。"教师在讲课中的语调起伏会引起同学的注意力。"（SX2M – 161103 – SDFZMZ）"教师授课语言应该简洁明了，问题设计应该更有针对性。"（SX2M – 170525 – CCWGY）

在学科教学知识方面，SX2M 在"基础实践 I"阶段强调了考纲在指导学科教学中的作用，将考纲视为教师应该掌握的学科教学知识。"教师应该掌握考纲对本节课的要求，将知识点分类分级。"（SX2M – 161123 – SDFZMZ）"教师应根据考试大纲确定教学整体方向，选择和填空题型可以选择特殊值的方法。"（SX2M – 161130 – SDFZMZ）在"基础实践 II"阶段，SX2M 认为，教师在开展数学教学时要厘清数学学科的逻辑和学科规律。"数学学科的特色是从特殊到一般，从猜想到验证……教学方式从

合情推理到演绎推理，善用数学符号语言。"（SX2M - 170524 - CCWGY）

（3）对学生学习的反思

在整个基础实践阶段，SX2M 主要围绕学情、数学思维以及相关能力的培养对学生学习进行了思考。在学情方面，SX2M 在"基础实践Ⅰ"阶段和"基础实践Ⅱ"阶段都强调了掌握学情的重要性，尤其是在"基础实践Ⅱ"阶段先后 4 次提到教学安排要符合认知规律和学生的认知发展水平。例如，"教师讲授的内容要符合学生的认知发展水平，了解学生的学习情况，对一些较难的知识点要反复强调，积极回应课堂上学生提出的问题"（SX2M - 161019 - SDFZMZ），"教师要了解学生的认知发展水平，根据认知规律，用合适的图形抽象概括相关概念的定义，才能有利于学生的理解和掌握"（SX2M - 170322 - CCWGY），"教师在教学安排上要有层次感，由浅入深，符合学生的认知水平"（SX2M - 170406 - CCWGY），等等。

在培养数学思维方面，SX2M 在"基础实践Ⅰ"阶段提及了发散思维、类比思维和转化思维。例如，"找不同的学生解答问题，分析学生的不同方法，可以训练学生的发散性思维，并要给学生时间整理思路"（SX2M - 161107 - SDFZMZ），"数学学习中要善于运用转化思维，注重方程的变形，在数学学习的过程中复习知识与方法比做题更重要"（SX2M - 161019 - SDFZMZ），"教师应该向学生强调思考的过程要比动手计算省时省力，在思考的过程中逐步培养学生思维，比如类比、转化的思维"（SX2M - 161110 - SDFZMZ），等等。在"基础实践Ⅱ"阶段 SX2M 主要提到了发散思维和类比思维，其关于发散思维的反思内容与在"基础实践Ⅰ"阶段基本一致，认为探索一题多解有利于培养学生的发散思维；关于类比思维，认为新旧知识进行对比学习能够达到更好的记忆效果——"学习是一个循序渐进的过程，由简入难，教师应该引导学生善于运用类比思维，将已学过的知识和新知识进行对比，记忆效果会更好"（SX2M - 170412 - CCWGY）。

在培养学生各项能力方面，SX2M 在"基础实践Ⅰ"阶段主要关注了推理能力和归纳能力，而在"基础实践Ⅱ"阶段主要关注了归纳能力、运算能力和自主学习能力，基本都是强调在具体教学情境中通过具体的学习活动和任务安排训练学生的相关能力。以基础实践两个阶段都提到的归纳能力为例，其认为，"教师要留给学生充分的思考时间，培养学生讲题的能力，锻炼学生总结归纳的能力"（SX2M－161110－SD-FZMZ），"要培养学生归纳和概括的能力，引导学生注意关键概念的辨析，遵循规律，使用由特殊到一般、由直观到抽象的方法进行探究"（SX2M－170419－CCWGY）。可以看出，其在两个阶段关于归纳能力的培养，分别是在引导学生解题和辨析关键概念的情境下，倡导培养学生的归纳能力并认为思考与讲题的过程、对比分析的过程能够很好地训练学生的归纳能力。

2. 反思水平的对比分析

通过对 SX2M 基础实践两个阶段反思内容的对比分析可知，其反思点具有较高的一致性和重复性，对于相近反思点的反思角度和表述方式大同小异，反思内容上没有发生特别明显的变化。从反思点的数量来看，数值接近且量均较少，反思广度上也存在局限性。

无论是在"基础实践Ⅰ"阶段，还是在"基础实践Ⅱ"阶段，类似"教师仔细分析题目，引导学生自己发现未知数，以问题串讲的形式来讲解题目，学生思维敏捷，教学效果较好，提高学生的课堂参与感"（SX2M－161020－SDFZMZ）和"本课的设计让学生通过猜想、计算和观察等一系列数学活动去发现、证明数学结论，让学生真正的（地）参与到课堂中去"（SX2M－170406－CCWGY）的观察细致但缺乏反思色彩的无反思性描述不在少数。相对而言，其对于具体教学任务和学生学习方面关注较多，但多数反思停留在常规性反思和技术性反思的水平，且缺乏基于理论的技术性反思。其基础实践阶段反思日志中最接近基于理论的技术性反思层次的反思出现在"基础实践Ⅱ"阶段——"教师作为课堂的组织者和引导者，通过脚手架式的提问，引导学生自己得出推导公式"（SX2M－170510－CCWGY）。从这条反思日志可以看出，SX2M 试图结合"支架式教学理论"进行教学反思，但也仅仅是提及了该理论，对其理论内涵或如何应用该理论开展教学并没有进行说明或深入思考。

在基础实践阶段，SX2M 能够对课堂进行认真细致的观察，尤其在"基础实践Ⅱ"阶段，他的多条反思日志均对课堂教学的细节进行了翔实的记录。例如，"通过实际生活中的例子引入本节课的主题，激发学生学习积极性。让学生自己先观察，再回答，之后教师进行总结。利用图形让学生产生直观感受，为稍后的知识点做好铺垫。教师通过精选例题，让学生更好的（地）掌握知识点，并强化对知识点的理解和应用"（SX2M - 170510 - CCWGY）。但是，缺少发现、凝练、总结课堂教学中的优秀经验和存在问题的意识，欠缺对教学问题之间联系性的考虑，且没有对课堂教学的现象进行理论升华，也较少关注到课堂教学之外的问题。因此，尽管从反思日志内容文字量来看，其在"基础实践Ⅱ"阶段相关反思活动有明显的增多，但是在反思的广度和深度上皆存在不足。整体而言，SX2M 反思的水平稳中有进，但没有实现质的提升。

（二）来自 HX2F 的个案分析

HX2F 本科毕业于省属师范大学的化学专业，属于师范类专业学生，硕士阶段就读专业为学科教学（化学），在最初的跟踪分析中属于反思表现一般的研究对象。笔者从其撰写的基础实践阶段两个学期的《教育实践手册》中提取出反思日志内容 0.7 万余字，并对其两个学期的反思日志内容进行了对比分析（见表 4 - 13）。

表 4 - 13　HX2F 的反思日志编码及参考数值

基础实践阶段	一级编码	二级编码	三级编码个数
2016 学年秋季学期基础实践Ⅰ	对教学的反思	教学环节、教学方法、教学机智、课堂时间管理、课堂氛围	15 个
	对知识的反思	教学知识	6 个
	对学生学习的反思	学情、价值观培养	5 个
2017 学年春季学期基础实践Ⅱ	对教学的反思	教学环节、教学方法、教学机智、课堂时间管理、课堂氛围、教学内容、教学理论	20 个
	对知识的反思	教学知识、通识性知识、学科知识	6 个
	对学生学习的反思	学情、课堂注意力	6 个

1. 反思内容的对比分析

（1）对教学的反思

基础实践的两个阶段，HX2F 对教学的反思均包括了教学环节、教学方法、教学机智、课堂时间管理和课堂氛围等方面的内容。除此之外，HX2F 在"基础实践Ⅱ"阶段的反思还涉及教学内容和教学理论两个方面。

在教学环节方面，HX2F 重点围绕课堂提问进行了思考。在"基础实践I"阶段，其主要反思了提问的技巧、频率和方式："教师在拓展课堂知识时进行了临时提问，学生一时跟不上教师思路，弄不清问题所在，导致提问了五位同学都不知道老师问的问题是什么。"（HX2F - 161109 - SYZXGZ）她认为教师应注意提问的技巧，问题要具体清晰且提问前进行必要的铺垫和引导。"教师的思路很清晰，内容准备适当，但气氛稍显沉闷，只提问了一个学生。"（HX2F - 161214 - SYZXGZ）课堂提问是教师有目的地提供教学提示或传递所学内容的刺激，以及学生做些什么、如何做的暗示，从而引导学生积极参与课堂活动。① 合理控制课堂提问频率非常重要，一堂课只进行一次提问显然不合适。另外，在提问的方式上，HX2F 注意到在某节课上，"整堂课没有进行一对一的提问，学生齐答较多"（HX2F - 161222 - SYZXGZ）。然而，尽管针对课堂提问进行了较多的反思，但 HX2F 在正式授课中设计的提问环节并没有取得理想的效果——"课堂提问学生反馈一般"（HX2F - 161123 - 观察）。HX2F 认为，关键是"问题针对性不够，有时我试图通过重复提问得到满意的答案，但学生没有理解我的意图"（HX2F - 161123 - 访谈）。

在"基础实践Ⅱ"阶段，HX2F 同样对课堂提问的技巧和方式进行了关注。HX2F 认为，课堂提问需要注意技巧，在铺垫的基础上不断追问和引导；在方式上，提问要与讲授相结合。例如，"教师每次都是先提

---

① 卢正芝、洪松舟：《教师有效课堂提问：价值取向与标准建构》，《教育研究》2010 年第 4 期，第 65 ~ 70 页。

问，后解释。学生不愿主动回答问题，需要教师引导学生'说话'"
（HX2F - 170329 - SDFZMZ），"学生如果回答不出来，要给一个铺垫；还
是回答不上来，就再给一个铺垫；如果还回答不上来，就要思考问题本
身是不是存在问题。提问要有指向性，不能太宽泛，从哪个方面回答都
行"（HX2F - 170413 - SDFZMZ），"提问的方式较好，但提问多个学生也
解决不了该问题，这时就应该由教师讲解"（HX2F - 170518 - SDFZMZ）。

　　在教学方法方面，HX2F 在基础实践的两个阶段都针对讲授法和小
组合作学习进行了思考，且在"基础实践Ⅱ"阶段还提及了情境教学
法和实验教学法。在讲授法的使用上，她给予了较多的正面评价，同时
也指出了一些问题。例如，"教师通过讲授对实验现象进行分析，没有
当场做实验，课堂效果不理想"（HX2F - 161214 - SYZXGZ），"教师自
顾自讲课时，有些学生埋头写学案，气氛不活跃，应该使用多样化的教
学手段"（HX2F - 170510 - SDFZMZ），等等。对于小组合作学习，
HX2F 更多地关注了如何提升小组成员的参与热情和效果。在情境教学
法方面，只是简单提到通过创设问题情境，实现新旧知识的融合。
HX2F 在"基础实践Ⅱ"阶段多次针对实验教学进行思考，认为实验教
学能够拉近学生与化学的距离，优化教学效果，但要关注学生的参与
度。例如，"通过给学生演示实验来使学生加深印象，拉近学生与化学的
距离"（HX2F - 170309 - SDFZMZ），"教师做实验时，个别学生置身事
外，处于游离状态"（HX2F - 170329 - SDFZMZ），等等。正式授课时，
HX2F 在展示实验时，"有意识地向所有学生展示实验结果"（HX2F -
170426 - 观察），对此，HX2F 的回应是，"希望通过在学生中走动，保证
每个学生都看到实验结果，吸引学生参与到实验教学中来"（HX2F -
170426 - 访谈）。

　　在教学机智方面，其在基础实践两个阶段均对教师就课堂突发情况
采取的补救措施进行了描述。在"基础实践Ⅰ"阶段提及的情境是，
学生发现教师画的图中存在错误，"学生发现教师的图画错了，耽误了
一些时间，教师以自己为例告诫学生不要出现相同的错误"（HX2F -
161215 - SYZXGZ）。在"基础实践Ⅱ"阶段描述的情境是，面对一道

复杂的题目，教师一时没有梳理出解题思路，"遇到复杂的题，教师能够保持头脑清醒，把条件列出，一条一条分析，没有自乱阵脚"（HX2F – 170517 – SDFZMZ）。

在课堂时间管理和课堂氛围方面，主要是结合课堂观察和自身教学经历对合理分配课堂实践和合理营造课堂气氛进行思考，与其他研究对象的反思关注点和内容没有明显差别。

在"基础实践Ⅱ"阶段，HX2F 还针对教学内容和教学理论进行了反思。在教学内容方面，HX2F 认为，"一节课里，教师并不是一定要把内容塞得满满的，而是更注重引起学生注意，把知识落实"（HX2F – 170315 – SDFZMZ）。在教学理论方面，HX2F 在反思日志中提到"结合以前的知识进行讲解，既体现了巩固性原则，又体现了发展性原则"（HX2F – 170524 – SDFZMZ），但是，其对相关议题仅用这一句话简单带过，缺乏更深层次的思考。另外，难能可贵的是，她观察到了教师在教学中对"STS"（Science，Technology，Society）理念的应用并对其内涵进行了解释和说明——"教师的教学设计和教学过程很好地渗透了'STS'（STS 为科学·技术·社会相融合的教育，在我国的物理、化学等科目的课程标准中均有所提及）的理念"（HX2F – 170524 – SDFZMZ）。

（2）对知识的反思

在基础实践两个阶段，HX2F 对教学知识的反思均围绕教学语言、教姿、教态、板书和 PPT 使用等方面展开，但多属于无反思性描述。例如，"教师的'教姿教态'很好，语速适中"（HX2F – 161208 – SYZXGZ），"本课堂教师的优点是讲题不怎么用 PPT，能落实到黑板上，有些教师不写板书，只靠口头强调或是完全借助多媒体"（HX2F – 170330 – SD-FZMZ），等等。在笔者就其正式授课存在的不足进行访谈时，HX2F 也提到，"我感觉自己亲和力较高，但语速较快，口头语过多，听上去显得啰嗦"（HX2F – 161123 – 访谈），"我感觉板书的问题有两个，一个是过于简略，可能会给学生做出错误示范；另一个是板书字好像有点小了，不知道后排学生能不能看清"（HX2F – 170406 – 访谈）。

在"基础实践Ⅱ"阶段，在对知识的反思上 HX2F 还提到了教师应该掌握广博的（通识性）知识和系统的学科知识，但表述均非常简略。具体如下："教师的知识必须博学。"（HX2F - 170301 - SDFZMZ）"可以看得出来，教师掌握的化学知识十分全面，能够将学生的疑惑打通。"（HX2F - 170315 - SDFZMZ）

（3）对学生学习的反思

在"基础实践Ⅰ"阶段，HX2F 主要从学情和学生价值观培养两个方面对学生学习进行了反思。在学情方面，其认为要随时关注学生的学习状态，了解学生的问题。"时刻关注学生是否听懂课堂内容，让听懂的举手，并对学生说：'请大家跟上我的思路。'"（HX2F - 161222 - SYZXGZ）"学生在教师提问时的状态体现了以下问题：学生以自我为中心，学生不自信，学生不思考。"（HX2F - 161207 - SYZXGZ）同时，HX2F 还就学生在逻辑思维上的性别差异表达了自己的想法："在逻辑思维题的回答上，虽然采取的是全体学生齐答的方式，但感觉男生的理解程度要强于女生。"（HX2F - 161215 - SYZXGZ）而对于学生价值观的培养，HX2F 仅基于课堂观察进行了如下简单描述："教师能够结合本节课的内容对学生进行情感态度价值观教育。"（HX2F - 161207 - SYZXGZ）

在"基础实践Ⅱ"阶段，HX2F 主要从学情和课堂注意力两个方面对学生学习进行了反思。在学情方面，其强调了解学生对已学知识的掌握程度和关注学生的学习状态。例如，"上课时先检查和了解了学生的掌握情况，对学生自主性控制自如，'收'与'放'相互平衡"（HX2F - 170315 - SDFZMZ），"要注意学生的参与度，关注学生"（HX2F - 170426 - SDFZMZ），等等。在课堂注意力方面，HX2F 基于课堂观察，对教师用来吸引学生注意力的方式进行了总结："第一，用眼神巡视学生；第二，敲黑板；第三，巡视学生写题；第四，讲到重点时，用手势辅助；第五，用粉笔提醒溜号的学生。"（HX2F - 170412 - SDFZMZ）并针对其中某种方式的使用进行了观察和记录，比如"敲黑板"和"手势辅助"："教师在讲题时一共敲了 3 次黑板，挥手、摇手的频率为 4 次/分钟。"（HX2F - 170413 - SDFZMZ）

2. 反思水平的对比分析

在基础实践两个阶段 HX2F 的反思表现与 SX2M 的具有较高的同质性，即反思点具有较高的一致性和重复性，相近反思点的关注角度和表述方式基本相同，反思点的数量较少且两个阶段的数值比较接近。

HX2F 在基础实践阶段的反思日志中常规性反思的比例较高。她在进入实践中学后写的第一条反思日志一定程度上展现了她的反思发展水平和反思风格："个人认为本节课是比较精彩的一堂课。教师一进教室我就发现，她很受学生喜爱，所以课堂氛围很活跃，同学们都积极配合。教师逻辑思维很强，幽默且富有激情。很多细节可以体现出她对教材的知识点等把握得很好。本节课的教师是我学习的榜样！"（HX2F - 161019 - SYZXGZ）在其后续的反思中，以短句罗列和现象描述的方式呈现的反思内容比较多，缺乏对现象背后问题的挖掘和思考。

相对而言，在"基础实践Ⅱ"阶段，HX2F 开始出现一些基于理论的技术性反思，比如基于"STS"理论、巩固性原则和发展性原则对教师的教学过程和教学设计进行述评。同时，开始关注影响学生学业成就表现的"校外因素"，尽管零散不系统且没有直接基于相关理论进行深入剖析。例如，"关于班级建设，可以让父母来听课，切实感受学生的学习情况"（HX2F - 170329 - SDFZMZ），表明 HX2F 意识到父母需要参与学校教育，指向的是家校合作问题，但并没有进行直接的关联性思考。又如，"学生成绩与教师能力成正相关"（HX2F - 170518 - SD-FZMZ），此条内容孤零零地出现在当日反思日志的"授课亮点与感悟"中，没有针对该观点进行进一步的阐释。实际上该观点蕴含着增值性教师评价（value-added teacher evaluation）的思想，关注教师效能（teacher effect），虽然针对增值性教师评价的有效性和危害性尚存在争议，但一些国家和地区已将其应用到教师评价中。① 另外，HX2F 的这一观点的问题在于，忽略了家庭、社会中许多其他会对学生学业成就产生影响的因

---

① 边玉芳、孙丽萍：《教师增值性评价的进展及在我国应用的建议》，《教师教育研究》
2015 年第 1 期，第 88～95、112 页。

素。整体而言，在基础实践两个阶段 HX2F 的反思能力水平也未见明显的实质性提升，表现出低起点缓慢发展的特征。

第三节　基础实践阶段反思能力发展的研究结论与讨论

通过对 10 名全日制教育硕士基础实践阶段为期近一年的跟踪研究，笔者不仅对每名研究对象在基础实践阶段的反思能力发展过程进行了深入的个案分析，也对其发展路径的类型进行了归纳总结。主要结论如下。

一　职前教师初始反思能力存在显著的内部差距

根据最初两个月初步跟踪研究结果选定的 10 名研究对象，在初始反思能力发展水平上表现出较为明显的"内部异质性"，即反思能力初始水平存在比较明显的差异。经过后续的持续跟踪研究发现，与初步跟踪研究的判断基本一致，职前教师的初始反思能力起点不同，存在"高起点"和"低起点"之分，也验证了前期调查分析得出的"全日制教育硕士初始反思能力发展水平的内部差距非常显著"的结论。

在基础实践过程中，通过参加实践小组长月会、各个学科组的小组反思会、个别访谈和非正式交谈等方式，本课题组对研究对象尤其是初始反思水平处于"低起点"的研究对象实施了干预。建议研究对象拓展反思的广度和深度，在关注课堂教学的基础上超越课堂教学，超越碎片化教学技巧的模仿和学习，建立"教师应该学会一种超越课堂控制以及坚信教案的技艺"① 的意识。通过适度干预，期待促进职前教师反思能力整体提升的同时，每个个体也能在各自起点基础上实现快速发展，一定程度上缩小内部差距。

---

① 〔美〕唐纳德·A. 舍恩：《培养反映的实践者：专业领域中关于教与学的一项全新设计》，郝彩虹、张玉荣、雷月梅、王志明译，教育科学出版社，2008，第 318 页。

二 基础实践阶段职前教师的反思能力表现出不同程度的提升

尽管初始反思水平存在差异，但研究对象均具备一定的教育实践反思意识和能力，能够基于教育实践的任务和活动安排，在大学、中学和教育实践指导团队教师的指导下开展教育实践反思。通过对研究对象在基础实践两个阶段反思水平的对比分析可以发现，所有研究对象的反思能力均得到了发展和进步，但提升程度存在差异。语文学科的 YW1F、英语学科的 YY1F、数学学科的 SX1F 以及地理学科的 DL1F 和 DL2F 属于在原有水平基础上提升明显的研究对象，语文学科的 YW2F、英语学科的 YY2F、数学学科的 SX2M 以及化学学科的 HX1M 和 HX2F 则表现为平稳发展或缓慢发展。整体而言，基础实践阶段研究对象的反思能力发展呈现出高起点快速发展型、高起点平稳发展型、低起点快速发展型和低起点缓慢发展型四种类型。

三 基础实践阶段职前教师的反思内容聚焦于课堂教学

通过对 10 名研究对象反思内容的逐一分析笔者发现，每名研究对象的反思中"对教学的反思"的内容占比均为最高，其中，全员针对教学环节和教学方法进行了反思，课堂时间管理、教学内容、教育/教学理念和教育/教学理论的出现频率也较高。教学环节主要针对课堂导入、提问、总结、反馈等环节，教学方法主要涉及了讲授法、直观教学法、分层教学法、情境教学法等方法。整体而言，研究对象对教育/教学理念和教育/教学理论的反思深度还有较大提升空间，主要是应用相关理念或理论对课堂观察或自己教学实践中发现的问题进行解释，对理念或理论内涵的挖掘和重新建构存在不足。出现频率较高的教育/教学理念包括"学生中心""因材施教""教学源于生活""教学相长"等；在教育/教学理论上，研究对象偏爱教育心理学中的相关理论，包括"最近发展区理论""迁移理论""思维定势理论""认知加工理论"等，此外还提及了"发展性教学理论""支架式教学理论""先行组织者理论"等。

前文已经提到，大部分职前教师会将反思集中在教学过程（教学设计、有效教学行为、课堂组织与管理、分组教学过程等）上，对于更加宽泛的问题领域的关注显得不足或乏力。也有研究指出，随着职前教师教育实践的深入，其反思关注点会转向学校文化、专业文化和教学问题，从实践学期开始到结束会定期关注伦理、道德层面的问题，在实践结束时，大多数职前教师都反思过自己作为教师的形象和教学能力。[①]显然本研究涉及的研究对象对于课堂教学情境之外的问题的关注不足，零星地涉及对班级文化、家校合作、协同育人以及教育教学中的伦理、道德、文化或历史问题的反思。每个基础实践阶段正式授课后，笔者均与研究对象进行了访谈，对访谈记录进行整理后发现，针对比较满意之处、不太满意之处、讲课中意识到的问题以及讲课后意识的问题的回应，所有研究对象基本都是围绕课堂教学的技巧和技术性问题展开的，未能超越其反思日志中的反思关注点。

四　基础实践阶段职前教师的反思水平分布不均衡

基础实践阶段职前教师的反思水平分布不均衡至少表现在两个方面：一是个体内部的反思水平不均衡，二是个体之间的反思水平不均衡。从研究对象个体角度来看，能够达到对话性反思和变革性反思的反思内容占比明显低于常规性反思和技术性反思，反思水平层次越高，反思的内容量和反思点数量越少。根据个案分析的结果，仅有 YW1F、DL1F 和 HX1M 三名研究对象进行了真正意义上的变革性反思，部分研究对象在整个基础实践阶段开展的大部分反思停留在常规性反思和技术性反思的水平上。从研究对象个体之间横向对比的角度来看，尽管所有研究对象的反思水平都在原有基础上实现了正向发展，但发展的具体程度存在差异，导致基础实践阶段结束后反思能力水平在不同研究对象个

---

① Seban, D., "Researching reflective field practices of elementary pre-service teachers: Two-dimensional analysis of teacher narratives," *Reflective Practice*, 5 (2009): 669–681.

体之间依然存在明显差距。

五 关于基础实践阶段职前教师反思能力发展状况的讨论

实际上影响职前教师反思能力发展的因素非常复杂，包括但不限于职前教师自身的因素（反思意识、知识储备、反思态度等）以及职前教师自身之外的外部因素（教学内容、教师指导、教学环境、实践学校环境等）。[①] 同时，从反思的方法来看，包括但不限于自我反思、对子（同伴）反思和小组反思。[②] 跟踪研究依托的反思日志、访谈记录和课堂观察记录是能够体现各种影响因素和方法干预后研究对象反思水平的材料，而在跟踪研究的过程中笔者发现，相关因素和方法的应用确实对研究对象的反思能力发展产生了影响。

首先，以内部因素中的反思态度为例。个别研究对象的部分反思日志明显存在态度问题，为了完成《教育实践手册》中反思事项的记录任务而对教育实践进行了简单的记录，未见得是反思能力问题。另外，具备积极反思态度的研究对象更倾向于采取实际行动来促进自己的反思能力发展，并且也都取得了理想的提升效果。例如，YW1F 为了解决自己在语文阅读教学中产生的困惑，会通过查找文献和制定调研报告计划的方式进行自我探究；YW2F、YY1F、YY2F 和 DL1F 则明确表示或在反思日志中提及向指导教师求教或利用书籍进行学习，从而提升自己的反思能力和教学能力，建立职业认同感。

其次，以外部因素中的教师指导为例。HX2F 在"基础实践Ⅰ"阶段的正式授课中出现了比较明显的失误，在距离下课还有 3 分钟左右的时候完成了所有准备的教学内容，且未采取任何补救性措施，直至下课铃声响起。笔者在观察记录表中做出了如下记录。

---

① 冯志均、李佳、王后雄：《职前化学教师教学反思能力及影响因素研究》，《化学教育》2013 年第 6 期，第 57～60 页。

② 〔加〕Thomas S. C. Farrell：《反思性实践：重燃你的教学热情》，外语教学与研究出版社，2013，第 25 页。

　　具体时间点：下课前 3 分钟；被观察者的表现：提前 3 分钟完成了本节课的所有教学任务；闪光点/不足之处：未采取任何补救性措施；关键反思点：课堂时间管理、教学机智等。（HX2F - 161123 - 观察）

当天在与 HX2F 的访谈中，笔者针对该问题与她进行了如下的交流。

　　笔者：你是否意识到你提前 3 分钟就完成了所有的教学任务？

　　HX2F：是的。我感觉在讲台上有点紧张，所以语速快了一些，准备的内容都讲完了，当时头脑有点空白。

　　笔者：在之前的试讲环节，你自己是否关注过时间的问题？指导教师是否提醒过这方面的问题呢？

　　HX2F：在做教案的时候预设了每个环节的时间，和 G 老师（HX2F 的中学指导教师）进行了讨论，给我提了不少完善意见，但没有专门说时间的问题。试讲是在小组内完成的，也是我的疏忽，没有特意按照正式授课的所有环节要求去计算时间。

　　笔者：今天下课后，G 老师和你提到这个问题了吗？因为刚才和你聊 G 老师对你今天表现的评价时，你好像没怎么说到这个方面。

　　HX2F：G 老师说，掌控课堂时间也是一项基本能力，说这种情况下我应该多准备一些练习环节或和学生结合教学内容进行一些互动。

　　笔者：那你现在怎么看待这个问题呢？

　　HX2F：我觉得我还是得克服紧张的情绪，因为紧张时语速就快，另外说明我准备得还是不充分，没有想到这个问题，所以也没有做预案，如果像 G 老师说得那样，多准备一些练习题什么的可能就好了。现在想想，还是觉得挺尴尬的。

　　　　　　　　　　　　　　　　（HX2F - 161123 - 访谈）

实际上，除了教学技巧和经验层面的问题，课堂时间管理能力欠缺、教学经验少导致教学机智缺失是职前教师容易出现的问题。指导教师应该引导职前教师重视这个问题，围绕该问题进行深刻反思，不仅仅是从技巧和技术层面解决该问题，还应引发职前教师对教学机智重要性的关注。同时，在准备一堂课的过程中，职前教师和指导教师都应该意识到：模拟的教学经验——和同伴一起进行角色扮演的经验——在整个教师培训课程中都是非常有用的，但它依然不能替代真正的教学。①

最后，以反思方法的小组反思为例。理想的小组反思需要考虑好诸如成员的组成、各自的角色、内容的确定以及相关的需要共同遵守的规则等。② 根据全程贯通一体化教育实践模式的总体设计，小组反思只能以在同一中学开展教育实践的同一学科专业的职前教师为单位来组织和开展。在实施跟踪研究的过程中笔者发现，小组反思的质量对职前教师反思能力发展有一定影响。10 名研究对象分布的 5 个学科中，英语学科③的大学指导教师能够坚持参与指导小组反思（包括参与试讲和正式授课等环节的指导），其他学科的小组反思多由小组长组织开展。根据基础实践阶段职前教师反思能力发展的个案分析结果，英语学科的 2 名研究对象 YY1F 和 YY2F 的反思能力分别属于低起点快速发展型和高起点平稳发展型，均表现出了良好的发展势头。

另外，在基础实践阶段的实践小组长月会、小组反思会和访谈中，研究对象还针对实践中学的校际差异（包括文化、环境、任务安排、实践支持、距离等）以及全程贯通一体化教育实践模式的制度设计（实践时间安排、指导教师配备、相关环节的设计与衔接、实践评价与反馈

---

① 〔美〕阿瑟·J. S. 里德、韦尔娜·E. 贝格曼：《课堂观察、参与和反思》，伍新春、夏令、管琳译，教育科学出版社，2009，第 15 页。

② 〔加〕Thomas S. C. Farrell：《反思性实践：重燃你的教学热情》，外语教学与研究出版社，2013，第 35 页。

③ 需要说明的是，随着教育实践工作的不断深入和试点学科的不断增加，加入"卓越教师培育试验区"的优质中学数量在增加，本研究此处提到的英语学科的情况是基于笔者对 10 名研究对象实施跟踪研究过程中的观察，不能完全代表所有学科和所有指导教师（包括大学和中学指导教师以及大学实践管理教师）的情况。另外，英语学科的大学指导教师和大学实践管理教师有重合，一定程度上为指导小组反思提供了便利条件。

等）等方面提出了想法和意见。笔者认同其中的部分想法和意见。例如，基础实践阶段收集的"实物"类研究资料中包括教育实践考核表（包括中学指导教师版、大学指导教师版和大学带队教师版），同时也是对职前教师教育实践进行评价的主要手段，但对其内容进行分析后笔者发现，考核评语笼统趋同，考核分数的区分度不大——这也是开展研究过程中没有过多将考核表作为支撑性材料的原因所在。以上涉及的各方面问题，还将在后文中继续进行讨论。

第五章

应用实践阶段职前教师的反思能力发展

第一节　应用实践阶段职前教师反思能力发展研究设计

一　应用实践阶段反思能力载体与呈现方法的选取

尽管诸多学者从教育实践的局限性以及过度强调实践经验的危险性等角度出发，认为应在教师教育中理性看待教育实践，[①] 但从近现代意义上教师教育的发展历程来看，教师教育具有"实践取向"的传统。从 19 世纪强调培养"技术熟练者"，到 20 世纪强调教师教育作为专业教育的理论基础，再到 20 世纪末以来教师教育回归实践和"融合的教师教育"理念的提出，国际社会普遍认同教师教育应该是一种实践取向的、理论和实践融合的教育。

教师教育作为一种专业教育，其"实践性"至少表现在三个方面：第一，作为目的的实践性，教师教育是一种以改善基础教育实践为使命的"为了实践的教育"（education for practice）；第二，作为手段或方法的实践性，即教师教育是一种"基于实践的教育"（education through practice），实践体验在教师教育过程中占有很重要的地位；第三，作为

---

① 杨秀玉：《教师教育实习的局限性研究——以西方学者的观点为中心》，《外国教育研究》2013 年第 11 期，第 51～58 页。

对象的实践性，即教师教育是一种"关于实践的教育"（education on practice），实践是研究和反思的对象。① 因而，"实践取向的教师教育"成为许多国家教师教育的模式选择。其中，英国在实践取向的教师教育道路上起步较早，20 世纪 90 年代开始推行以"中小学校为基地"的教师教育模式。② 与此同时，还有一些国家也在强化职前教师教育的实践性方面进行了有益的尝试。例如，美国的教师"专业发展学校"（professional development school），芬兰的"教师培训学校"（teacher training school）以及"教师培训学校网"和"教师研究者网"，等等。

凸显职前教师教育的实践性，需要借助有效的教育实践模式。已有研究对教育实践的模式③进行归纳分析后指出，教育实践模式的变革以对教师工作实质的认识为基础，关键问题是如何促进职前教师的专业自主性，进而扮演好教师的角色。从一些国家的职前教师教育实践设计来看，分阶段、分层次、分目标实施教育实践以不断深化对教师工作实质的认识和教师角色的认知的案例不在少数。例如，芬兰职前教师的教育实践基本分为"三个阶段、三种水平"，于韦斯屈莱大学的教育实践就被分成入门实践、基础实践以及高级和适应性实践三个阶段，入门实践旨在帮助职前教师建立关于学生和教学环境的知识以及进行视野转换（由学生的视野转换为教师的视野），基础实践聚焦具体的学科领域和教学技能，

① 饶从满：《构建融合的教师教育》，《中国教师》2019 年第 11 期，第 32～34 页。

② 自 20 世纪 70 年代以来，英国的教师培训一直强调实践、校本与合作；1992 年，英国开始出现以中小学校为中心的职前教师培养项目（school-centered initial teacher training）；2010 年，英国发布的《教学的重要性：学校白皮书 2010》中提出，整合培训学校（training school）和教学学校（teaching school），创建覆盖全国的新型教学学校网络（a new national network of teaching schools）；2012 年，英国国家教师培训与领导学院（National College for Teaching & Leadership）正式发起"教学学校计划"（Plan of Teaching Schools），深度依托教育现场帮助教师成长。

③ Mattsson, M., Eilertsen, T. V., & Rorrison, D., "What is practice in teacher education" in Mattsson, M., Eilertsen, T. V., & Rorrison, D., *A Practicum Turn in Teacher Education* (Rotterdam, Boston & Taipei: Sense Publishers, 2011), pp. 1 – 15；李广平、孙宝婵：《国际视域下教育实习模式的特征及理念分析》，《外国教育研究》2014 年第 3 期，第 92～99 页。

高级和适应性实践强调为职前教师综合运用教学理论提供机会。[①] 再如，韩国职前教师的教育实践包括学校现场实践和教育服务活动两个部分，其中，学校现场实践分为参观实践、教学实践和实务实践三个阶段。[②] 本研究中的全程贯通一体化教育实践模式亦遵循了类似的设计逻辑，凸显"实践性"的同时，通过不同层次和目标指向的实践任务与活动安排，在不同的教育实践阶段为全日制教育硕士提供有针对性的情境式体验。

具体到全程贯通一体化教育实践模式的应用实践阶段，该阶段旨在为全日制教育硕士提供浸润式的实践机会，在结束第一学年的课程学习和基础实践之后，第二学年的前两个月以"准教师"身份全职在中学开展教育实践，即全面参与并融入学校事务中，以达到完整地了解教育教学过程、体验课堂和班级管理工作的复杂性、学习并掌握一手的教学和育人经验等目的。与基础实践相比，应用实践具有更好的连贯性，全日制教育硕士可以真正浸入教育教学情境之中，不再是旁观者，能够作为参与者亲历和反思教学教育全过程，通过实践经验的不断丰富来整合知识与行为，提升教育实践能力，包括反思能力。

应用实践阶段，由于研究对象开展应用实践的地点比较分散，与大学所在地均有一定的距离，并且笔者在每学年的秋季学期教学任务较重，无法亲身前往研究对象开展应用实践的中学进行现场跟踪观察与研究。该阶段主要通过对研究对象的《全日制教育硕士专业学位研究生教育实习手册》（以下简称《教育实习手册》）[③] 中相关内容的文本分析，结合应用实践结束后的访谈，综合分析研究对象反思能力的发展状况。

---

① 周钧、公辰：《培养反思—探究型教师：芬兰研究取向教师教育探析》，《比较教育研究》2016 年第 11 期，第 34 ~ 29 页；饶从满、李广平：《芬兰研究本位教师教育模式：历史考察与特征解析》，《外国教育研究》2016 年第 12 期，第 3 ~ 20 页。

② 교육부 교원양성연수과，『2020년도 교원자격검정 실무편람』，교육부，2020，p.69.

③ 应用实践阶段为每名全日制教育硕士发放《全日制教育硕士专业学位研究生教育实习手册》，内容包括：教育实习工作总体安排、教育实习安全管理规定、教育实习基地（学校）指导教师的聘任条件和主要职责、全日制教育硕士教育实习的主要职责和基本要求以及 6 个附表（教育实习过程记录、教育实习听课记录、教育实习教案、教育实习授课执行情况记录、教育实习总结报告、教育实习成绩评定表）。

二　应用实践阶段反思能力发展的研究情境、资料收集与分析

2017 年 9 月至 10 月，[①] 研究对象在本课题组所在大学统一安排的省外应用教育实践基地群或自主联系的中学[②]开展应用实践。根据统计，10 名研究对象分布在 4 个省的 7 所中学进行应用实践。尽管大学采取"区域集中、混合编队"的原则对应用实践实施安排和管理，但研究对象来自不同的学科专业，且部分研究对象在自主联系的中学开展实践，导致研究对象开展应用实践的中学较为分散。

（一）研究情境的进入

在应用实践阶段，基于"巡回指导、多元评价"的原则，大学会组织导师团队前往实践基地学校对教育实践进行检查和指导，但全日制教育硕士主要在中学指导教师的指导下，以一名"准教师"的身份完成教育教学实践任务和活动。大学设定的具体任务和活动目标是：至少完成 10 节课的学科教学实习工作，结合自己的学位论文选题完成论文实证研究工作，并尽可能地进行班主任工作等其他教育教学环节的实习。2017 年 8 月 28 日开始，由大学安排的带队教师组织各实践小组前往应用教育实践基地群的中学，研究对象中 YW2F、HX2F 和 DL1F 自发前往自主联系的中学，正式开始为期两个月的应用实践。

（二）资料的收集

应用实践阶段的实施周期是 2017 年 9 月至 10 月，笔者收集到的实物类资料主要是《教育实习手册》，以及部分研究对象提供的其他材料（教育实践汇报 PPT 和个别研究对象自发撰写的实践体会）。在《教育实习手册》中，实习过程记录和教案基本都是描述性内容，实习成绩评定表中虽然有大学指导教师、中学指导教师和培养单位主管领导书写评

[①]　由于不同省份不同学校开学时间不同，研究对象应用实践的开始和结束时间略有差异。

[②]　原则上全日制教育硕士的应用教育实践由大学统筹安排，但也允许学生自行联系优质中学开展应用实践，10 名研究对象中有 3 名在自主联系的中学完成了应用实践。

语的部分，但评语与基础实践阶段的评语一样存在笼统趋同、区分度不明显的问题，因此，能够体现反思性内容的主要是听课记录、授课执行情况记录和实习总结报告。除此之外，10 名研究对象结束应用实践返校后，笔者在 2017 年 11 月 6 日至 10 日与每名研究对象进行了 1 次一对一的深度访谈（访谈提纲见附录 4 - 1），并在 2017 年 11 月 12 日组织了 1 次焦点小组（focus group）访谈（访谈提纲见附录 4 - 2）。访谈记录同样是分析应用实践阶段研究对象反思能力发展变化的主要资料来源。

表 5 - 1　应用实践阶段主要研究资料汇总

资料构成	数量（份）
《教育实习手册》（主要包括实习过程记录、实习听课记录、实习教案、实习授课执行情况记录、实习总结报告、实习成绩评定表等）	10
教育实践汇报 PPT	2
实习生课题报告	1
访谈记录（一对一，时长 20 分钟左右）	10
焦点小组访谈记录（一对多，时长 90 分钟左右）	1

（三）资料的分析

1. 资料分析的方法

对应用实践阶段研究对象反思能力发展状况的考查，主要依托"关键事件分析"（critical incident analysis）。笔者通过对收集到的研究资料进行分析发现，应用实践阶段研究对象的反思内容与基础实践阶段有很大程度的重复性。以从听课记录和授课执行情况记录中提取的内容为例，虽然反思点关涉到了更多的方面，但整体上依然主要是围绕教学、知识和学生学习开展的反思。例如，

教师的课堂节奏照顾到了大多数学生，每位学生都学有所得；教师的"教姿教态"让我特别羡慕，沉着冷静、不慌不忙，而且对学生的态度极其温和，一直微笑和学生交流；教师特别关注学生的状态。课下与教师针对"课上给学生自由讨论的时间是否过长"这一问题进行了交流，教师给予了耐心的解答，并和我聊了一些学

生的情况。（YW1F－170829－听课记录）①

　　因此，如果继续采用基础实践阶段的建立在"差异理论"基础上的类属分析方式，会导致出现大量的重复性内容，且不利于对照基础实践阶段反思能力发展变化的状况和特点，探究研究对象在反思广度和深度上的发展趋势。在这种情况下，笔者决定通过抽取"关键事件"开展关键事件分析，来透视研究对象的反思焦点范围和反思水平顶点。关键事件大概率上代表的是决策制定过程的一个顶点以及个人思维的清晰化，且关键事件本身也是教师反思的重要内容和方法。② 对关键事件进行深描，能够帮助笔者有效地理解、概念化和情境化每名研究对象的个人经验。③ 这些个人经验能够在一定程度上代表研究对象在应用实践阶段关于反思的高峰体验，呈现出研究对象高阶反思的样态和分布。

　　关键事件分析不仅能够用作理解反思性实践的脚手架，也可以作为阐明职前教师认识和感知教室的手段。④ 该观点指出，将关键事件分析作为考查职前教师反思能力的方法，不能脱离关键事件发生的情境（学校和教室）。关键事件不会孤立存在，可以尝试通过情境分析更好地理解关键事件和建立关键事件之间的联系，即将关键事件放置于自然情境之中，按照一定的实践序列或意义关联进行叙述。⑤ 因此，结合研究实

---

① 研究资料的处理依然遵循匿名原则，对研究对象的姓名采取同样的编码处理。引用研究对象《教育实习手册》中的内容时，采用"姓名编码－撰写日期－具体资料来源"的方式进行处理，例如"YW1F－170829－听课记录""YW1F－170918－授课记录"等；引用研究对象的访谈记录时，采用"姓名编码－访谈日期－访谈"的方式进行处理，例如"YW1F－171106－访谈"；引用焦点访谈小组记录时，采用"姓名编码－访谈日期－小组访谈"的方式进行处理，例如"YW1F－171112－小组访谈"。该阶段遵循与基础实践阶段一致的研究伦理规范，行文中不再赘述。

② 苏红：《教师专业发展中的关键事件研究》，北京师范大学出版社，2014，第 102～103 页。

③ 魏戈：《教师实践性知识的生成》，教育科学出版社，2020，第 43 页。

④ Francis, D., "Critical incident analysis: A strategy for developing reflective practice," *Teachers and Teaching: Theory and Practice*, 2 (1997): 169–188.

⑤ 陈向明：《质的研究方法与社会科学研究》，教育科学出版社，2000，第 292 页。

施的现实情况，依托情境的关键事件分析对于探究应用实践阶段研究对
象反思能力的发展更具有优势，也更加符合研究对象的意义建构方式。

表 5 - 2　授课执行情况记录示例

教学目标	1. 学习中国古代的流水文化；2. 感受作者的情感变化
教案执行情况	1. 新课导入部分。二班的学生对于酒的诗句掌握得很多，所以开了一个好头 2. 题目解读部分。二班的学生明显做了预习工作，他们不仅读准了"强"字的读音，还引出了其他例子，一下子使我兴奋紧张起来 3. 作者介绍部分。二班的学生似乎陷入了沉默，我鼓励无果的情况下，只好通过点名的方式让学生回答，他们其实都知道一些，但如何使他们乐于表达成为我思考的一个问题 4. 朗诵感知部分。二班的学生朗诵的整体感觉不如一班的水平，所以这部分花费的时间比较长一点，后面还需要继续加强 5. 诗歌赏析部分与一班的问题相似，对情感变化掌握得不好，只能找到悲与欢
教学后记	二班的授课使我认识到课前预习的重要性，这在课堂上是能够得到明显反映的，预习和不预习的效果真的差很多，所以这也启发我在今后的学习和工作中应该重视预习，以便收到良好的教学效果，使学生学有所得、学有所思

资料来源：YW1F - 20170918 - 授课记录。

2. 关键事件的抽取

已有研究已经对关键事件的内涵①进行了充分的讨论，普遍认为关键
事件具有重要影响，引发了个人认知和行为上的变化，可以是完整的事件
过程、重要的片段或不可忽视的细节。如果关键事件仅指那些带来重大转
折或变化的事件或情况，通常发生的概率较低，尤其是发生在学校和课堂

---

① Flanagan, J. C., "The critical incident technique," *Psychological Bulletin*, 4 (1954):
327 - 328; Woods, P., *Critical Events in Teaching and Learning* (London and Washington, D. C.: The Falmer Press, 1993), pp. 1 - 15; Griffin, M. L., "Using critical incidents to promote and assess reflective thinking in preservice teachers," *Reflective Practice*, 2 (2003): 207 - 220; Shapira-Lishchinsky, O., "Teachers' critical incidents: Ethical dilemmas in teaching practice," *Teaching and Teacher Education*, 27 (2011): 648 - 656; 汤立宏：《关注关键教育事件 优化教师教育教学行为》，《中小学管理》2006 年第 12 期，第 30 ~ 32 页；苏红：《教师专业发展中的关键事件研究》，北京师范大学出版社，2014，第 103 ~ 111 页。

教学情境中的事件，因此关键事件的概念逐渐扩展到日常教学活动中的事件。有观点指出，需要从关注令人困惑的事件，转向对构成教学活动中理所当然的事件的内在价值和品质的审视，教与学过程中的平凡和普通事件可能比那些立即被认为"应该成为问题"的事件更具启发性。①

　　与讨论关键事件的内涵相比，对于本研究而言更重要的是，如何基于选取的研究对象的思维发展阶段和所处的应用实践阶段的情境特征确定关键事件的抽取标准。一项研究尝试给职前教师布置"关键事件任务"（critical incident task），以此探讨在职前教师教育项目中关键事件分析和专业对话学习的问题。在这项研究中，要求每名职前教师在规定的实践阶段结束前撰写两个关键事件，对职前教师将相关事件确定为关键事件的理由进行分析后指出，职前教师通常认为"对我的教学实践很重要""行为管理问题""让我产生不安或惊讶的感觉""让我怀疑教师职业的选择""发人深省""改变了我对教学的看法"等是其将相关事件确定为关键事件的原因；落实到文字上，通常会使用"我面临两难境地""我以前从未遇到过这种情况""我意识到我的野心太大了""这引起了我的重视（或思考等类似的字眼）"等表述方式。②

　　全程贯通一体化教育实践模式下应用实践仅有两个月，周期短，重大事件的发生概率微乎其微，需要从研究对象基于日常教育实践生活撰写的材料和整理的访谈记录中抽取关键事件。在抽取关键事件时，除了参考上述研究中提到的"理由"和"表述方式"，笔者还综合考虑了以下几个方面：第一，批判性分析使事件变得"关键"，关键事件具有"理论化的倾向"，研究对象是否对事件进行了深入的分析和解释；第二，研究对象通过赋予个人意义来对事件进行反思，包括对意图或结果的解释、感受、信念、理论的应用以及与其他事件或问题的比较等，在

①　Francis, D., "Critical incident analysis: A strategy for developing reflective practice," *Teachers and Teaching: Theory and Practice*, 2 (1997): 169 – 188.

②　Harrison, J. K., & Lee, R., "Exploring the use of critical incident analysis and the professional learning conversation in an initial teacher education programme," *Journal of Education for Teaching*, 2 (2011): 199 – 217.

个人信念和价值上产生新的理解；第三，研究对象对事件涉及的行动本身进行价值追寻，探讨替代方案，重构事件的意义；第四，关键事件可以是积极事件，也可以是消极事件。[1]

表 5 – 3　关键事件抽取示例

参考依据	关键事件示例（节选）
契合"理由"或符合"表述方式"特征	我们两个人和 Z 老师交流一道高考文言文翻译题的教学顺序问题，是由易到难，还是由难到易，最终经过老师的实践还是第二种可取，而这也给我很大启发（YW1F – 170922 – 听课记录）
事件具有"理论化倾向"，对事件进行了批判性分析和解释	由于学生没有直接回应到问题的关键点，教师略显粗暴地打断了学生的发言。教学中的交流意味着参与和平等对话，意味着合作性意义建构，是师生间平等的精神交流（DL1F – 170905 – 听课记录）
对事件赋予个人意义，在个人信念和价值上产生新的理解	我对积极的课堂沉默有了直接的体会，不再停留在概念上的理解认识。教师抛出问题后需要留给学生恰当的思考时间，我总是习惯性抛出问题不给学生充分的思考时间就自己回答，让提问变得无效，这一点我需要改进（SX2M – 170921 – 授课记录）
对事件涉及的行动进行价值追寻，探讨替代方案，重构事件意义	一开始批改作业和试卷让我感觉自己是廉价劳动力，疲于应付。一次给学生改化学方程式时批错了几张卷子，W 老师和我说，我的一次错误会让孩子错失改正的一次机会。我意识到教师日常工作的重要性，感激 W 老师指出我的错误（HX1M – 171102 – 总结报告）
积极的关键事件	实习中让我印象最深刻的事儿，就是 Z 老师生日那天，学生们自发去门口迎接他，送上生日祝福语，我看了都心情激动，热泪盈眶，体会到教师职业虽然很辛苦，但也很幸福，我立志要当 Z 老师那样受学生喜爱的老师（YW1F – 171106 – 访谈）
消极的关键事件	我竭尽所能地想把自己知晓的东西毫无保留地教给学生，导致教学内容过多，课堂节奏前松后紧，内容过多学生反而什么都理不清，让我感觉有些沮丧（YY1F – 170928 – 授课记录）

　　显然，参照不同参考依据抽取的关键事件存在重合的可能性。同时，笔者从应用实践结束后对每名研究对象开展的一对一访谈和小组访

---

[1] Francis, D., "Critical incident analysis: A strategy for developing reflective practice," *Teachers and Teaching: Theory and Practice*, 2 (1997): 169 – 188; Griffin, M. L., "Using critical incidents to promote and assess reflective thinking in preservice teachers," *Reflective Practice*, 2 (2003): 207 – 220; Nzimande, N., "Experiences of challenging heteronormativity in pre-service teacher training at the University of KwaZulu-Natal: A reflective critical incident approach," *South African Journal of Higher Education*, 4 (2017): 234 – 248.

谈整理出的访谈记录中也抽取出了一定数量的关键事件，主要来自研究对象对"你感觉比较吃力的任务与活动有哪些""你经常思考哪些方面的问题""你印象最深刻的事情是什么""大家比较关注哪些方面的问题"等问题的回答。

3. 资料分析的理论框架

对应用实践阶段研究对象反思发展相关资料的分析框架由反思内容[①]、反思水平和关键事件分析过程三个维度构成（见图 5 - 1）。

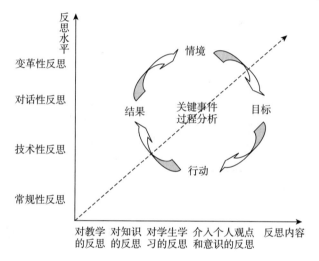

图 5 - 1　应用实践阶段资料分析理论框架
资料来源：本课题组根据资料分析需要构建的理论框架图。

[①] 通过对整理的应用实践阶段的反思事项和抽取的关键事件进行分析笔者发现，在反思的内容类型上，研究对象在基础实践阶段和应用实践阶段具有相似性。正如另外一项针对 10 位教师反思日志的研究指出，教师主要记录了教学中遇到的问题，描述了解决问题的方法和程序，部分教师比其他教师更倾向于反思自己的教学取向，但随着时间（10 周）的推移，教师进行（批判性）反思的度（广度和深度）变化不明显。（Ho, B., & Richards, J. C., "Reflective thinking through teacher journal writing: Myths and realities," *Prospect*, 3 (1993): 25 - 40.）因此，应用实践阶段研究对象的反思事项依然主要围绕对教学的反思、对知识的反思和对学生学习的反思展开。与基础阶段相比，更多的反思事项体现了个人教学的、伦理的、道德的、文化的或历史的观点和意识的介入，表现为在解释和处理教育实践中的问题、现象和事件时体现了"高观点"和"高维意识"，而并非基于普遍观点和一般意识，在该阶段研究中笔者将其称为"介入个人观点和意识的反思"。

在基础实践阶段对研究对象反思内容分析结果的基础上，结合应用实践阶段的变化，笔者将反思内容划分为对教学的反思、对知识的反思、对学生学习的反思以及介入个人观点和意识的反思四种类别。关于反思水平，继续采用沃德和麦考特的"四层次说"理论（见表4-3），即常规性反思、技术性反思、对话性反思和变革性反思。通过对抽取的关键事件进行分析，判断其所属的内容类型和水平层次。在反思内容上，在对教学的反思、对知识的反思和对学生学习的反思三个方面，笔者关注与基础实践阶段相比，研究对象反思点是否有延展；重点梳理介入个人观点和意识的反思内容，笔者认为，在基础实践阶段研究对象关于该类型的反思内容较少。在反思水平上，笔者重点关注达到高水平层次（对话性反思和变革性反思）的关键事件。在此基础上，笔者从情境（situation）、目标（target）、行动（action）和结果（result）四个方面①对具有代表性的关键事件进行深入分析，以展现研究对象在应用实践阶段反思能力的发展状况。

第二节　应用实践阶段反思能力发展的研究结果

一　关键事件的整体分布情况

笔者通过对收集的10名研究对象应用实践阶段所有资料（所有研究对象的听课记录、授课执行情况记录和实习总结报告，个别研究对象提供的教育实践汇报PPT和实习生课题报告，以及整理的访谈记录）的认真梳理，剔除同一研究对象在不同类型资料中重复提及的事件（相似事件选取反思水平层次较高的事件），共抽取关键事件129个。其中，根据反思的内容类型划分的话，对教学的反思49个，对知识的反思21个，对学生学习的反思38个，介入个人观点和意识的反思

_____

① 苏红：《教师专业发展中的关键事件研究》，北京师范大学出版社，2014，第110页。

21 个；按照反思的水平层次划分的话，常规性反思 13 个，技术性反思 65 个，对话性反思 42 个，变革性反思 9 个。关于关键事件的整体分布情况详见表 5 - 4。

表 5 - 4 关键事件整体分布情况

姓名编码	反思内容类型					反思水平层次				
	C - 1	C - 2	C - 3	C - 4	合计	L - 1	L - 2	L - 3	L - 4	合计
YW1F	8	3	7	4	22	0	13	7	2	22
YW2F	7	2	4	2	15	1	8	5	1	15
YY1F	5	1	4	2	12	2	6	4	0	12
YY2F	6	4	6	3	19	1	10	7	1	19
SX1F	4	1	2	1	8	2	3	2	1	8
SX2M	3	1	1	0	5	2	2	1	0	5
HX1M	5	2	4	3	14	0	7	5	2	14
HX2F	3	1	2	1	7	3	2	2	0	7
DL1F	5	3	6	3	17	0	9	6	2	17
DL2F	3	3	2	2	10	2	5	3	0	10
总计	49	21	38	21	129	13	65	42	9	129

注：反思内容类型中，C-1 指代对教学的反思，C-2 指代对知识的反思，C-3 指代对学生学习的反思，C-4 指代介入个人观点和意识的反思；反思水平层次中，L-1 指代常规性反思，L-2 指代技术性反思，L-3 指代对话性反思，L-4 指代变革性反思。

在反思的内容方面，抽取的关键事件主要围绕对教学的反思和对学生学习的反思展开，占比分别达到关键事件总数的 37.98% 和 29.46%。与基础实践阶段相比，研究对象介入个人观点和意识的反思内容增加明显，占比达到关键事件总数的 16.28%，绝对数量（21 个）超过了基础实践阶段相应反思内容类型的三级编码数量（8 个）。但是，需要指出的是，收集的应用实践阶段的研究资料中，关于日常教学活动的反思事项和内容的比例非常高，只是没有被抽取为关键事件纳入分析范畴。总体而言，本研究在基础实践阶段和应用实践阶段的研究结果与已有研究基本一致，即职前教师的反思更多地关注教学过程，关注自身的生存状况和教学基本能力。①

在反思的水平方面，抽取的关键事件中，技术性反思和对话性反思的比例较高，分别达到了 50.39% 和 32.56%；常规性反思和变革性反思的比例均比较低，分别为 10.08% 和 6.98%。同样需要指出的是，关键事件抽取的参考依据更有利于将反思水平高的反思事项从整理的所有反思事项中筛选出来，所以，并不能说明研究对象的反思水平已经超越了常规性反思，达到了技术性反思和对话性反思的水平。实际上，整理出的应用实践阶段的反思事项中，仍有大量的无反思性描述和常规性反思，真正达到变革性反思水平的反思事项所占比例非常低。

二 关键事件的反思关注点

通过逐一分析抽取的 129 个关键事件，笔者对反思关注点进行了分类归纳。对教学的反思的关键事件 49 个，其中，"教学方法" 9 个，"教学环节" 15 个，"教育/教学理念" 5 个，"教育/教学理论" 6 个，"教学机智" 5 个，"课堂氛围" 2 个，"课堂（班级）管理" 7 个；对知识的反思的关键事件 21 个，其中，"学科知识" 6 个，"教学知识" 4 个，"学科教学知识" 7 个，"通识性知识" 4 个；对学生学习的反思的关键事件 38 个，其中，"学情" 9 个，"思维与能力培养" 13 个，"学习策略（方法）" 5 个，"学习动机（兴趣）" 4 个，"价值观培养" 7 个；介入个人观点和意识的反思的关键事件 21 个，其中，"教育制度" 7 个，"教学伦理" 3 个，"教师信念与师德师风" 5 个，"学校（班级）文化" 6 个。

---

① Valli, L., "Reflective teacher education programs: An analysis of case studies" in Calderhead, J. and Gates, P., eds., *Conceptualizing Reflection in Teacher Development* (London: Falmer Press, 1993), pp. 11 – 22; Korthagen, F. A. J., Kessels, J., Koster, B., Lagerwerf, B., & Wubbels, Th., *Linking Practice and Theory-The Pedagogy of Realistic Teacher Education* (Mahwah: Lawrence Erlbaum Associates Publisher, 2001), p. 66; 王碧梅、胡卫平：《职前教师和在职教师教学反思关注点比较》，《教育科学》2016 年第 1 期，第 39~44 页。

（一）"对教学的反思"的关注点分析

与基础实践阶段的反思关注点相比，研究对象针对教学的反思关注点有明显的延展。在教学方法方面，除了出现了在基础实践阶段没有提及的教学方法，如群文阅读教学、参观教学法、头脑风暴教学法等，更重要的不再仅仅是对教学方法应用层面的反思，而是能够更加全面、深入、系统地结合理论对教学方法本身进行反思。

　　我们大胆地尝试了群文阅读教学，将杜甫的三首诗歌放在一起进行教学。我原来担心不一定会很成功，因为 W 老师讲了一节课，就出差学习了，后来就是我们 3 个人（一起实习的同一学科的职前教师——笔者注）一起讨论。虽然我按我们的教学计划上完了课，但我一直担心有疏漏，可是从学生的默写、练习、作文评阅情况来看，我们发现这次尝试很成功。学生掌握得很好，尤其是对杜甫及其作品的理解更深刻，比单篇阅读教学的效果要好很多。我们体会到了多文本信息整合、比较分析对于促进学生理解和提升阅读效率的重要意义。所以特别感谢 W 老师能引导我把在校期间曾学过的群文阅读教学的方法付诸实践，这对我以后的教学工作大有裨益。（YW2F - 171012 - 听课记录）

在教学环节方面，抽取的关键事件主要围绕备课、预习、课堂导入、提问、课堂活动以及作业与试卷批改等进行了反思。需要着重指出的是，与基础实践阶段关注点相比，研究对象在教学环节更多关注了课堂活动和作业与试卷批改环节。以课堂活动为例，在基础实践阶段研究对象进行的反思更多是基于观察者的视角对角色扮演、小组合作等课堂活动形式的肯定性评价，而在应用实践阶段研究对象开始针对课堂活动进行更深入的批判性分析。

　　今天的课堂上，教师提出了一个问题，然后让学生进行小组讨论，小组的构成方式就是前后桌 4 名学生为一组，几分钟后，教师随机叫了几组起来发言，时间原因没有让每一组都发言。我意识到，课堂活动设计很重要，因为课堂时间有限，需要在有线（限）的时间内突（凸）显活动设计的有效性。课堂活动有量无质，则活动的价值也就丧失殆尽了。一堂课下来热热闹闹，恐怕留在学生脑海里的只有热闹的场景，很难有真正的思维活动。课堂活动是为了更有效地完成教学目标，应该注重提升活动设计的质量，而不是流于形式。因此，活动设计的任务或探究的问题要符合学生的经验水平；情境的创设要贴近学生的实际生活，以引起学生的共鸣；活动过程中要适度"煽动"气氛，创造"思维性讨论"的气氛，激发全员的参与愿望，并注意适时评价。（YY1F - 170925 - 听课记录）

在对教学的反思中，特别明显的变化是研究对象对课堂（班级）管理有了更多的关注。在基础实践阶段，研究对象较少有机会以参与者的身份介入课堂教学，也基本没有跟随指导教师深入参与班级管理的机会，因此对于课堂（班级）管理的关注不充分。进入应用实践阶段后，研究对象浸润在教学现场，具备了深度参与甚至独立管理课堂和班级的条件，其反思关注点自然而然地转向了课堂管理和班级管理。

我会经常思考如何做好班级管理的问题，因为我感觉自己在这方面尤其缺少经验，所以在实习的过程中我特别关注这方面的问题。比较幸运的是，我实习的学校为我们提供了充分的条件，除了自己指导教师的课堂，我们也可以去别的同学的指导教师的班级去听课。我观察过5位老师的班级，发现他们的班级管理方式各有特点，年长的老师自带权威，年轻的老师倾向于民主的方式，但他们都很注重建立班委机制以增强班级的凝聚力，我感觉收获很大。印象特别深的是，我的指导教师和我说，学生们很单纯，只要你对他们好，他们都是能感受得到的，哪怕很淘气的学生，所以只要你真心爱学生，他们也会爱你。我想这是做好班级管理的核心吧。（SX1F - 171108 - 访谈）

在教育/教学理念、教育/教学理论、教学机智和课堂氛围等方面，与基础实践阶段的关注点相比，反思点的延展更多地体现在反思的深度上，不仅仅是停留在对理念和理论的"套用"上或是对于观察到的现象的肯定或否定的评价上，更多的是结合情境和他人观点来更新自己的观点和见解，在此不一一赘述。

（二）"对知识的反思"的关注点分析

在应用实践阶段，研究对象对知识的反思依然主要围绕学科知识、教学知识、学科教学知识和通识性知识四个方面展开，反思关注点的重心有所转移。以教学知识为例，研究对象在基础实践阶段对教学知识的关注聚焦于教学语言、教学技能知识（板书、PPT 制作与应用）以及教姿教态等方面，而在应用实践阶段更倾向于对教学风格、约定俗成的规则等缄默的内隐知识的关注。但是，整体而言，在应用实践阶段研究对象对知识的反思主要还是将自身存在的不足作为出发点，以及对被观察对象的"膜拜"。以对专业知识和通识性知识的反思为例可以看出，反思点的延展依然主要是体现在反思的深度上。

> 我一直觉得我欠缺的是组织教学的能力，专业知识应该没有什么问题，实践证明我的想法是错误的。今天上课我发现，现在学生的知识面比较宽，他们能够提出多种多样的问题，有些问题没有在我预设的课堂教学内容之中，这种心里没底的感觉让我如坐针毡，没能很完美地回应全部问题。我意识到，自己的专业知识还是存在很多漏洞的，更重要的是，专业知识的掌握程度会影响你站在学生的角度去预设可能产生的问题的能力；影响你解答预设外的问题的能力；影响你判断不同层次学生学习的重点和难点的能力；影响你不仅教给学生解题方法，还要教给学生解题思维的能力。（HX1F - 170926 - 授课记录）
>
> Z 老师在讲解《家》的人物之一"鸣凤"的时候，旁征博引，将一系列文学作品中的女性形象拿来与之对比，这种对比式教学不

仅有效加深了学生对"鸣凤"的认识和思考，还充分展现出 Z 老师深厚的文学修（素）养。我深刻体会到，作为一名语文教师一定要广泛阅读，不断充实自己的知识储备，只有这样心里才能有底气，才能自信、从容地站到讲台上，面对学生，这一点我从 Z 老师身上受到很大的启发。（YW1F－171023－听课记录）

（三）"对学生学习的反思"的关注点分析

笔者在对研究对象在应用实践阶段的反思事项进行整理分析的过程中发现，与基础实践阶段的关注点相比，研究对象尤其关注学情和学生的价值观培养。在学情的分析与掌握方面，与自己的教学实践活动和课堂（班级）管理活动等建立了密切联系，对于分析和掌握学情的方法进行了细致观察和实践探索。因此，不再仅仅对分析和掌握学情的重要性、自己在分析和掌握学情方面存在的不足以及此方面的不足给自己的教育实践带来的影响进行反思，对于"学情"问题有了更深层次的思考。

> 我已经跟着指导教师听了好多次这个班的课了，每次课上都能感受到孩子们非常活跃，有时候甚至感觉有点"闹腾"。但是，今天我第一次作为主讲老师上课，孩子们的表现给我带来了极大的反差感。整个教学过程中，多数我想和他们互动的时候，他们都表现得很安静，只是看着我，很少有学生积极地配合。我没有预料到这种状况，加上课堂处理经验不足，感觉离我预期的教学效果有很大的差距。课后指导教师告诉我，我的主要问题出在不了解学生和没有充分调动课堂气氛上，并给了我许多建议。我意识到，对学生的了解不能只是通过观察建立一个主观印象，而是对学生学习情况、个性特点、兴趣爱好等都有所了解，平时还要多沟通交流，成为他们的朋友，在课下能够敞开心扉交谈，（他们）课上才更愿意积极参与教学活动。（DL2F－170920－授课记录）

> 我认为上好一堂课最重要的是要了解学情。我在高一和高二的

好几个班级听过课和讲过课，在这个过程中我明显感受到，每个班的情况都不一样，所以即使是同一节课，也必须关注到每个班不一样的情况，要对教学内容和教学方法进行调整，这样才能对每个学生负责。所以，我深刻体会到，了解学情比设计一份完美无缺的教案更重要。（YY2F - 171107 - 访谈）

价值观培养之于学生成长的重要性无需赘述。一项关于高中生价值观的研究指出，"以课程更新为主导，创新教学内容与形式"是促进学生价值观健康发展的路径之一，也是与学校教育高度相关的路径。具体包括：第一，构建中学德育课程的衔接融合，充分利用校园、课堂、活动等载体，将校园文化课程、活动课程、实践课程、隐性课程衔接融合起来；第二，打造"校园正能量"，实现载体立体交叉；第三，加强中学课程教学内容创新，开发德育新资源；第四，加强教学形式创新，创新教学方法，利用网络、微媒体、融媒体、自媒体等，采用 MOOC、微课、翻转课堂、课堂辩论、微沙龙等形式。[①] 在应用实践阶段，研究对象具备与学生深度接触的客观条件，能够切实体会到价值观培养对于学生发展的重要意义，也能够在一定程度上发现学生价值观发展存在的深层次问题。受制于教育实践环境的局限性，研究对象多是从学科知识与价值观培养相融合的视角来开展反思的，但与基础实践阶段相比，反思的深入性和全面性有所提升。

在教育实习过程中，我经常思考如何通过地理学科的教学和地理知识帮助学生形成正确的观念，我觉得就是如何发挥地理的"课程思政"作用，因为我认为地理学科是最适合将知识学习与思想教育相统一的学科。讲解中国地理、乡土地理可以培养学生的爱国主义情感和热爱家乡的情感；讲解世界地理可以培养学生正确的全球

---

① 李蔚然、李祖超、陈欣：《高中生价值观的新特征及对策分析——基于9省（区）6887名高中生价值观发展现状的调研》，《教育研究》2018年第7期，第54~60页。

观；通过对全球气候变化、资源短缺、环境污染等全球性问题的应对与解决使学生认识到国际合作的重要性，树立科学的环境观。所以说，地理学习是培养学生人地观、世界观、人口观、资源观、环境观和国家观的有效途径，而这些观念的形成反过来又会促进学生对地理知识的理解和掌握，它们之间是相辅相成的关系。(DL1F - 171110 - 访谈)

从 DL1F 的反思中可以看出，她对学生价值观培养的认识已经超越了传统的道德价值观和情感态度价值观的范畴，扩展到了更广泛意义的价值观层面，并且能够从融合互促的视角来分析地理学科知识与价值观培养之间的关系，较为全面深入地反思了学科知识在学生价值观培养中的重要价值。

（四）"介入个人观点和意识的反思"的关注点分析

已有研究指出，随着职前教师教育实践的深入，其反思关注点会转向学校文化、专业文化和教学问题，从教育实践学期开始到结束会定期关注伦理、道德层面的问题，在实践结束时，大多数职前教师都反思过自己作为教师的形象和教学能力。[1] 在第一学年基础实践的基础上，进入应用实践阶段后，研究对象开始更多地尝试应用"高观点"和"高维意识"去表达对教育实践中制度、伦理、道德、文化或历史层面问题的关注，追求视角和观点的变革性重构。在介入个人观点和意识的反思中，研究对象主要围绕教育制度、教学伦理、教师信念与师德师风以及学校（班级）文化等方面进行了深入思考。

习题课布置完学习任务后，L 老师按计划与班里的部分学生进行了一对一式的谈心。实际上被"约谈"的学生都是这次月考中数学成绩不理想的学生，L 老师对不理想的理解包括"绝对的

---

[1] Seban, D., "Researching reflective field practices of elementary pre-service teachers: Two-dimensional analysis of teacher narratives," *Reflective Practice*, 5 (2009): 669 –681.

不理想"（分数不理想）和"相对的不理想"（与平时的表现相比有落差）。L 老师属于鼓励型教师，在和学生交流过程中，完全没有批评和指责的语气，循循善诱，帮助学生分析原因和确定努力的方向。从 L 老师身上我看到了教师对学生的尊重、爱心和耐心，还有优秀教师对教师职业的热爱，非常具有感染力。（HX1M - 171013 - 听课记录）

　　学校安排我们去 XC 小学参观学习，XC 小学的校园文化建设给我们留下了深刻的印象。抵达学校后，有幸观看了体育艺术节的开幕式，每个班级都穿着独具特色的民族服装，表演了精彩的民族才艺。J 校长向我们介绍，体育艺术节是 XC 小学代表性的校园文化活动之一，XC 小学非常重视校园文化建设，并带着我们参观了校内多个校园文化角。其中一处是家长与校长和部分教师的往来书信展示角，非常有特色，丰富了我对"家校合作"文化的认识。（YW1F - 171027 - 总结报告）

三　关键事件的反思水平分析

　　虽然关键事件会引发个人认知和行为上的变化，但并不意味着对关键事件的反思一定是高水平的反思，可能只是给个体带来了现实冲击（reality shock），从而产生影响并引发了变化的出现。例如，表 5 - 3 "关键事件抽取示例"中的第一个示例："我们两个人和 Z 老师交流一道高考文言文翻译题的教学顺序问题，是由易到难，还是由难到易，最终经过老师的实践还是第二种可取，而这也给我很大启发。"（YW1F - 20170922 - 听课记录）显然 YW1F 针对此项关键事件的反思停留在技术性反思的水平，没有针对"由难到易"更可取的理由进行解释，也没有就文言文翻译题的教学顺序问题进行归纳分析，属于"在解决最初的问题后停止提问"，缺乏更深层次的思考。

　　已有研究指出，职前教师在理论阅读（学习或讨论）中表达变革性想法并不十分罕见，但是，职前教师在反思自己的教学时很少能够达到变革性反思的水平。职前教师主要关注教学任务和自身，往往缺少更深层次的思考。变革性反思通常在长时间段内发生，很难期待在一个学期或一个学年中出现很多变革性反思的案例。① 因此，在基础实践阶段，尽管个别研究对象的反思水平已经达到了比较好的水平，但笔者对其的评价基本使用了"尝试进行变革性重构""表现出变革性反思的倾向""向变革性反思靠拢"等表述方式。职前教师在教育实践过程中，如果能够保持对真正有价值和有意义的事件的更深层次的质疑，随着时间推移不断提问和寻找答案的努力，即便在水平维度上没有完全达到变革性反思的层次，但这种反思确实引发了看待问题的视角/观点的变化，会对实践产生深远的影响。

通过对研究对象关键事件整体分布情况进行分析可知，129 个关键事件中仅有 9 个关键事件被列入变革性反思水平层次，来自 6 名研究对象（详见表 5-5）。这 9 个关键事件一定程度上代表了研究对象在应用实践阶段反思的最高水平，本阶段的研究拟从中选取 3 个关键事件进行深入分析。

表 5-5 变革性反思水平的关键事件

姓名编码	序号	关键事件的主题
YW1F	1	双向的爱与幸福——教师职业的价值
	2	如何表扬和批评学生
YW2F	3	现有高考制度框架下的学生生涯规划
YY2F	4	奋进的班级文化与高效的课堂文化
SX1F	5	师不必贤于弟子——课堂教学中知识盲区的应对
HX1M	6	如何做一名"大教师"
	7	正确面对作业和试卷的批改任务
DL1F	8	课堂教学中的师生交流
	9	如何做到不放弃任何一名学生

① Ward, J. R., & McCotter, S. S., "Reflection as a visible outcome for preservice teachers," *Teaching & Teacher Education*, 3 (2004): 243-257.

（一）来自 YW1F 的关键事件分析：如何表扬和批评学生？

情境：我发现 Z 老师从不吝啬对学生的表扬。今天上课提问时，对回答比较好的学生他使用了"非常好""你理解得很到位""不错，你一定是认真预习了"等表扬方式，对回答不理想或没有作答的学生通常使用类似"你再思考一下""再听听其他同学的发言"等表达方式。

在这篇听课记录中，YW1F 非常认真地观察了指导教师在提问之后表扬和批评学生的方式、重在及时给予学生反馈的情况。

目标：我感觉 Z 老师的做法既鼓励了表现好的学生，也充分顾及了表现不是很理想的学生的感受。

可以看出，YW1F 认可指导教师的做法，并且认为表扬的目的是鼓励学生，而批评不能伤害学生的自尊。

行动：以前我面对学生会表扬他们聪明，但往往忽略了勤奋。

由于是基于课堂观察形成的反思事项，YW1F 的行动方式只能是对比自己以往的经历发现指导教师行动中值得自己反思的地方，即指导教师会对"勤奋"提出表扬，而自己过去多表扬学生的"聪明"。

结果：我突然意识到，对于学生来说，对其努力的过程提出表扬要胜于赞美看似来自天资的聪明。如何把握表扬的度，其实和把握批评的度一样重要。面对提前布置的预习任务，如果发现学生没有完成好或压根没去完成，我认为还是应该进行正面批评的。批评是为了警醒学生，完成课后布置的学习任务也是对班级规则的遵守。

YW1F 关注"勤奋"的结果是更新了自己对于表扬的认识，认为表扬应主要指向"努力的过程"。实际上，表扬与批评是教学活动开展过程中再寻常不过的事件，也是被讨论得非常充分的话题了，但难能可贵的是，YW1F 在更新自己的观点和见解的基础上，对关键事件本身又进行了反思和新的质疑，即正面批评的必要性和目标。对于职前教师和新手教师而言，批评属于值得不断质疑的基本问题，随着实践的深入，已经形成的基本假设还会被挑战，进而产生新的目标、行动和结果。

（YW1F – 170904 – 听课记录）

（二）来自 HX1M 的关键事件分析：正确面对作业和试卷的批改任务

> 情境：课后帮老师批改作业和试卷，批改份数真的很多。一开始批改作业和试卷让我感觉自己是廉价劳动力，疲于应付。直到后来发生的一件事让我改变了想法。一次给学生改化学方程式时批错了几张卷子，W 老师和我说，我的一次错误会让孩子错失改正的一次机会。当时我感觉特别羞愧，我意识到教师日常工作的重要性，感激 W 老师指出我的错误。

在结束两个月的教育实践后撰写的实习总结报告中，HX1M 重提该事件，将其作为实习的重要收获之一。其实在基础实践阶段，就有全日制教育硕士在不同场合反馈过这个问题，在认同该项工作确实繁重的同时，也暴露了职前教师服务意识缺乏以及对批改作业和试卷任务认识不到位的问题。

> 目标：我一直以速度、完成任务为目的，却没有意识到我面对的是那么多的学生，我应该对他们负责。

在指导教师指出 HX1M 的错误后，他及时修正了自己的目标，认为不应将"速度、完成任务"作为批改作业和试卷的目的，应该做到对学生负责。

　　　行动：这让我开始认真对待教育实习中的每一件事和每一项
工作。

　　在明确自己的问题在于责任心不强、做事不细致后，HX1M 及时采
取行动修正和补救自己的问题。

　　　结果：每次想起这件事，我都特别感谢 W 老师能够直接指出
我的问题，让我有机会认识到并改正自己的问题，让我端正心态去
苛求事情的准确、完美，更加地负责任。

　　通过分析 HX1M 对此关键事件的描述、阐释和反思可以发现，事件
本身与研究对象观点和行为的变化存在直接相关性，HX1M 从职业伦理
和道德的层面进行了思考，对待学生"更加地负责任"，引发了实践的
改变。然而，实际上 HX1M 对此关键事件的反思还有继续挖掘的空间，
例如上文提到的服务意识。另外，从基础实践到应用实践，多名研究对
象始终强调了解学情的重要性并探讨了解学情的方法和途径，批改作业
和试卷本身就是了解学情非常有效的手段，但 HX1M 并没有在了解学情
与批改作业和试卷之间建立联系。

　　　　　　　　　　　　　　　　　　　（HX1M - 171102 - 总结报告）

（三）来自 DL1F 的关键事件分析：如何做到不放弃任何一名学生？

　　　情境：我感觉比较吃力的任务是有些学生对地理学习提不起兴
趣，可能学生们有自己的打算和规划，在课堂上的参与度和学习劲
头明显不是很高。

　　现实的情况是，可能不是每一名学生都对地理学习有最终的刚性需
求，因此，地理学习积极性不高。

目标：其实地理对于人的综合素养，包括未来的实际生活都很重要，我不想让任何一名学生放弃对地理的学习。

DL1F 从地理知识的实用性出发，希望学生能够学好地理，表达了自己不想放弃任何一名学生的愿望。

行动：我和我的指导教师交流了我的想法，她给了我 3 个建议，说要让学生的心在课堂上，提升课堂的趣味性和让学生感受到地理知识的重要性。实习期间我一共上了 6 节新授课，我感觉我尝试进行了一些努力。比如，我上课时会有意识地提问那些我感觉课堂参与度不高的学生，提醒他们不要溜号。再有就是多穿插一些有意思的小知识或地理现象什么的，使教学过程不那么枯燥。我还从"学习有用的地理知识"的角度出发，在教学中贴近实际、贴近生活、贴近学生，让学生感受到地理知识的"有用"，想让他们意识到掌握和应用地理知识其实挺重要的。

DL1F 寻求了指导教师的帮助，从吸引学生课堂注意力、重构教学设计以及突出知识学习与实际生活的联系等几个方面开展了行动，期待通过自己的努力能够促进学生对地理科目的学习。

结果：很难说效果怎么样，因为实习的时间就两个月，也不是特别长，能讲新课的机会也有限，我想等我真的成为地理老师后，我还会继续努力的。

这是访谈中 DL1F 面对笔者的追问"那你觉得你努力做出的这些尝试效果怎么样"给出的回答。学生对待地理科目的学习状态给 DL1F 带来了一些现实冲击，她也表现出高度的责任心，期待通过力所能及的实践层面的努力，坚持自己"不放弃任何一名学生"的信念。

（DL1F – 171110 – 访谈）

第三节　应用实践阶段反思能力发展的研究结论与讨论

受客观条件等因素的限制，在应用实践阶段笔者主要利用实物类资料和访谈以及依托关键事件分析，对 10 名研究对象的反思能力发展状况进行了研究，得出的主要结论如下。

一　职前教师的反思能力发展水平依然存在明显的内部差距

通过对抽取的关键事件的整体分布情况（见表 5 - 4）进行分析可以发现，在关键事件的贡献度和高反思水平关键事件的贡献度上，研究对象存在明显的内部差距。以基础实践阶段反思水平起点高且保持快速或平稳发展的 YW1F、YW2F、YY2F、HX1M 和 DL1F 为例，5 名研究对象分别贡献了 67.44% 的关键事件、71.43% 的对话性反思水平的关键事件和 88.89% 的变革性反思水平的关键事件，尤其是变革性反思水平的关键事件绝大部分来自该 5 名研究对象。一定程度上表明，研究对象反思能力发展水平的内部差异依然明显。

二　应用实践促进了职前教师的高水平反思能力发展

提升职前教师的反思能力是一项非常艰难的任务，缘于受限于多种因素职前教师无法针对学校知识或生活经历进行认真反思。[①] 对职前教师而言，教育实践成为提升反思能力的焦点，因为职前教师缺乏其他更有效的能够进行反思的方式。研究对象在应用实践阶段相比基础实践阶段出现了更多的高水平反思，例如前文分析的变革性反思案例，除了随着教育实践的不断深入研究对象对相关问题有了更深入的思考之外，是否还有其他诱因也是值得考查的问题。

---

① Zeichner, K. M., & Liston, D. P., "Teaching student teachers to reflect," *Harvard Educational Review*, 1 (1987): 23 - 48.

在焦点小组访谈中，笔者围绕"集中两个月的应用实践与之前一整年的基础实践相比，从个人感知上大家觉得有哪些不同"这一问题与研究对象进行了讨论和交流。通过对10名研究对象的访谈记录进行分析笔者发现，应用实践的真实性、深入性和角色的差异性提及次数较多。

真实性："面对真实课堂，更多地了解了真实的问题"（YY2F - 171112 - 小组访谈），"真切体会到了教师这个职业的工作状态，无论是和学生相处还是和办公室的老师相处都更加真实"（SX1F - 171112 - 小组访谈），"应用实践更贴近真实的学校和真实的教学情境"（HX2F - 171112 - 小组访谈），"对真实课堂的了解程度和课堂驾驭能力有了很大的提升"（DL1F - 171112 - 小组访谈），等等。

深入性："应用实践更深入班级，对指导教师和学生教与学的过程的观察更持久"（YW2F - 171112 - 小组访谈），"浸入式的应用实践对我影响更大，体验过程更完整，与学生交流更多，更深入课堂"（HX1M - 171112 - 小组访谈），"应用实践给我最大的感受就是深入了这个学校"（DL2F - 171112 - 小组访谈），等等。

角色的差异性："真正走上讲台和作为观察者听课有本质差别，感觉自己是课堂教学的真正参与者"（YW1F - 171112 - 小组访谈），"应用实践是我作为半个老师一样参与到一个班级的具体管理和独立完成几节课"（YY2F - 171112 - 小组访谈），"感觉到自己的'小老师'的身份"（HX1M - 171112 - 小组访谈），"更像一个真正工作的老师"（DL1F - 171112 - 小组访谈），等等。

已有研究指出，指导教师可以通过教师教育者的讲授、相关文本的分析以及对指导教师的行为观察习得和形成批判性反思，但反思性实践多由课堂突发的、意料之外的事件触发。[①] 因此，真实、深入且产生身份认同的教育实践情境更有利于反思能力的发展。从应用实践阶段的关键事件分析来看，实现角色转换的研究对象通过深度融入真实教育教学

---

① Russell, T., "A teacher educator's lessons learned from reflective practice," *European Journal of Teacher Education*, 1 (2018): 4 - 14.

情境，对相关事件、现象和问题进行了更深层次的思考，促进了高水平反思能力的发展。

三 应用实践阶段职前教师的反思关注点延展至"课堂教学外的事情"

通过对关键事件反思关注点的分析笔者发现，应用实践阶段研究对象对班级管理、班主任工作、人际关系、教育制度、教学伦理、教师信念、师德师风、学校文化等方面的关注增多，反思关注点更多地延展至"课堂教学外的事情"。应用实践为研究对象反思关注点的延展提供了有利的客观条件，关于这一点可以从围绕"实际的应用实践与想象中或期待中的应用实践是否一致""应用实践阶段让你收获比较大的方面有哪些"等问题形成的焦点小组访谈记录分析中获得相关佐证。

例如，"我担任了班主任工作，收获了很多快乐，注意到了很多学校里师生相处的细节，还有很多和学生相处的细节，都让我对教师职业有了不一样的认识和体会"（YW1F－171112－小组访谈），"（应用实践中）会思考很多基础性的问题，尤其是思考学生（的）问题该如何解决，班级该如何管理和规划，这些问题在上个实习阶段（基础实践阶段——笔者注）几乎很少思考"（YY2F－171112－小组访谈），"之前的反思很少涉及同事关系方面，我开始对同事关系还有资深教师对我的建议这些角度进行反思"（HX2F－171112－小组访谈），"我觉得之前的实习更像是完成一节好的授课的任务，集中实习承担的是整个班级的几乎所有任务，所以反思角度更多了"（DL1F－171112－小组访谈），等等。

四 应用实践阶段职前教师的本体性反思开始增多

反思通常分为两种——工具性反思和本体性反思。教师的工具性反思指向教师的专业行为与活动，目的是提高教育教学成效，更多地体现在技术、方法层面，强调如何达成目标；本体性反思指向教师的成长过程，目的是清晰自己的专业认同，明确今后的发展方向，更多地体现为选择怎样的职业生活方式、自己能够成为谁的批判性思考，强调自主发展意愿的提升。[①] 如果想使教师在职前培养阶段形成的反思能力成为其职业发展的持续动力，需要更多关注职前教师的本体性反思能力的培养，而非工具性反思能力的培养，本体性反思能力与教师专业发展的持久动力更加密切相关。[②] 因而，对于职前教师反思能力发展的关注，有必要从工具性反思转向本体性反思。这种转向并不是否认工具性反思能力在职前教师培养中的重要作用，而是通过提供真实的教育教学体验为工具性反思能力培养提供可靠有效的支持，同时，关注职前教师本体性反思能力的培养，以支持职前教师反思能力的不断提升及其整个教师生涯的专业发展。

在应用实践阶段，研究对象基于自身经验和实践体验对教师的职业价值、角色认知与专业认同、教师信念、教师形象等本体论意义上的教师专业成长问题进行了更频繁、更深入的思考。以教师专业视角下的自我体认和自我人格完善为目的，追求专业成长的本体性价值，正是职前教师反思能力培养中值得倡导的角度和方向。

五　关于应用实践阶段职前教师反思能力发展状况的讨论

在关于基础实践阶段影响职前教师反思能力发展的因素的探讨中提到的诸如反思态度问题、教师指导问题、小组反思（实践共同体构建）问题，在应用实践阶段依然不同程度地存在，此处不赘述。应用实践的设计和实施显然促进了职前教师的反思能力发展，但从研究对象的视角和笔者的视角来看，应用实践是否获得了预期效果，在促进职前教师反思能力发展方面还有哪些可以完善或改进的地方，都是值得探讨的问题。

（一）职前教师的视角：理想和现实的差距

研究对象几乎没有在实物类资料中就应用实践设计本身和实施过程

---

① 饶从满：《构建融合的教师教育》，《中国教师》2019 年第 11 期，第 32 ~ 34 页。

② 回俊松、饶从满：《职前教师本体性反思能力培养的必要性与可行性》，《教师教育研究》2014 年第 4 期，第 23 ~ 28 页。

中存在的不足和问题进行直接反馈，但是，通过对访谈记录尤其是焦点小组访谈记录的整理和分析，可以从以下几个方面对研究对象视角下应用实践存在的理想和现实的差距①进行归纳总结。

第一，指导教师的指导理念和指导方式方面。在应用实践阶段全日制教育硕士培养采用的是在中学指导教师的指导下开展全职实践、大学派教师进行巡回指导的方式，中学指导教师发挥主导作用。访谈结果表明，尽管指导教师的指导理念和方式在不同中学之间存在差异，但"师带徒""一帮一"仍是主要形式。根据研究对象的反馈，有的中学指导教师会对自己负责的所有职前教师②进行小组式指导，或"一对多"的指导；有的中学允许研究对象观察不同指导教师的课堂，参加不同学科的集体备课或教研活动——"能够有更多机会聆听不同风格老师的不同课型，对于反思自己当下和探索自己今后的教学风格具有积极的意义"（YW1F‐171106‐访谈），而有些研究对象更多的是与指导教师之间的单独交流；有一所中学将所有来校开展教育实践的学生组织起来，请校内的优秀教师通过讲座的方式进行集体指导——"学校特别重视教育实习，特意组织我们听了好几次校内教师的报告"（SX1F‐171112‐小组访谈）。实际上，研究对象对集体式指导（实践共同体）活动有更多的期待，希望能够获得更多样化的实践体验。另外，只有1名研究对象在访谈中对其中学指导教师的指导能力表达了不满，其他研究对象并未提及类似情况。

第二，教育实践任务或活动的设计方面。应用实践阶段大学设定的教育实践任务和活动包括学科教学实习、论文实证研究以及班主任工作等其他教育教学环节的实习三个部分。通过研究对象的反馈笔者得知，应用实践阶段学科教学实习仍是最主要的任务，所有研究对象都完成了规定的听课和授课任务，但完成程度存在差别，既有客观原因，也有主

---

① 对于研究对象提到的外部客观性因素导致的差距（例如，城市间差距、实践环境差距、住宿条件差距等）予以剔除。

② 有些中学也同时接受了其他院校的教育实践任务。

观原因。以 YW1F 所在中学为例，共有 6 名全日制教育硕士在此中学开展应用实践，中学非常重视教育实践工作，除了规定性的任务以外，中学要求应用实践结束时全日制教育硕士以课题报告的形式提交"实习课题报告"。"两个月的实习时间我们听课 135 节，听课年级涵盖高一、高二、高三；听课科目包含语文、数学、历史、地理、政治；听课课型多样，包括新授课、习题课、作文课、复习课等。这些跨年级、跨学科、跨科目的多种课型使我们受益匪浅。"（YW1F－171027－课题报告）根据 YW1F 的个人实习总结，她个人应用实践阶段听课 45 节，占 6 人听课总量的 33.33%。说明在相同的实践环境中，参与意愿和积极性存在个体差异。同时，该中学为 6 名全日制教育硕士全部安排了班主任工作，有的中学却并未给研究对象安排类似的其他教育教学环节的工作。"我感到不满意的地方是学校未分配班主任工作，我只能通过观察和聊天的方式向在校的班主任学习。"（DL1F－171112－小组访谈）除此之外，各个中学在安排校外参观、校园文化活动、报告与教研活动等方面也存在差异，未能完全达到研究对象的心理预期。

第三，应用实践的时间安排方面。在与研究对象的访谈中，并没有人质疑应用实践的必要性以及将应用实践安排在第三学期前两个月的合理性，但有人提出两个月的时间对于深度体验教育现场和提升反思能力而言并不充分，是其感到不满意的地方。"非要说不太满意的地方，我也是觉得集中实习周期有点短，我才找到一个真正在工作的老师的状态实习就结束了，我觉得对于怎么和学生相处、怎么当好班主任去做好班级管理、怎么和学生沟通违纪的问题等等，还有很多还没有想清楚。"（YW2F－171112－小组访谈）"一开始对两个月还没有特别的概念，真正融入实习生活后，就感觉时间过得很快，每天需要关注的事情很多。比如讲课这块，我每次都特别注意把自己的反思体现在下一次讲课中，如果实习时间再长一些，再多一些让我尝试的机会，我讲课的能力还能提升。"（YY2F－171112－小组访谈）尽管实践对于反思能力发展非常重要，也有研究指出，较长的实习能够增加职前教师对教师教育项目的满意度并始终让自己的教学能力（如规划教学、与家长沟通等）获得更高的评价,① 但是，这并不是说用在教育实践上的时间越长越好。不能低估职前教师培养的复杂性和难度，需要在理论和实践的衔接与融合上探索更佳的平衡点。

（二）研究者的视角：现实和理想的差距

第一，职前教师的主动反思意识有待进一步激发和强化。根据焦点小组访谈中"除了《教育实习手册》中规定书写的内容，大家是否自发撰写过教学日记或反思日志"这一问题的反馈结果，只有 YW1F 表示以个人日记的形式对实践过程中发生的事情进行过记录，其他研究对象基本都给予了否定的回答。善于反思的个体往往表现出反思的习惯，比如在脑子里将过去的行为重放、记录自己的思想、经常通过与别人讨论来理清自己的思绪和检验自己的想法等，经常反思自己的教学行为的教师，通常比不反思者更容易成功。② 因此，虽然成为反思型的实践者离不开支持反思过程发展的外部因素和环境，但反思是一个高度个人化的过程，具有主动反思意识的职前教师才会从多重角度对自己的教育教学实践进行反思，并为实现预期目标而改进自己的教学行为与理念。可以说，个体内在的反思意识是促进其反思能力发展的不竭动力。

第二，教育实践的各参与方要更好地适应教育实践模式的转变。职前教师的教育实践正在经历从"以机械地获取技能和掌握实践性知识为特点的传统的培训模式（training model）"③ 向"不断强调参与、卷入和反思的实践模式（practice-based model）"④ 的转变。作为应用实践的主要参与方，职前教师需要跳出成长经历和自身经验的藩篱，同时不囿

① Andrew, M. D., "Differences between graduates of 4 - year and 5 - year teacher preparation programs," *Journal of Teacher Education*, 2 (1990): 45 - 51.

② 〔美〕阿瑟·J. S. 里德、韦尔娜·E. 贝格曼：《课堂观察、参与和反思》，伍新春、夏令、管琳译，教育科学出版社，2009，第18页。

③ Sandefur, W. S., & Nicklas, W. L., "Competency - based teacher education in AACTE institutions: An update," *Phi Delta Kappan*, 10 (1981): 747 - 748.

④ Grossman, P., & McDonald, M., "Back to the future: Directions for research in teaching and teacher education," *American Educational research Journal*, 1 (2008): 184 - 205.

于课堂教学,① 以探究的姿态主动寻求反思广度和深度的提升;中学指导教师面对教育实践模式的转变,需要从角色和功能定位、指导目标、指导方式以及自身的素质能力结构方面进行调整,成为高性能的职前教师指导教师;"应用教育实践基地群"的中学在提供充满"参与、卷入和反思"理念的教育实践环境方面被赋予期待。

第三,优化应用实践设计,以更好地引导职前教师的反思能力发展。应用实践的设计思路和环节构成等,已经比较完备,但如果从专门指向职前教师的反思能力发展的角度看,有些细节还可以优化。例如,《教育实习手册》的主要内容和设计,"教育实习听课记录"包括"主要教学过程(包括师生活动、效果)"和"教学优缺点评议及其建议";"教育实习授课执行情况记录"包括"教学目标"、"教案执行情况"和"教学后记";"教育实习总结报告"包括"教学工作总结"和"其他活动总结(含教研活动、听课、听讲座、科研、班主任工作等)"。可以发现,《教育实习手册》的内容构成和设计倾向于描述性总结,如果能够更清晰地呈现一个"引导性反思流程",或者设计和布置"关键事件任务",相信职前教师的反思能力发展会取得更好的效果。再如,对于应用实践中论文实证研究和班主任工作等实践任务的落实和监督还需加强。应用实践是全程贯通一体化教育实践模式的重要组成部分,有些问题并不是孤立地存在于应用实践阶段,对于全程贯通一体化教育实践

---

① 尽管从基础实践阶段开始就强调反思不仅要关注课堂内的事情,还要关注课堂外的事情,但是在应用实践阶段研究对象依然将主要的精力用于反思课堂教学。例如,应用实践阶段的实物资料和访谈记录均可提供证据,对于"能够比较好地驾驭的任务与活动"和"比较吃力的任务与活动"的反馈也主要围绕课堂教学活动本身展开。全程贯通一体化教育实践模式并不排斥教学技能的训练和对课堂教学的具体活动进行反思,但是更期待职前教师能够结合理论学习对教育实践进行"高维反思"。过度专注于碎片化教学技巧的学习和思考,容易使教育实践陷入一种危险情形,"如果实践过程不能与理论学习的过程紧密融合,如果职前教师学习教学的过程沦为对指导教师教学模式的简单、盲目地模仿而没有任何批判性的反思,那么教育实习作为情境性学习和经验性学习的过程,也会由于安排不当而难以克服其自身的局限而可能带来一系列的弊端"。杨秀玉:《教师教育实习的局限性研究——以西方学者的观点为中心》,《外国教育研究》2013 年第 11 期,第 51~58 页。

模式整体的思考和优化建议将在后文中进行深入讨论。

单独析出教育实践对职前教师反思能力发展的影响比较困难，其影响因素比较复杂。但是，教育实践之于反思能力发展的重要性发人深省，已有研究和本研究均进行了相应论述。无论是职前教师视角下应用实践与其心目中理想的实践样态的差距，还是笔者视角下应用实践的实然样态与实践模式预期效果之间的差距，都在一定程度上显示其对职前教师的反思能力发展产生了不利影响，也指明了教育实践模式完善和改进的方向。

第六章

研究实践阶段职前教师的反思能力发展

第一节　研究实践阶段职前教师反思能力发展研究设计

一　研究实践阶段反思能力载体与呈现方法的选取

　　教育研究的意识与能力是反思型教师特别需要具备的素质与能力。[①] 国际上关于"研究性教学"（research-oriented teaching）、"研究型教师"（research-oriented teacher）以及"研究本位教师教育"（research-based teacher education）的实践和研究由来已久。20 世纪初期开始就已经出现了许多提倡"教师成为研究者"（the teacher as researcher）的理论和实践上的努力;[②] 直至 20 世纪七八十年代，"教师应该处于教育研究过程的中心"开展"系统的持续性探究"[③] 的观点逐渐受到关注和认可，教师不再只是研究成果的被动接受者，也开始扮演研究成果的主动生产者的角色；进入 20 世纪 80 年代以来，研究本位的教师教育在部分

---

① 饶从满:《构建融合的教师教育》,《中国教师》2019 年第 11 期, 第 32 ~ 34 页。

② 范敏、刘义兵:《斯滕豪斯的"教师成为研究者"思想》,《全球教育展望》2017 年第 8 期, 第 83 ~ 94 页。

③ Stenhouse, L., "What counts as research?" *British Journal of Educational Studies*, 2 (1981): 103 – 114.

发达国家开始从理念层面探讨走向实践层面的探索，甚至成为职前教师培养的主导模式。

随着"教师成为研究者"的观点逐渐形成共识，关于"教师从事实践或行动研究，作为其持续专业发展的一部分"的呼吁越来越多，[①]研究之于教师专业发展的作用也越来越受到重视。在这样的背景下，教师的职前培养阶段研究性学习（research-oriented learning）和研究训练的必要性和可行性受到关注。已有研究表明，在一些教师教育项目中，职前教师能够很好地利用研究方法和学术文献对专业问题进行调查，并重视将研究融入职前阶段的教育。[②]但是，也有研究指出，职前教师对研究本位的教师教育的评价不完全一致，持否定观点的职前教师认为，教师作为研究人员的概念并不明确，未来的教师很难将基于理论的职前学习与学校的教学实践建立联系。[③]面对研究在职前教师培养中的作用存在的争议，需要意识到在职前教师视角下，理论与实践联系的难以建构或认为它们分属于不同的世界，可能会对职前教师未来的专业发展产生潜在的负面影响，因为这种发展不能离开从批判性、理论和研究的角度看待自己教学实践的能力。[④]毋庸置疑的是，理论、实践和研究并不矛盾，无论是实践取向的教师教育，还是研究本位的教师教育，职前教师都有必要学会应用"理论"来开展"研究"，解决在"实践"中面临的直接挑战。

---

① Brew, A., & Saunders, C., "Making sense of research-based learning in teacher education," *Teaching and Teacher Education*, 87 (2020): 1-11.

② Niemi, H., & Nevgi, A., "Research studies and active learning promoting professional competences in Finnish teacher education," *Teaching and Teacher Education*, 43 (2014): 131-142.

③ Puustinen, M., Säntti, J., Koski, A., & Tammi, T., "Teaching: A practical or research-based profession? Teacher candidates' approaches to research-based teacher education," *Teaching and Teacher Education*, 74 (2018): 170-179.

④ Wæge, K., & Haugaløkken, O. K., "Research-based and hands-on practical teacher education: An attempt to combine the two," *Journal of Education for Teaching*, 2 (2013): 235-249.

近年来，芬兰①成为国内研究者讨论"研究本位教师教育"的焦点国家，为我们理解"研究本位教师教育"的内涵提供了重要参考。一项针对芬兰教师教育者如何理解研究本位教师教育的调查研究结果显示，教师教育者们主要从环境（context）、方式（approach）、内容（content）以及目的（aim）四个维度②来理解研究本位教师教育。整合四个维度可以得出对研究本位教师教育内涵的基本理解，即建立在教师教育研究成果的基础上，以培养教师的教学思维为目的，以教育理论、研究方法、学士和硕士论文、阅读教育文献等为主要内容的一种教师教育方式。究其核心，研究本位教师教育的目的是培养基于研究的教学思维，运用这种教学思维将教学研究的发现与专业实践的挑战进行整合；行动反思（行动中的反思和对行动的反思）是获取教学思维的重要技巧，而反思被视为从自己的任务（undertakings）和"教学—研究—学习"过程中获取知识的途径；在反思过程中，教师应用基于研究的思维技巧和能力去阅读专业期刊论文和研究报告，并将发现应用于教学实践。至此形成了一个闭环，基于研究的思维意味着将研究的能力应用于自己的教学并作出自己的教育决策，以指导自己的教学。③

---

① 张晓光：《研究取向的中小学教师职前教育探析——以芬兰为例》，《教育研究》2016年第10期，第143～149页；周钧、公辰：《培养反思—探究型教师：芬兰研究取向教师教育探析》，《比较教育研究》2016年第11期，第34～29页；饶从满、李广平：《芬兰研究本位教师教育模式：历史考察与特征解析》，《外国教育研究》2016年第12期，第3～20页；郭航：《研究本位教师教育范式：以芬兰的实践为例》，《高教探索》2018年第6期，第67～73、112页；郑灵臆、刘宝存：《芬兰"研究取向"的小学教师教育：目标、实施与成效》，《河北师范大学学报》（教育科学版）2019年第3期，第91～97页。

② 环境维度指教师教育是基于教师教育研究成果的学术型教师教育；方式维度强调研究本位教师教育是一种教师教育观，一种组织、编制教师教育课程的基本原理；内容维度指研究本位教师教育是包含并整合教育理论、研究方法、学士和硕士学位论文、阅读教育文献等内容的教师教育课程；目的维度强调教师教育是聚焦发展教师教学思维（teacher's pedagogical thinking）的教育。饶从满、李广平：《芬兰研究本位教师教育模式：历史考察与特征解析》，《外国教育研究》2016年第12期，第3～20页。

③ Tirri，K.，"The last 40 years in Finnish teacher education," *Journal of Education for Teaching*，5（2014）：600－609.

因而，培养教师的教育研究意识和能力，最重要的是培养教师以研究的态度对待自己的工作，也就是说，需要教师以分析和开放的态度对待自己的工作。教育研究的意识和能力包括消费和生产研究成果的意识和能力。这需要教师进行多角度、批判性地思考、分析教育问题的思维训练；需要使其全面了解教育研究的方法，并能够根据需要选择和运用方法解决发现的问题。①

以芬兰研究本位教师教育模式为例，教育实践贯穿职前教师培养全过程，具有双重角色，即教学实践（practice teaching）和研究实践（practice researching），这种实践被称为双层次实践（twofold practice）。教学实践侧重培养职前教师的个人实践理论（personal-practice theory），发展其教学能力；研究实践侧重职前教师研究能力的发展，关注于将其培养成什么样的实践者。双重实践意味着教学实践和研究实践同步进行，促进职前教师教学能力和研究能力的融合。硕士阶段的高阶实习②一般与硕士论文的研究任务融合在一起，培养职前教师的自主反思与探究能力。也有研究指出，芬兰研究本位职前教师培养模式体现"研究"的最终方法是撰写硕士论文。③ 因此，培养研究生层次的职前教师的教育研究意识和能力，需要着重强调职前教师以研究的态度对待自己的学位论文，将自己视为教育研究者和教育行动者。

全程贯通一体化教育实践模式中研究实践的理想状态同样是贯穿全日制教育硕士培养的全过程，在基础实践和应用实践阶段即有意识地针对实践问题开展研究，完成硕士论文的选题和开题；在第三学期的后两个月及第四学期的论文研究阶段，通过完成学位论文，实现"理论＋实践＋研究"的结合，使全日制教育硕士获得顶峰体验。研究实践强调

---

① 饶从满：《构建融合的教师教育》，《中国教师》2019 年第 11 期，第 32～34 页。
② 芬兰职前教师的教育实践分为三个阶段、三种水平，具体可以参考周钧、公辰《培养反思—探究型教师：芬兰研究取向教师教育探析》，《比较教育研究》2016 年第 11 期，第 34～29 页。
③ Tirri，K.，"The last 40 years in Finnish teacher education," *Journal of Education for Teaching*，5（2014）：600－609.

"关于研究的实践"（practice about research）、"为了研究的实践"（practice for research）和"依托研究的实践"（practice through research）① 的整合，建立实践与研究之间的多维关系，目的在于发展包括教学思维在内的反思能力和研究教育实际问题的能力，体现教师教育高度化背景下反思性和研究型职前教师的培养目标。

对于研究实践阶段职前教师反思能力发展状况的考查，主要围绕研究对象的硕士学位论文展开，通过一对一访谈的方式，深入探讨作为"体现'研究'的最终方法"的硕士学位论文在升华对反思理解的深度和促进反思能力发展方面发挥的作用。

二 研究实践阶段反思能力发展的研究情境、资料收集与分析

全日制教育硕士作为专业硕士，其学位论文原则上强调选题的实践导向和应用导向，注重培养实际问题解决能力。② 学位论文研究的主要目的不在于产生新知识或新结果，而是给职前教师一个进行系统的自我导向的反思和发展个人教学实践理论的机会，培养未来教师基于证据、以反思和探究的姿态对待自己工作的态度和将教学决策建立在理论基础上的意识，具备通过研究解决自己工作中出现的问题的能力。③ 一种理想的状态是，职前教师围绕学位论文的研究活动与教育实践能够紧密结

---

① 借鉴"芬兰研究本位教师教育……作为一种（以培养研究为本的教学思维为主要目的）'为了研究的教师教育'（teacher education for research），它所基于的不仅仅是一种'关于研究的教师教育'（teacher education about research），更是一种'依托研究的教师教育'（teacher education through research）"的观点。饶从满、李广平：《芬兰研究本位教师教育模式：历史考察与特征解析》，《外国教育研究》2016 年第 12 期，第 3 ~ 20 页。

② 高耀、陈洪捷、沈文钦：《专业硕士学位论文质量监测评估报告——基于 Y 市学位论文抽检结果的量化分析》，《复旦教育论坛》2017 年第 1 期，第 55 ~ 61 页。

③ Toom, A., Kynäslahti, H., Krokfors, L., Jyrhämä, R., Byman, R., Stenberg, K., Maaranen, K., & Kansanen, P., "Experiences of a research-based approach to teacher education: Suggestions for future policies," *European Journal of Education*, 2（2010）: 331 – 344.

合。因此，以硕士学位论文作为探究研究实践阶段研究对象反思能力发展的切入点，考查学位论文研究与教育实践的结合度及其对反思能力发展的贡献度。

（一）研究情境的进入

2017年10月底至11月初，研究对象结束应用实践后陆续返校，返校后至毕业前进入以撰写学位论文为主的研究实践阶段。在研究实践阶段，研究对象主要在大学指导教师的指导下完成学位论文的研究和撰写工作，我们也鼓励研究对象再回到实践基地学校开展研究活动或向基础实践和应用实践阶段的中学指导教师寻求帮助和支持。

（二）资料的收集

研究实践阶段的实施周期是2017年11月至2018年6月，围绕选定的研究问题集中进行硕士学位论文的研究工作。研究实践阶段的资料收集主要来自对研究对象的访谈，访谈记录是研究实践阶段的主要资料类型。2018年5月下旬，笔者分别与每名研究对象进行了1次一对一的深度访谈（访谈提纲见附录5）。

（三）资料的分析

对每名研究对象的访谈记录进行逐一分析和前后对比分析，勾勒个体的整体图像，实施个体内部验证。在此基础上，针对具体问题进行研究对象个体间的比较分析，进行归类分析，总结特征并建立关系。访谈提纲共包括5个问题（不含最后1个开放式问题），具体如下。

（1）"请谈谈你对反思的理解。你觉得反思对教师职业重要吗？重要性体现在哪些方面？"设计该问题一方面是想了解经过近两年的培养后，研究对象对教师教育视角下的反思内涵的理解和反思重要性的认识达到了什么程度；另一方面是想在正式访谈其他问题前，激活研究对象对于反思的认识，以更好地建立学位论文研究活动与反思之间的关联。

（2）"硕士论文选题是否来源于教育实践中的问题？论文研究是否促进了你对教育实践中相关问题的深度反思？如果是，请举例说明。"该问题的设计用于从三个层面探讨和验证论文研究与教育实践之间的关联性：一是论文选题与教育实践是否存在直接联系；二是论文研究活动是否促进了研究对象对教育实践的某一关键事件或某一类关键事件的反观，是否将关键事件放置在更系统的理论[①]和更宏大的实践视角下，采用更科学的研究方法进行了反思；三是在研究对象认为论文选题和教育实践中的问题关联性不大的情况下，讨论其论文研究活动是否也能观照到实践层面的问题，是否对教育实践中的相关问题进行了回顾和反思以及进行了怎样的反思。

（3）"在进行论文研究与写作过程中，是否向教育实践中的中学指导教师寻求过帮助和支持？如果是，请具体说明。"设计该问题是想了解中学指导教师在研究对象论文研究活动中扮演的角色和参与程度。研究表明，要使教育实践更成功，职前教师、带班教师（中小学指导教师）以及大学指导教师之间的沟通和反馈非常重要。[②] 研究实践阶段亦是如此，尤其是在实践取向和应用取向的论文研究活动中，大学指导教师和中学指导教师可以互为补充，为职前教师提供更加有效的研究指导。

（4）"你认为硕士论文研究对你的反思能力发展是否有贡献？如果有，主要体现在哪些方面？"学位论文的工具价值或研究在反思性实践中的作用具有内隐性特征，[③] 因此，研究对象的主观感受能够为了解论文研究活动对反思能力发展的促进作用提供参照和佐证。

（5）"你觉得就读全日制教育硕士期间，你的反思能力是否得到了很好的发展？教育实践对你反思能力发展的贡献主要体现在哪些方面？"设计该问题是为了了解在研究对象的视角下，对于反思能力发展的自我整体评价，以及由基础实践、应用实践和研究实践构成的全程贯通一体

---

① 在开展反思性活动过程中，使用理论化的概念和模型（或者理论化的知识）会加深对相关问题的概念化理解，这种情况下，反思才能够更加有效地强化职前教师的元认知能力、反思能力以及知识与信息的加工能力。

② 〔美〕阿瑟·J. S. 里德、韦尔娜·E. 贝格曼：《课堂观察、参与和反思》，伍新春、夏令、管琳译，教育科学出版社，2009，第17页。

③ Malinen, O. -P., Väisänen, P., & Savolainen, H., "Teacher Education in Finland: A review of a national effort for preparing teachers for the future," *The Curriculum Journal*, 4 (2012): 1 – 18.

化教育实践模式对其反思能力发展的促进作用的认同度。

第二节　研究实践阶段反思能力发展的研究结果

一　职前教师对反思的理解

经过完整培养周期后的"准教师"们对于反思内涵的理解，能够在一定程度上代表其反思能力的发展水平，反映其积极主动的省思与探究的能力，体现其对反思重要性的认识和理解。

表 6-1　职前教师对反思及其重要性的理解和认识

姓名编码	对反思及其重要性的理解和认识
YW1F	反思就是回头、反过来思考的意思，像《论语》中讲到的"吾日三省吾身"。反思是为了取得进步，得到提高，不断增强自己的综合能力与素养。反思很重要，体现在教师职业的方方面面，比如课堂教学、班级管理和教学研究等。……教学科研是教师扎根实践进行理论研究的一项重要活动，反思对教师教学科研成果的挖掘与形成具有重要作用，有助于教师向专家型和学者型教师转变，不断提高自己的专业素养
YW2F	反思顾名思义就是反过头来思考，也是思考过去的事情，从中总结经验教训。对于教师来说，反思极其有必要，只有经常自我反思、自我批评，才能不断取得进步。教师需要反思课程、反思教学、反思教师职业，反思对于教师来说很重要
YY1F	反思就是在你做一件事情之后对这个事情进行回忆，然后对自己进行评价看看哪里做得好，哪里做得不好，有没有需要改进的地方。我认为反思对于教师这份职业非常重要。……反思自己的教学内容，自己哪里处理得比较得当，哪一个知识点讲得比较精彩，或者是反思课堂上发生了什么突发情况，自己处理得不好，或者是自己之前准备好的内容为什么没有讲授出来……教学能力就会不断地得到提高
YY2F	我觉得反思就是对做过的事情或者经历过的（事情的）一个总结和思考，其作用是根据先前经验反思的经验教训为以后的相关行为做指导。反思能够使我更加认识自我，更有利于个人成长。我认为反思非常重要。首先，通过教学反思，能够思考总结自我备课效果，通过课堂学生反应情况，课下及时总结和反思哪些内容是不必要的，哪些内容是应该更多向学生拓展的。其次，能够总结课堂效果，通过一节课的学生活动和反应，及时思考如何调动学生积极性，如何使活动设计更加具有吸引力。还有，反思能够促进教师个人成长，通过反思我会及时总结自己

姓名编码	对反思及其重要性的理解和认识
SX1F	反思就是在日常教学中对于自身知识系统的不断完善和更新的过程，也是对教学的革新，反思的目的是为了找出最优的解决方案。反思至关重要。在班主任工作中……只有时刻懂得反思自己的管理和教育方式，才能更深入地了解学生；在教学工作中，反思的作用显得尤为重要（省略了对于教学工作内容的描述）
SX2M	反思就是回想每天的教育教学工作，在思考中不断修正改进，元认知能力强的人更善于反思。对教师来说很重要，只有通过反思才能更好地改进教育教学过程，促进学生更好地发展，帮助学生不断跨越最近发展区
HX1M	我喜欢用"复盘"这个词来描述反思过程。每当做完一项工作后，我习惯对自己在工作中的表现进行复盘，从头捋捋自己做过的事，评价自己哪里做得好，哪里做得不好，做得好的地方以后可不可以迁移到其他地方，做得不好的地方下次要如何改进。我认为这样的一个过程就是反思的过程。反思对于教师这份职业非常重要，之所以重要是因为它能够促进教师的自我成长与发展，人生观和教育理念都会不断更新，对社会和生活也会有更积极的认知，同时显性化地体现在教师教育教学水平的提高上
HX2F	反思是教学重要的一个环节，是我对于某节课的一种课后总结，以期待自己的教学水平的提升。有老教师告诫我们，讲三年课不一定能有特别大的收获，但是坚持三年的反思，你一定会收获颇丰。回顾和反思自己的教学活动，真的能从其中发现自身的不足和缺陷，在下一节课、下一个班级更好地、更加合理地安排教学内容。反思对教师职业非常重要，主要体现在回顾自身的教学优缺点，寻找自身教学上的短板和缺陷，同时积极发挥自身教学上的优势和长处，以利改进，逐渐形成符合自身的教育教学风格
DL1F	反思是一种内省智能，是对已经发生的事情进行思考的能力与过程，反思的内容主要有事件的目标、过程及结果。其中，结果是否达到了预期以及过程中存在的问题是反思的重点，从中总结出成功的经验和失败的教训。反思对教师很重要，波斯纳曾提出教师专业成长的公式，也就是"经验＋反思＝成长"，说明经验的积累只是一方面，更重要的是透过经验上升到理论层面，并再一次指导实践。我觉得重要性主要体现在教学能力、教育机智、研究水平等方面
DL2F	我觉得反思就是一堂课上完后，对整个教学过程的自我评价，从做得好的和不足的地方进行总结。对教师职业挺重要，有了反思才能更好地实现自我成长，可以知道自己的不足之处，有针对性地调整自己的教学，扬长避短，形成自己的教学风格

研究对象对反思内涵的理解可以归纳为对"过去的事情"进行"反观"、"回忆"、"回想"或"复盘"，通过"总结"经验与教训、"自我评价"、"自我认识"和"内省"，以达到"修正"、"改进"、"进步"、"提高"、"不断完善和更新"、"为以后的相关行为做指导"、"找

出最优的解决方案"或实现优秀经验的"迁移"的目的。所有研究对象都认同反思之于教师职业的重要性，并且都从教学层面阐述了反思的重要性，认为反思有助于优化包括教学内容、教学方法、教学环节等在内的教学实践活动，以提升"教学效率"、"教学能力"和"教学效果"。除此之外，10 名研究对象中，有 6 人明确提出反思能够促进教师的专业成长，有 5 人认为反思有利于促进学生发展，有 2 人建立了反思与研究之间的关联。

二 硕士论文研究与教育实践的关联性

根据访谈结果，7 名研究对象的硕士论文选题来源于教育实践中观察到或经历过的问题，2 名研究对象的论文选题来自"兴趣"（SX2M）和"与大学指导教师的协商"（HX2F），还有 1 名研究对象（HX1M）论文选题是从"导师课题里面选的"。

受访的研究对象均表示，论文研究促进了对教育实践中相关问题的反思。但笔者发现，在问题指向的明确度或与教育实践本身的关联度上存在差异。3 名研究对象（YW1F、YW2F 和 DL2F）围绕中学学科教学中具体教学方法的应用开展了研究并撰写了硕士学位论文。例如，

> 在教育实践中我发现，诗歌教学中诵读法的应用存在流于形式的现象，为了读而读，没有充分发挥诵读在诗歌教学中的作用。于是，我就想从这个角度切入去做一个系统的梳理，在自己的论文中结合教学实践中的个案，我最终从四个方面对诵读法的应用进行了总结分析……（YW2F－180522－访谈）

2 名研究对象（YY1F 和 HX1M）的硕士论文研究分别指向教师专业能力中的教学效能感和课程实施能力。以 YY1F 为例，她将教师效能感作为论文选题是因为，"我发现，我自己在教学过程中对自己信心不是很强，感觉自己不能完全掌握课堂上的各种突发情况，在查找文献时我了解到了教师效能感的问题"。

我的论文选题也是教师效能感，在撰写论文期间，我觉得对我的反思能力也有提高。通过对问卷进行分析和对老师的访谈，我会思考影响效能感的因素，尤其是针对具体的老师，水平高的为什么高，低的为什么低，有哪些手段能促使教师的效能感提升，我也会结合自己的情况去思考在胜任课堂教学和胜任教师的工作上还有哪些不足……（YY1F－180525－访谈）

2 名研究对象（YY2F 和 DL1F）围绕教育教学活动的载体——校本课程和教材内容进行了研究，分别关注了"校本课程对中学教师专业发展的影响"和"初中地理教材对学生地理思维能力培养的作用"的问题。

第一学期开展教育实践的过程中，我发现实习学校的校本课程做得特别好，很成系统，我就想能否对这个校本课程进行研究，和大学指导教师还有中学指导教师商量后，论文选题初步确定为校本课程和教师专业能力的关系，后来做了一些调整……论文确实能够让我更加深度（地）思考一些问题，比如说，为了更加深入了解这一选题，我深度采访了很多老师，通过采访我更加能够深入思考问题；也采访了很多学生，通过采访学生更加能够对比和反思教师角度和学生角度看待问题的不同……（YY2F－180523－访谈）

自述论文选题并非直接来源于教育实践的 3 名研究对象的论文选题方向分别是学科史融入学科教学（SX2M）、教师的课程实施能力（HX1M）和研究性学习模式的课堂应用（HX2F）。虽然选题并非源于研究对象在教育实践中观察到或经历过的问题，但实际上都与中小学教育教学实践具有相关性，研究对象也认为促进了他们对教育实践问题的反思。例如，

　　我的论文选题是数学史融入数学教学，是我个人比较感兴趣的
问题，在开展教育实践时也在思考如何在教学中多涉及这方面的内
容，我觉得这对于学生更好地理解相关数学知识还是很有帮助的。
我主要思考的是教学内容的提炼、设计以及与课堂教学更好地融合
的问题，既解决了我的实践困扰，也完成了我的论文研究……
（SX2M - 180522 - 访谈）

三　硕士论文研究中中学指导教师的参与度

　　访谈结果表明，中学指导教师参与硕士论文研究的形式主要包括作
为硕士论文的研究对象以及为论文研究的开展提供支持（包括推荐其他
教师参与访谈、协助发放问卷、提供课堂观察机会、指导教学设计等）。
几乎没有中学指导教师直接参与研究对象的硕士论文指导，除非研究对
象就论文中的相关问题主动提出需求（如 YY2F）。另外，大学指导教
师的指导风格以及与中学指导教师的熟悉程度和合作程度也对中学指导
教师参与研究对象的硕士论文研究有一定影响。访谈中发现，YY2F 属
于比较有代表性的个案，在读期间分别与大学指导教师和中学指导教师
联名发表过学术期刊论文，教育实践过程中三方（职前教师、大学指导
教师和中学指导教师）合作比较紧密。

　　我觉得中学指导教师对我的帮助非常大。从最开始我关注到
JYSYX（实践学校名称——笔者）的校本课程之后，围绕校本课程
的相关问题我向 Q 老师（YY2F 的中学指导教师——笔者）请教了
很多问题，包括她们学校开发校本课程的来龙去脉。后期开展论文
研究时，主要是在大学导师的指导下，设计问卷和调整访谈提纲，
Q 老师也给了我一些很好的修改建议。在后期访谈中学教师和发
放、回收问卷过程中，Q 老师一直都非常热心、认真地帮助我。
（YY2F - 180523 - 访谈）

四 硕士论文研究对反思能力发展的贡献

在访谈中，与其他问题相比，多名研究对象在此问题上明显表现出迟疑和不确定的语气，需要更长的思考时间。由于部分研究对象的回答未能很好地聚焦，笔者根据每名研究对象的表述，对硕士论文研究促进其反思能力发展的具体表现进行了归纳（详见表6-2）。以"运用理论分析问题的能力"为例，节选部分研究对象的访谈记录如下："在对选取的教学案例进行分析时，通过阅读文献去寻找一些理论支撑，对教学理论有了更多的理想，尝试用理论去对案例进行分析。"（YW2F-180522-访谈）"在写论文研究的理论基础时，就感觉得找到关于研究性学习的一些理论，从开题的时候就开始思考这个问题了……"（HX2F-180523-访谈）硕士论文研究是职前教师将学习的教育研究方法、教育教学理论以及平时研究训练的成果进行系统整合，并以此为基础在指导教师指导下围绕具体的实践取向或应用取向的问题进行深入分析、提升运用理论分析问题的能力是硕士论文的基本指向。

除此之外，不同的研究对象也都从各自的视角表达了自己的观点。YW1F认为硕士论文研究促进了她"辩证认识问题的能力"——"我的论文是关于高中文言文教学方法的，但实习过程中我就在观察或试着去用一些教学手段和方法，没有绝对适用的方法，需要考虑到很多因素，论文研究促进了我的思考，我觉得这是对我反思能力的贡献"（YW1F-180522-访谈）。YY1F和YY2F均提到了"对比分析的能力"，缘于2名研究对象在硕士论文研究中针对不同个案或不同个体进行了比较分析；DL1F认为硕士论文研究促进了她"批判性思考的能力"——"虽然在论文中没有过多体现批判性的观点，但对于教材内容的编写编排上我是有一些想法的"（DL1F-180525-访谈）；等等。笔者认为，硕士论文研究对职前教师反思能力发展的贡献远不止于10名研究对象的表述，且彼此之间具有共通性，由于这种贡献的内隐性特点而不易被察觉，或研究对象对该问题缺乏深入思考而没有在访谈中被激发出来。

表 6 - 2　硕士论文研究促进职前教师反思能力发展的具体体现

姓名编码	促进反思能力发展的具体体现	姓名编码	促进反思能力发展的具体体现
YW1F	辩证认识和换位思考问题的能力	YW2F	运用理论分析问题的能力
YY1F	分析问卷数据的能力、对个案进行对比分析的能力、自我剖析的能力	YY2F	多角度对比分析的能力、运用理论分析问题的能力
SX1F	运用理论分析问题的能力	SX2M	学科思维能力
HX1M	运用研究方法的能力、运用理论分析问题的能力	HX2F	逻辑思维能力、运用理论分析问题的能力
DL1F	批判性思考的能力、建立不同事件或事物之间联系的能力	DL2F	主动反思的意识和习惯

　　不仅在研究实践中，在包括基础实践和应用实践在内的整个教育实践过程中，指导教师应利用研究成果从步骤、内容、手段三方面指导职前教师进行反思，通过硕士论文研究实现从"研究成果的消费"到"研究成果的产出"，从"知识为本的学习"到"高度专业知识的形成"，学会对自己的工作进行探究，切实提升职前教师的反思能力。①

五　反思能力发展的整体自我评价

　　根据对访谈记录的梳理，对于"你觉得就读全日制教育硕士期间，你的反思能力是否得到了很好的发展"这一问题，7 名研究对象给予了完全肯定的回答，2 名研究对象使用了"一定程度上得到了较好的发展"（YY2F）和"得到了一定的发展"（HX1M）的表述，1 名研究对象表示"不太确定"（SX2M）。

　　对于反思能力获得发展的体现，研究对象从反思的内容、反思的形式、反思的视角、反思的深度以及反思本身等角度分别进行了表述。例如，在反思的内容上，学会或意识到要围绕课堂教学（包括教学设计、

---

① 饶从满、李广平：《芬兰研究本位教师教育模式：历史考察与特征解析》，《外国教育研究》2016 年第 12 期，第 3 ~ 20 页；张晓光：《研究性反思：芬兰师范生教育实习探析》，《教育研究》2019 年第 5 期，第 86 ~ 93 页。

教学机智及课堂教学实践的方方面面)、教学研究、专业能力(包括专业知识和教学能力等)、听评课等方面开展反思;反思的形式和视角变得更加多元,包括自我反思、习惯性结合理论进行反思、从第三方视角进行反思等;对于反思本身进行思考,肯定了真实情境对于反思能力发展的重要性,对教学反思的意义和过程了解得更加深入;等等。

笔者发现,对"反思能力是否得到了很好的发展"未给予完全肯定性回答的研究对象并不意味着其反思能力的发展状况不理想,有可能是尚未达到自己心目中的理想水平,认为自己目前的发展水平与"很好"还存在差距。例如,

> 我觉得一定程度上得到了较好的发展。首先,自己会习惯性的(地)结合实践和理论自我总结;其次,我会根据大学导师和中学教师的指导意见及时改正自我、反思自我;最重要的是,我感觉能够以一种更加开放的态度接受别人对自己的指导性意见。(YY2F – 180523 – 访谈)

> 我的反思能力确实得到了一定的发展。反思的视角更多元也更深入,之前的教育反思视角基本局限于学生当前的发展和反馈上,现在能从整个课程框架和学生长远的发展来反思。尤其是实习中讲课的经历,包括备课、磨课、试讲环节在内的整个经历,对反思能力的促进帮助很大。(HX1M – 180523 – 访谈)

第三节　研究实践阶段反思能力发展的研究结论与讨论

有研究表明,职前教师对研究本位的教师教育范式反响积极,研究本位意味着探究导向以及研究方法和教育理论学习的逐步深化,意味着未来教师能够作为实践研究人员来解决日常教学问题和作出教学决策,成为未来教师应对日常工作挑战的一种赋权方式,但关键在于如何在职

前教师培养中体现研究本位来组织教学、研究和学习。① 作为研究本位教师教育的代表性国家，芬兰对此进行了深入的理论和实践层面的探究，将反思能力的形成与发展作为职前教师教育实践的中心目标。② 这一点与本研究中的全程贯通一体化教育实践模式尤其是研究实践的旨归不谋而合。硕士论文研究被视为整个学习的集大成者，是研究实践阶段的核心任务，围绕硕士论文研究来探讨应用实践阶段研究对象的反思能力发展状况，形成的主要结论如下。

一　职前教师对反思内涵的认识和理解整体比较深刻

整体而言，研究对象对反思内涵及其对教师职业的重要性的理解和认识比较全面深刻，难能可贵之处有三点：一是能够基于或结合理论或学术概念来进行表述，例如，"元认知""迁移""内省智能""经验 + 反思 = 成长"等；二是特别强调反思对教师专业发展的促进作用；三是能够意识到反思之于教育教学研究的重要性。有研究指出，职前教师并不否认研究对于职前培养的价值，只是不容易被明确意识到，比如在评价教学能力或竞争就业岗位时。③

二　职前教师的硕士论文研究与教育实践具有较强的关联性

尽管不是所有研究对象的硕士论文选题都来源于自己在教育实践中观察到或经历过的问题，但其论文研究均与教育实践具有较强的关联性，并促进了对教育实践中相关问题的反思。在与 10 名研究对象以外

① Byman, R., Krokfors, L., Toom, A., Maaranen, K., Jyrhämä, R., Kynäslahti, H., & Kansanen, P., "Educating inquiry-oriented teachers: Students' attitudes and experiences towards research-based teacher education," *Educational Research and Evaluation*, 1 (2009): 79 – 92.

② 张晓光：《研究性反思：芬兰师范生教育实习探析》，《教育研究》2019 年第 5 期，第 86~93 页。

③ Malinen, O. -P., Väisänen, P., & Savolainen, H., "Teacher Education in Finland: A review of a national effort for preparing teachers for the future," *The Curriculum Journal*, 4 (2012): 1 – 18.

的其他全日制教育硕士的非正式交谈中，偶有"硕士论文与教育实践没有关系"的反馈，但问到"硕士论文研究是否促进了你对教育实践中相关问题的思考"时，往往得到的又是相对肯定性的答复。正如一项关于职前教师对芬兰研究本位教师教育认识的调查研究所揭示的那样，职前教师理解"研究"并看到了"研究"的意义，但回归到教学实践和真实的教育情境中，又没有充分感知到"研究"的工具性价值。[①] 作为未来的实践研究者，全日制教育硕士学位论文研究的理想状态是，与教育实践紧密结合，顺应实践导向和应用导向的培养目标，提升职前教师解决实际问题的能力。

三 中学指导教师在职前教师硕士论文研究中主要扮演支持者角色

按照全程贯通一体化教育实践模式的设计，鼓励全日制教育硕士在研究实践阶段重返基地学校，围绕硕士论文选题开展教育实践问题研究。研究表明，中学指导教师在研究对象的硕士论文研究中主要扮演支持者的角色，即为研究对象的论文研究开展提供帮助，但很少直接参与论文指导工作。中学指导教师在研究对象硕士论文研究活动中的参与度存在差异，既有紧密型的个案，也有疏离型的个案，但主要还是扮演支持者的角色。实际上，如果大学指导教师和中学指导教师能够互为补充，相信可以为职前教师提供更加有效的论文研究指导。因此，有必要引导建立实质性的"实践共同体"，强化共同体在每个实践阶段的作用。

四 硕士论文研究之于反思能力发展贡献的共识度不高

尽管研究对象并不否认硕士论文研究对于反思能力发展的贡献，但对于贡献的体现的表述比较分散，缺乏系统深入的思考，因此没有达成

---

① Eklund，G.，"A Research-based teacher education in Finland-A Dilemma for the students," *Psychology Research*，7（2014）：567 – 578.

较为一致的共识。当然，从笔者的角度来看，访谈的时机和访谈中的有效追问等可能产生了不利影响；从论文研究环节设计的角度来看，强化硕士论文研究发挥理论与实践融合剂的作用，是强化反思的有效方式；从指导教师的角度来看，指导职前教师基于实践经历的反思对自己过去的工作或未来的工作进行探究，是提升职前教师反思能力的有效途径。

五 关于研究实践阶段职前教师反思能力发展状况的讨论

根据访谈的结果，研究对象对就读全日制教育硕士期间自身反思能力发展状况的主观感受整体比较乐观。具体到研究实践阶段，以硕士论文研究为中心，在研究对象看来，研究实践促进了对教育实践中问题的反思，并促进了反思能力的发展。前文提到的诸多已有研究已经证实，"研究"对职前教师的专业成长和职业发展具有长远意义，此处不赘述。为了更好地发挥研究实践的作用，包括更好地发挥促进职前教师反思能力发展的作用，至少需要重申以下三个方面的意识。

第一，"研究"不仅仅是硕士论文研究，研究实践也不是仅有硕士论文研究这一项任务，要意识到理想的研究实践是贯穿培养全过程的研究性学习和研究训练。就像我们一直提到的芬兰研究本位的教师教育，教育实践也是基于其教师教育观，以研究性反思为价值取向。"研究"意味着探究导向、研究方法和教育理论的逐渐深化，[①] 意味着"习惯性的（地）结合实践和理论自我总结"（YY2F-180523-访谈），意味着需要采取"研究"行为去解决理论学习和教育实践中的问题和任务。

第二，硕士论文研究是研究实践阶段的主要任务，它不仅是毕业要求的一个必要环节，更是一个对理论学习和教育实践进行反思、融合和升华的重要机会。如果借鉴芬兰研究本位教师教育中"双重实践"的做法，基础实践阶段和应用实践阶段采取"研究"行为去解决理论学

---

① Byman, R., Krokfors, L., Toom, A., Maaranen, K., Jyrhämä, R., Kynäslahti, H., & Kansanen, P., "Educating inquiry-oriented teachers: Students' attitudes and experiences towards research-based teacher education," *Educational Research and Evaluation*, 1 (2009): 79-92.

习和教育实践中的问题和任务就属于基础水平（basic level）的研究实践，硕士论文研究则是"遵循螺旋式安排，最终达到综合水平（general level）的研究实践阶段"[1] 的核心任务。所谓"综合水平的研究实践"，笔者认为就是对自我理论学习和教育实践的反思、融合和升华。

第三，既然全程贯通一体化教育实践模式的特点和优势是教育实践贯穿培养全过程，就要充分发挥"两校三方"[2] 的协同效应，要意识到建立实质性"实践共同体"的价值和意义。无论是基础实践阶段、应用实践阶段，还是研究实践阶段，部分研究对象都表达了对"集体（式）指导"的期待，前文也从理论分析角度阐述了"实践共同体"的必要性。基于"实践共同体"的教学实践指导和研究实践指导能够更好地促进职前教师的反思能力发展，提供更好的学习和成长体验。对于"实践共同体"，笔者还将在后文中进行深入探讨。

---

[1]　饶从满、李广平：《芬兰研究本位教师教育模式：历史考察与特征解析》，《外国教育研究》2016 年第 12 期，第 3~20 页。

[2]　两校是指大学和基地中学，三方是指职前教师、大学指导教师和中学指导教师。

第七章

职前教师反思能力发展状况调查分析

基于"体验—提升—实践—反思"的全程贯通一体化教育实践模式是否有效促进了职前教师反思能力的发展，是本课题尝试回应的关键问题。基础实践阶段、应用实践阶段和研究实践阶段的跟踪研究表明，虽然个体之间的反思能力发展程度存在差异，但整体上全程贯通一体化教育实践模式有效提升了职前教师的反思意识和反思能力。笔者所在大学的其他课题组调查并对比研究了采用全程贯通一体化教育实践模式与传统培养模式[①]的全日制教育硕士反思能力发展的差异。研究结果表明，全程贯通一体化教育实践模式下的全日制教育硕士反思能力发展显著优于传统培养模式下的全日制教育硕士，且全程贯通一体化教育实践模式下全日制教育硕士对反思促进理解教育实践、理解学科知识和提高教学能力等方面作用的认识都显著高于传统培养模式，全程贯通一体化教育实践模式对促进全日制教育硕士的专业成长产生了更加积极的影响。[②]

为了进一步验证全程贯通一体化教育实践模式促进职前教师反思能力发展的有效性，有必要在结束为期两年的培养后，面向同一批全日制教育硕士再次开展反思能力发展水平测量，通过前后两次数据的对比，

---

① 传统培养模式是指采用"课程学习＋教育见习＋教育实习＋论文研究"的阶段化、时序化、模块化的培养模式。

② 李广平、和立伟、张梦雅：《实践反思模式下教育硕士生的反思能力发展研究》，《学位与研究生教育》2018 年第 3 期，第 7～12 页。

对其反思能力发展状况进行调查分析，并对整个跟踪研究过程得出的结论进行核验和补充。根据反思能力初始状况调查分析（第一轮测量）和跟踪研究过程中研究对象表现出的问题和发现的关键关注点，针对全日制教育硕士反思能力发展状况的调查分析（第二轮测量）重点回应的问题包括：全日制教育硕士反思能力整体水平表现出怎样的变化？全日制教育硕士反思能力发展水平的内部差距有何变化？全日制教育硕士对全程贯通一体化教育实践模式及该模式引导下反思能力发展状况的满意度如何？

第一节 反思能力发展状况调查的研究设计

对全日制教育硕士反思能力发展状况调查分析的研究设计与对其反思能力初始状况调查分析的研究设计基本一致，根据研究开展时的具体情况从研究对象和测量问卷两个方面作出如下补充说明。

一 关于研究对象的补充说明

对全日制教育硕士反思能力发展状况的调查分析仍以本课题组所在大学 2016 级学科教学（语文）、学科教学（英语）、学科教学（数学）、学科教学（化学）、学科教学（地理）5 个综合改革试点学科的 189 名全日制教育硕士为调查对象。与初始状况调查采取发放与回收问卷的方式不同，对发展状况的调查依托"问卷星"网络平台采取了在线填写与回收的方式，主要是因为毕业离校前不具备将 5 个学科的全体全日制教育硕士集中起来集体填写问卷的客观条件。问卷开放时间为 2018 年 5 月 28 日至 2018 年 6 月 29 日，共回收问卷 142 份，其中有效问卷 133 份。2 次调查分析研究对象的整体情况和主要统计学分布情况见表 7 - 1。

表7－1　研究对象整体情况和主要统计学分布状况对照

单位：人

变量		入学时（N＝185）	毕业时（N＝133）
性别	男	14	12
	女	171	121
学科专业	学科教学（语文）	64	39
	学科教学（英语）	40	38
	学科教学（数学）	30	18
	学科教学（化学）	30	25
	学科教学（地理）	21	13

注：为更加清晰地展示两轮调查的情况，表格中将反思能力初始状况调查（第一轮测量）标记为"入学时"，将反思能力发展状况调查（第二轮测量）标记为"毕业时"，本章所有表格均采用该方式。另外，在入学时的测量中发现，"教学经验""教育实习经历""本科专业是否为师范类专业"3个变量对于调查对象的初始反思能力的总体水平和下设3个因子的发展水平均没有显著影响，毕业时的测量不再对上述3个变量进行统计和开展对比分析。

二　关于测量问卷的补充说明

对全日制教育硕士反思能力发展状况的调查分析依然采用全日制教育硕士反思能力测量问卷（见附录2）。相较于入学时第一轮测量使用的问卷增加了5个题项，分别是"你对全程贯通一体化教育实践模式整体设计的满意度"、"你觉得我校设计的教育实践模式对你的专业成长帮助程度"、"毕业后你是否选择了从事教师这份职业"以及"经过全日制硕士阶段的学习"调查对象对"教学能力"和"反思能力"进步程度的自我评价。期待通过增加的题项，调查全日制教育硕士对全程贯通一体化教育实践模式及该模式引导下反思能力发展状况的满意度。

第二节　反思能力发展状况调查结果

围绕计划重点回应的三个问题，从毕业时全日制教育硕士的反思能力发展水平整体状况、反思能力发展水平的分组对比分析以及全日制教

育硕士对全程贯通一体化教育实践模式及该模式引导下反思能力发展状
况的满意度三个方面呈现研究结果。

一 反思能力发展水平的整体状况

对反思能力发展状况的调查分析结果显示，毕业时全日制教育硕士
反思能力总平均值为 3.69，入学时其初始反思能力总平均值为 3.56。
对入学时的初始反思能力和毕业时的反思能力进行独立样本 t 检验，结
果（见表 7-2）表明，全程贯通一体化教育实践模式下全日制教育硕
士的反思能力有显著提升。下设三个因子中，日常反思能力和教育理论
与问题反思能力有较为显著的提升，教学反思能力的提升不显著。

表 7-2　毕业时反思能力与下设三个因子的发展状况比较　（M ± SD）

维度	入学时（N = 185）	毕业时（N = 133）	t 值
反思能力	3.56 ± 0.52	3.69 ± 0.34	2.94 **
日常反思能力	3.82 ± 0.53	3.94 ± 0.51	2.35 *
教学反思能力	3.19 ± 0.66	3.27 ± 0.34	1.73
教育理论与问题反思能力	3.68 ± 0.72	3.84 ± 0.52	2.59 *

注：** 表示 $p < 0.01$；* 表示 $p < 0.05$。

从毕业时反思能力发展水平分布直方图（见图 7-1）来看，调
查对象的反思能力依然呈现出正态分布的特征，多数处于中间水平，
少数反思能力发展水平表现为特别强或特别弱。从标准差数值和直方

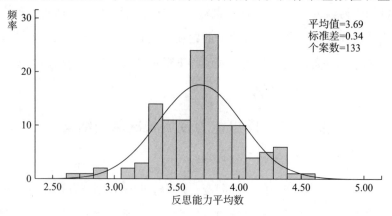

图 7-1　全日制教育硕士毕业时反思能力分布情况

图分布情况来看，毕业时调查对象的反思能力表现出更集中于总平均值的趋势。

通过对反思能力与下设 3 个因子间的配对样本 t 检验（见表 7-3）发现，全日制教育硕士毕业时的反思能力与下设因子间的差异状态基本与入学时保持一致，即日常反思能力和教育理论与问题反思能力的均值显著高于反思能力的均值，教学反思能力的均值显著低于反思能力的均值（$p < 0.001$）。并且，毕业时反思能力与下设因子间的差异水平的显著程度较入学时有所升高，说明反思能力与各因子间的均值差异水平有所升高。

进一步对 3 个因子进行配对样本 t 检验（见表 7-4）发现，毕业时 3 个因子间的差异状态与入学时基本一致，即日常反思能力显著高于教学反思能力和教育理论与问题反思能力，教育理论与问题反思能力显著高于教学反思能力（$p < 0.01$）。并且，日常反思能力与教学反思能力之间、教学反思能力和教育理论与问题反思能力之间的差异水平的显著程度较入学时有所升高。结果表明，教学反思能力依然明显滞后。

表 7-3　毕业时反思能力与下设 3 个因子之间的差异比较 （M ± SD）

反思能力与下设 3 个因子之间的比较	入学时 t 值	毕业时 t 值
反思能力→日常反思能力	-10.28 **	-11.08 ***
反思能力→教学反思能力	11.50 **	11.91 ***
反思能力→教育理论与问题反思能力	-4.19 **	-6.50 ***

注：*** 表示 $p < 0.001$；** 表示 $p < 0.01$。表 7-4、表 7-5 同此。

表 7-4　毕业时反思能力下设的 3 个因子之间的差异比较 （M ± SD）

反思能力下设 3 个因子之间的比较	入学时 t 值	毕业时 t 值
日常反思能力→教学反思能力	12.37 **	12.45 ***
日常反思能力→教育理论与问题反思能力	3.42 **	3.07 **
教学反思能力→教育理论与问题反思能力	-8.93 **	-10.34 ***

二　反思能力发展水平的内部差距

(一) 反思能力发展水平的分组对比分析

借鉴初始反思能力调查分析时的分组对比方式，将毕业时全日制教育硕士反思能力的总平均值 3.69 作为参考，把调查对象分为两组：反思能力总平均值大于 3.69 的视为反思能力相对较强的组，简称 A 组；反思能力总平均值小于等于 3.69 的视为反思能力相对较弱的组，简称 B 组。通过 A、B 两组间的独立样本 t 检验，对毕业时反思能力发展水平的内部差异进行对比分析。分析结果（见表 7 - 5）表明，A 组反思能力的总平均值为 3.95，B 组反思能力的总平均值为 3.44，t 值为 13.68，$p < 0.001$，表明 A、B 两组间存在显著差异。下设各因子的具体表现与反思能力总体表现趋于一致，A 组的各个因子的平均值均高于 B 组，并且差异显著（$p < 0.001$ 或 $p < 0.01$）。

表 7 - 5　A 组和 B 组毕业时反思能力发展水平的差异 (M ± SD)

维度	A 组 (N = 64)	B 组 (N = 69)	t 值
反思能力	3.95 ± 0.21	3.44 ± 0.22	13.68***
日常反思能力	4.29 ± 0.39	3.62 ± 0.39	9.98***
教学反思能力	3.36 ± 0.36	3.19 ± 0.29	3.03**
教育理论与问题反思能力	4.21 ± 0.36	3.51 ± 0.41	10.30***

(二) 不同学科间反思能力发展水平的对比分析

方差分析（f 检验）的结果表明，不同学科全日制教育硕士毕业时反思能力发展水平不再存在显著差异，下设的 3 个因子中，仅教育理论与问题反思能力存在较为显著的差异，日常反思能力和教学反思能力不存在显著差异（见表 7 - 6）。入学时，不同学科全日制教育硕士的初始反思能力、日常反思能力和教育理论与问题反思能力均存在显著差异。毕业时，反思能力发展水平的平均值为 3.60 ~ 3.83，日常反思能力的平均值为 3.84 ~ 4.18，教育理论与问题反思能力的平均值为 3.67 ~ 4.18，均为语文学科最高。在教学反思能力方面，平均值为 3.16 ~ 3.50，地理学科最高。

表 7 - 6　不同学科全日制教育硕士毕业时反思能力发展水平的差异比较（M ± SD）

学科专业	反思能力	日常反思能力	教学反思能力	教育理论与问题反思能力
学科教学（语文）	3.83 ± 0.36	4.18 ± 0.57	3.16 ± 0.39	4.18 ± 0.53
学科教学（英语）	3.69 ± 0.31	3.92 ± 0.47	3.30 ± 0.34	3.85 ± 0.43
学科教学（数学）	3.67 ± 0.30	3.98 ± 0.42	3.28 ± 0.27	3.76 ± 0.55
学科教学（化学）	3.60 ± 0.37	3.84 ± 0.59	3.27 ± 0.33	3.70 ± 0.57
学科教学（地理）	3.69 ± 0.14	3.89 ± 0.19	3.50 ± 0.29	3.67 ± 0.67
f 值	1.54	1.39	1.01	3.03*

注：* 表示 $p < 0.05$。

三　对教育实践模式及该模式引导下反思能力发展状况的满意度

根据统计，93.23% 的调查对象对全程贯通一体化教育实践模式的整体设计感到满意，其中，40.60% 选择了"非常满意"；97.74% 的调查对象认为全程贯通一体化教育实践模式对自身的专业成长有帮助，其中，65.41% 选择了"非常有帮助"；88.72% 的调查对象认为自己的教学能力获得了进步，其中，30.08% 对"教学能力进步很大"表示"完全同意"。另外，96.99% 的调查对象毕业后选择了从事教师职业。整体而言，全日制教育硕士对全程贯通一体化教育实践模式的满意度较高，对于该实践模式促进自身专业成长的认同度较高。

从调查对象对反思能力发展状况的自我评价来看，133 名全日制教育硕士中，113 名（占 84.96%）认为自己的反思能力进步很大，其中，28 名（占 21.05%）对"反思能力进步很大"表示"完全同意"，85 名（占 63.91%）全日制教育硕士对"反思能力进步很大"表示"比较同意"或"基本同意"；20 名（占 15.04%）全日制教育硕士对自己的反思能力是否进步很大表示不确定或给予了否定的回答。

第三节　反思能力发展状况调查结果分析

一　反思能力发展水平整体状况

根据研究结果，全日制教育硕士毕业时反思能力的总平均值为3.69，较入学时的初始反思能力有显著提升，表明在全程贯通一体化教育实践模式引导下全日制教育硕士的反思能力获得了较好的发展。但应该意识到，在问卷设定的5点等级评分中，3.69仍属于中等偏上水平，全日制教育硕士的反思能力与高水平还有比较明显的差距。反思能力下设的3个因子中，只有教学反思能力的提升不显著，因此，教学反思能力发展水平的明显滞后仍然是制约反思能力整体水平提升的主要原因。

首先，教学反思能力在教师能力结构中居于核心地位，是胜任教师职业的基本能力，但又属于较难发展的教师能力之一，对于职前教师更是如此。职前教师需要实现信念、先验知识以及经验之间的相互嵌入，并以此构建自己的学习，[1] 才能更好地开展教学反思。显然，这对于职前教师而言非常困难。其次，尽管反思被认为是可教的，并也被广泛证明是改进教学实践的有效工具，但教师教育者并不一定明晰如何教导职前教师有意义地反思他们的教学，却反过来期望职前教师进行自我反思。[2] 因此，有必要为职前教师提供如何有效开展教学反思的培训，包括为包括教学反思在内的所有反思活动提供支持，例如模式、制度、方法和环境等方面的支持，以便最大限度地发挥反思的作用。再次，在对

---

[1]　Lin, H. L., Gorrell, J., & Porter, K., "The road to pre-service teachers' conceptual change," Paper Presented at the Mid-South Educational Research Association Point Clear, Alabama, November, 1999: 3–4.

[2]　Robichaux, R. R., & Guarino, A. J., "The impact of implementing a portfolio assessment system on pre-service teachers' daily teaching reflection on improvement, performance and professionalism," *Creative Education*, 3 (2012): 290–292.

选定的 10 名研究对象开展跟踪研究的过程中笔者发现，职前教师在教育实践过程中实际上开展得最多的就是"对教学的反思"，尽管不同研究对象的教学反思能力的进步程度存在差别，但跟踪研究的结果足以支持其教学反思能力获得了进步的观点。因此，也需要对本研究使用的测量问卷进行反思，有关教学反思能力的题目基本采用的是反向计分的形式，是否会对调查对象产生误导，以及需要对题目内容本身的合理性等进行重新审视。最后，有必要再次申明笔者关于建立实质性"实践共同体"的立场，即它对职前教师的教育实践达到预期的理想效果发挥着至关重要的作用。

反思是一个持续的、复杂的生成与发展过程，不能一蹴而就。职前教师很难通过职前培养阶段就成长为成熟的反思性实践者，教师要想成为一名真正的反思性实践者需要时间与经验的积累，并且不可避免地要经受一些磨难。[①] 但是，不能否认职前培养阶段对于教师反思能力发展的必要性和可行性。已有研究指出，适度增加教育实践成分，可以培养职前教师的工具性反思能力，如果能够进行系统化、结构化的实践反思，职前教师有关教学技能方面的工具性反思能力能够得到较好的发展。[②] 同时，职前教师在反思内容、反思时机与反思过程中表现出大量本体性反思能力的端倪。[③] 因此，研究对象的反思能力尤其是教学反思能力仍处于形成与发展之中。在全程贯通一体化教育实践模式的引导下，仍需重点关注全日制教育硕士的教学反思能力发展，同时，促进各项反思能力之间的均衡发展与相互转化，促进工具性反思能力和本体性反思能力的共同提升。

---

① 王春光：《反思型教师教育研究》，东北师范大学出版社，2010，第 106 页。
② 李广平、和立伟、张梦雅：《实践反思模式下教育硕士生的反思能力发展研究》，《学位与研究生教育》2018 年第 3 期，第 7~12 页。
③ 回俊松：《职前教师反思能力培养研究——本体性反思能力培养的必要性与可能性》，博士学位论文，东北师范大学，2014，第 122 页。

二 反思能力发展水平内部差距

根据对比分析的结果，毕业时研究对象反思能力发展水平的内部差距表现出两个特点：一是研究对象内部个体之间反思能力发展水平依然存在显著差距（平均值 3.95 > 3.44，$t = 13.68$，$p < 0.001$），该结果与初始反思能力的分组对比分析的结果具有一致性；二是不同学科之间的反思能力发展水平不再存在显著差异（语文学科 3.83，最高，化学学科 3.60，最低，$f = 1.54$，$p > 0.05$），该结果与初始反思能力的学科间对比分析的结果不同，学科间的初始反思能力存在显著差异（语文学科 3.77，最高，英语学科 3.36，最低，$f = 5.61$，$p < 0.001$）。

通过对入学时和毕业时反思能力分组对比分析的结果进行比较可知，内部个体之间的反思能力差距水平有所提升。这与针对 10 名全日制教育硕士开展的跟踪研究的结果具有一致性和相互验证性，不仅全程高能的"高起点快速发展型"研究对象与"低起点缓慢发展型"研究对象之间的差距越来越大，在跟踪研究的过程中笔者发现，"高起点"的研究对象在基础实践阶段、应用实践阶段和研究实践阶段的反思能力发展均表现出更佳的状态。这提醒我们需要正视内部个体之间的差距，在整体提升职前教师反思能力的同时，通过更加有效的干预措施促进"低起点"职前教师反思能力的发展。

对各个学科全日制教育硕士入学时和毕业时的反思能力进行对比分析可以发现，不同学科全日制教育硕士的反思能力均获得了相应提升，并且学科之间反思能力的差距不再显著。该结果能够在一定程度上证明全程贯通一体化教育实践模式对于促进不同学科全日制教育硕士反思能力发展的有效性，并且促使各个学科之间实现了均衡发展。

三 对全程贯通一体化教育实践模式及该模式引导下反思能力发展的评价

在针对 2015 级试点学科全日制教育硕士开展的基础实践实施效果的调查分析中，受测的全日制教育硕士在"实践能力和学习意识的自我认知""教育教学能力""对教育现场、教师职业和课程学习的理解"等方面均给予了积极正向的反馈，尤其是对"我会做教学反思"的自我评价的平均值由实践前的 2.29 提升到实践后的 4.58。2016 级试点学科的全日制教育硕士同样对全程贯通一体化教育实践模式和反思能力的发展给予了高度评价，93.23% 的受测对象对教育实践模式感到满意，84.96% 的受测对象认为自己的反思能力获得了进步。

本课题组所在大学的教育实践管理团队其他成员的相关研究成果也表明，全程贯通一体化教育实践模式在提升全日制教育硕士培养质量、促进教师教育者专业发展以及培养经验的辐射推广等方面均取得了显著成效；[1] 全日制教育硕士的反思是"在教育实践过程中以教师身份，通过具体活动和环节，在一个渐进基础上对从事的教学活动进行探究，从而形成基于理性论证做出教育决策能力的过程"，通过反思"加深对教育理论和学科知识的理解，促进理论与实践的相互融合，获得实践智慧和专业发展"。[2] 但同时也应意识到，在改革重点与方向、组织结构与文化、过程监督与调控以及运行保障机制等方面还存在阻力和矛盾，仍需在实践中不断予以完善和改进。

第四节 反思能力发展状况调查研究的主要结论与相关建议

一 调查研究的主要结论

通过毕业时的调查分析，笔者得出的主要结论包括以下四点：第一，毕业时全日制教育硕士的反思能力发展水平较入学时有显著提升，

---

[1] 秦春生、李广平、魏民：《全日制教育硕士生融合型培养模式的建构与实践》，《学位与研究生教育》2020 年第 12 期，第 30～36 页。

[2] 刘丽艳、秦春生：《基于学科教学实践平台的全日制英语教育硕士培养模式研究》，《研究生教育研究》2017 年第 2 期，第 52～56 页。

总体依然呈正态分布，下设因子中，日常反思能力和教育理论与问题反思能力较入学时有显著提升，教学反思能力较入学时有所提升，但不显著；第二，反思能力与下设 3 个因子之间的差异水平有所升高，教学反思能力的发展依然明显滞后；第三，毕业时全日制教育硕士反思能力发展水平内部个体之间的差距依然非常显著，但学科之间的差距不再显著；第四，全日制教育硕士对全程贯通一体化教育实践模式的总体满意度非常高，对反思能力发展的自我评价度也很高。

二　相关建议

（一）全程贯通一体化教育实践模式有助于全日制教育硕士的反思能力发展，应予以坚持

在开展课题研究的过程中，我们已经多次述及职前教师教育中实践的必要性、教师教育的实践性特征以及实践对职前教师反思能力发展的重要性。一项关于全日制教育硕士培养的研究中构建的"零距离"教师教育理论也讨论了上述相关问题，认为"零距离"意味着大学的教师教育应与基础教育的理论和实践贴近距离、突破边界、达至内在同一，重申了以严格科学的态度坚持实践取向的教师教育立场。[①] 针对全日制教育硕士开展的为期两年的跟踪研究表明，全程贯通一体化教育实践模式有效促进了研究对象反思能力的发展，该教育实践模式构建了在职业环境中培养全日制教育硕士的平台，深度融入职业环境促进了反思能力的发展与提升。

对相关研究的观点进行综合分析后发现，不同主体对教育实践与反思之间的关系和地位的认识存在差异。教师教育者倾向于认为，只有参与教育实践才能真正进行反思性实践，否则即使通过其他方式具备了批判性反思能力也不一定能够体现在教学实践中；也有教师教育研究者指出，在教育实践前提供多种反思机会更有助于反思能力的形成；职前教师通常认为两者不可或缺，既将教育实践视为职前培养阶段最重要的部

---

① 宁虹、赖力敏：《"零距离"教师教育——全日制教育硕士培养的探索》，《教育研究》2015 年第 1 期，第 81~89 页。

分，把它作为培养反思能力的焦点，又认为具备一定的反思经验之后再开展教育实践将会更加有益。[①] 因此，教育实践对于促进反思能力发展非常有必要，但关于教育实践与其他发展职前教师反思能力方式的优先性和顺序性还存在争议。

除了亲身参与教育实践，聆听教师教育者的讲授、对相关文本进行分析以及对教师教育者的教学行为进行观察等都是职前教师进行反思的常见方式。全程贯通一体化教育实践模式的设计是将教育实践融入全日制教育硕士培养的全过程，即将教育实践作为一门课程融入全日制教育硕士课程体系，将教育实践与教育理论类课程和学科教学类课程融为一体。既解决了教育实践与其他反思方式的优先性问题，又实现了反思、实践与学习之间的相互转化和融合，有效地促进了全日制教育硕士的反思能力发展。

（二）强化全日制教育硕士的教学反思能力是提升反思能力总体水平的关键

已有研究以及本课题组在基础实践阶段和应用实践阶段开展的跟踪研究的结果均指出，教育实践中职前教师的反思主要指向教学反思，比较关注自身专业发展（自己在职业中的状况）、教学技能（主要指向课堂教学的技巧和技术性问题）以及对习得的其他陈述性知识和程序性的验证。[②] 职前

---

① Clarke, A., Triggs, V., & Nielson, W., "Cooperating teacher participation in teacher education: A review of the literature," *Review of Educational Research*, 2 (2014): 163 – 202; Nelson, F. L., Miller, L. R., & Yun, C., " 'It's OK to feel totally confused': Reflection without practice by preservice teachers in an introductory education course," *Reflective Practice*, 5 (2016): 648 – 661; Svojanovsky, P., "Supporting student teachers' reflection as a paradigm shift process," *Teaching and Teacher Education*, 66 (2017): 338 – 348; Russell, T., "A teacher educator's lessons learned from reflective practice," *European Journal of Teacher Education*, 1 (2018): 4 – 14.

② Roychoudhury, A., & Rice, D., "Preservice secondary science teachers' teaching and reflections during a teacher education program," *International Journal of Science Education*, 13 (2013): 2198 – 2225; 王碧梅、胡卫平：《职前教师和在职教师教学反思关注点比较》，《教育科学》2016 年第 1 期，第 39～44 页；李广平、和立伟、张梦雅：《实践反思模式下教育硕士生的反思能力发展研究》，《学位与研究生教育》2018 年第 3 期，第 7～12 页。

教师围绕课堂教学开展了大量反思，教学反思能力得到了适度发展，但在构成反思能力的各个维度中仍处于相对滞后的状态，表明提升职前教师反思能力总体水平的关键在于有效促进其教学反思能力的发展。

在基础实践阶段的跟踪研究中笔者发现，除了"对教学的反思"，全日制教育硕士围绕"知识"和"学生学习"也开展了较多的反思，反思关注点与全日制教育硕士反思能力测量问卷中"教育理论与问题反思能力"维度的题目具有较高的契合度。根据毕业时反思能力发展水平的测量结果，受测对象该维度的反思能力较入学时有显著提升。该结果与其他相关研究提出的职前教师较少关注学生发展的观点存在一定偏差，究其原因，主要在于全程贯通一体化教育实践模式下全日制教育硕士能够在系统化、结构化的实践任务与活动安排下长时间深度融入职业环境，具备对知识和学生学习进行反思的客观条件，体现了全程贯通一体化教育实践模式的优势。

前文分析了教学反思能力之于教师职业的重要性以及发展教学反思能力的困难之处，职前教师更加关注自己在课堂教学中的表现以及教学基本能力是其所处成长阶段的正常现象，需要引导职前教师关注更加宽泛的教学问题，开展更加深入的教学反思，尤其是重点关注理念与理论层面的反思以及基于理念和理论的教学反思。

（三）全程贯通一体化教育实践模式仍需不断完善和改进

尽管跟踪研究证明全程贯通一体化教育实践模式有效促进了全日制教育硕士反思能力的发展，但在开展研究过程中，笔者也发现了一些可以继续完善和改进之处。在具体展开之前，补充两点说明。

第一，本研究不将教育实践的常规管理与评价方面存在的问题纳入讨论的范畴。在大学与基地学校的衔接与共同管理、教育实践的过程管理（小组会制、月汇报制、学期汇报制等）、多元主体考核与评价（大学学科教学教师、大学实践管理教师、中学实践指导教师以及实践小组长都会通过填写考核表等形式实施评价）等方面都有详细的要求和规定，但实际执行过程中也会存在一些问题。例如，实施跟踪研究过程中考核表可以作为重要的实物类资料，但教育实践考核表的填写过于笼统、简略，且同质化程度高，考核分数普遍很高，基本丧失了用作研究资料的价值。

第二，本研究着重从促进反思能力发展的角度来反观、审视、讨论教育实践模式的完善与改进。本课题组所在大学实施的全程贯通一体化教育实践模式是在借鉴国内外高水平教师教育机构经验的基础上，经过充分论证、试行、调整及优化后形成的成熟的教育实践模式，即便如此，如果从不同角度进行审视，肯定还有许多可以完善和改进之处。本研究主要基于跟踪研究的结果，从更加有效地促进职前教师反思能力发展的角度，尝试针对全程贯通一体化教育实践模式的完善与改进进行讨论。

在开展跟踪研究的过程中笔者发现，全程贯通一体化教育实践模式构建了非常完整和层层衔接的教育实践实施流程，为全日制教育硕士教育实践的高效有序开展提供了保障，但在针对反思能力发展的反思任务与活动设计的精细化程度上还有提升空间。例如，根据研究对象的反馈以及对研究对象《教育实践手册（基础实践阶段）》和《教育实习手册（应用实践阶段）》的分析，研究对象存在不知如何具体有效开展反思的疑惑，实践手册中虽然提供了开展反思的样例，[①] 但缺少直观且操作性强的反思引导流程；虽然设计了小组反思活动环节，但对于如何有效开展同伴间的相互交流与指导缺少引导；为了加深研究对象对教育实践过程中关键事件的印象并开展有针对性的反思，以避免其撰写的反思日志、实践总结等文本材料过于平淡，是否可以考虑设计"关键事件任务"；等等。基于上述问题，笔者认为，设计更加"精细化"的反思任务与活动是值得讨论的改进建议之一。

要使早期实习更成功，职前教师、带班教师以及大学指导教师之间

---

① "反思样例"主要在基础实践阶段的《教育实践手册》中有所提供，每个学科并不完全一致。例如，英语学科围绕"见习""听课""优秀英语教师的职业素质""卷面分析报告会"4个方面提供了文字形式的反思样例；化学学科提供了"教学反思导引"和3个教学反思样例，均为文字形式；语文学科提供的"教师反思的样例"包括1个针对某节课内容的教学反思和1个班主任工作反思，也都是文字形式；等等。

的沟通和反馈非常重要。① 但是，笔者在跟踪研究过程中逐渐意识到，随着教育实践的不断深入，需要建立一种机制来保障沟通和反馈，并且要超越沟通和反馈的层面。通过这种机制既能实现对职前教师的集体指导，又能发挥引导职前教师融入真实的教育教学情境的作用。在开展跟踪研究过程中，笔者多次提到建立实质性"实践共同体"的必要性和价值，将其视为保障和超越"沟通与反馈"的有效途径。因此，构建基于"实践共同体"的职前教师指导机制是值得讨论的改进建议之二。

在开展教育实践过程中，中学指导教师的作用至关重要。从职前教师教育实践的性质来看，它发生在真实的学校、教室情境之中，具有极强的情境性，离不开职前教师和中学指导教师的互动协作。中学指导教师对职前教师的社会化、身份建构及未来职业规划有着巨大的影响。② 研究表明，对教育实践准备充分的中学指导教师，指导效果更加富有成效，③ 且有效的指导可以帮助职前教师缓解初入真实教育教学情境感受到的"现实震撼"。④ 但实际上，中小学指导教师对职前教师的指导更多是出于个体的经验及偏好，缺少明确的指导理念和系统的指导方法，⑤ 导致职前教师的教育实践难以获得预期的理想效果。笔者在开展跟踪研究的过程中发现，对中学指导教师开展的相关培训较少，中学指

---

① 〔美〕阿瑟·J. S. 里德、韦尔娜·E. 贝格曼：《课堂观察、参与和反思》，伍新春、夏令、管琳译，教育科学出版社，2009，第 17 页。

② Beek, G. J., Zuiker, I., & Zwart, R. C., "Exploring mentors' roles and feedback strate- gies to analyze the quality of mentoring dialogues," *Teaching and Teacher Education*, 78 (2019): 15 – 27.

③ Zachary, L. J., "The role of teacher as mentor," *New Directions for Adult & Continuing Ed- ucation*, 93 (2002): 27 – 38.

④ Ghosh, R., "Mentors providing challenge and support: Integrating concepts from teacher mentoring in education and organizational mentoring in business," *Human Resource Develop- ment Review*, 2 (2013): 144 – 176.

⑤ Hoffman, J. V., Wetzel, M. M., Maloch, B., Greeter, E., Taylor, L., DeJulio, S., & Vlach, S. K., "What can we learn from studying the coaching interactions between cooperating teachers and preservice teachers? A literature review," *Teaching and Teacher Ed- ucation*, 52 (2015): 99 – 112.

导教师对于自己也是教师教育者的意识不明晰，身份认同度不够高。中学指导教师的教育实践指导能力会直接影响职前教师反思能力的发展和教育实践的实施效果，有必要对中学指导教师的教育实践指导能力构成进行分析，有针对性地为中学指导教师提供培训，提升其教育实践指导能力。因此，有效提升中学指导教师的教育实践指导能力是值得讨论的改进建议之三。

无论是开展基础实践的卓越教师培育试验区的中学，还是开展应用实践的应用教育实践基地群的中学，基本都是城区优质中学，为教育实践质量提供了环境保障。但是，在跟踪研究的过程中，笔者发现，"相对单一"的教育实践环境同样存在一些风险。例如，从基础实践阶段到应用实践阶段均有研究对象反馈批阅试卷和作业的任务重、相互之间攀比中学提供的休息室环境以及大学与中学的距离远近等问题，一定程度上表现出缺乏奉献精神和吃苦耐劳精神的倾向；再如，在"优质中学"跟随"名师"，获得系统指导和训练，确实有效提升了职前教师主要指向教学技能的工具性反思能力，但减少了职前教师体验多样化教育环境的机会，一定程度上制约了职前教师本体性反思能力的发展。应该意识到，在多样化的教育情境和教育环境中与学生的实质性互动，不仅有利于职前教师获得多样化的教育体验、培养奉献精神和夯实教育信念，也有利于职前教师将反思扩展到更加宽泛的问题领域。可以借鉴"服务学习"的理念和韩国职前教师教育实践中"教育服务活动"的案例，将教育服务制度化或增设相应的活动环节，培养合格教师必须具备的"奉献精神、责任感以及对教育的热爱等基本品质"[1] 的同时，拓展职前教师的反思"广度"。因此，在全程贯通一体化教育实践模式中增设"教育服务活动"实践环节是值得讨论的改进建议之四。

综上所述，基于跟踪研究过程中发现的问题和产生的思考，本研究拟从设计更加"精细化"的反思任务与活动、构建基于"实践共同体"

---

① Warnick, B. R., & Silverman, S. K., "A framework for professional ethics courses in teacher education," *Journal of Teacher Education*, 3 (2011): 273 – 285.

的职前教师指导机制、有效提升中学指导教师的教育实践指导能力以及增设"教育服务活动"实践环节四个方面探讨全程贯通一体化教育实践模式的完善与改进，期待能够更加有效地培养职前教师的教学实践与反思的意识与能力。

第八章

反思能力发展的路径优化：全程贯通一体化教育实践模式改进建议

如前所述，全程贯通一体化教育实践模式作为职前教师反思能力发展的依托路径，有效促进了全日制教育硕士反思能力的发展，是经过实践检验相对成熟的教育实践模式。但是，在针对研究对象反思能力发展实施跟踪研究的过程中，笔者也发现了一些问题并进行了有针对性的思考。从促进职前教师反思能力发展进而实现职前教师养成的角度出发，本研究尝试提出四项具体的改进建议，在探讨完善与改进全程贯通一体化教育实践模式的同时，也期待能够为构建一般意义上的反思性教育实践模式提供有益的参考，为未来教师的培养提供助力。结合前期研究取得的进展、发现的问题和进行的思考，本课题组针对职前教师反思能力发展依托路径的全程贯通一体化教育实践模式的优化提出如下具体改进建议：第一，设计更加精细化的反思任务与活动；第二，构建基于实践共同体的职前教师指导机制；第三，有效提升中学指导教师的教育实践指导能力；第四，增设教育服务活动实践环节。

第一节　设计更加精细化的反思任务与活动

对职前教师而言，反思主要是基于实践过程中遇到的问题，对专业理论知识与实践知识进行再认识的过程，目的在于更好地提高自身专业能力、改善学生真实的学习环境以及针对具体教育问题作出更适合真实情境的教育决策，其本质是在实践中对实践进行再认识。全程贯通一体化教育实践模式对教育实践的阶段设置、环节衔接、流程安排等进行了充分考虑，以系统化、结构化的模式设计为教育实践的实施提供了各方面的保障，有效地促进了研究对象的反思能力发展，致力于为职前教师的养成夯实基础。结合开展研究过程中发现的问题和研究对象的反馈，如果能够进一步提升反思任务与活动设计的精细化程度，可以更加有效地促进职前教师的反思能力发展。

一 开展有关教师反思的专门课程或培训

研究表明，职前教师的反思能力不会随着时间的推移而生成，需要考虑补充反思性实践与学习支持以促进反思能力的实质性发展。[①] 尽管职前教师的反思能力能够被培养以及反思性实践可以被教授的观点已经得到证明，但如何更好地进行教授和培养一直是讨论的关键问题。因此，有必要通过开展有关教师反思的专门课程或培训，促使职前教师对反思的内涵、反思性教学的开展以及如何进行反思性写作等有更深刻的认识。笔者曾尝试将本课题组的研究成果穿插在全日制教育硕士的"教师专业发展"课程中进行展示和讲解，包括国内外对反思内涵的理解、职前教师反思能力的发展状况与特点、开展反思的过程以及反思性写作的程序等。对此，全日制教育硕士参与课程的积极性普遍较高，而实际上需要更多的时间针对教师的反思进行专门性学习。

教学是一个动态发展和持续互动的过程，需要连续的专业学习。对教学的反思有助于发展、维持和扩展教师的专业知识，带来职业能力的螺旋上升。因而，反思性教学对于教师的专业发展而言非常重要，需要针对职前教师开展专门的关于反思性教学的培训。反思性教学需要被应

---

① DeBettencourt, L. U., & Nagro, S. A., "Tracking special education teacher candidates' reflective practices over time," *Remedial and Special Education*, 5 (2019): 277 - 288.

用在一个周期性或螺旋式上升的教学进程中，在这个过程中教师不断监测、评估和修正自己的实践活动。教师是实践中的研究者，通过实际调查来建构课程和开展教学活动。教师的主要责任是计划、准备和行动，反思型教师还需要监测、观察、收集自身的数据，以及学生们的意图、活动和感受。需要对这些信息进行批判性分析和评估，以应用于分享、评判和决策。通过这样一个连续循环或螺旋上升的动态过程，不断提升教学的效果和质量。反思性教学需要开放性思维、责任心和全心全意的投入，积极参与其中，保持对未来的期盼和自我批评的精神。① 为使职前教师更好地理解并掌握反思性教学的要领，有必要在教授和学习中融合更多的教学案例，将反思性教学实践流程（见图 8 - 1）进行具体呈现并为职前教师所接受。

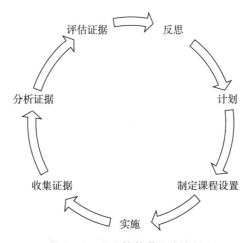

图 8 - 1　反思性教学实践流程

资料来源：〔英〕安德鲁·波拉德、克里斯廷·布莱克－霍金斯、加布里埃尔·克利夫·霍奇斯等：《反思性教学：一个已被证明能让所有教师做到最好的培训项目》（30 周年纪念版），张蔷蔷译，中国青年出版社，2017，第 87 页。

　　在反思性写作方面，仅提供"反思样例"和开展零散的指导远远不够。有必要进行专门的反思性写作培训，反思性写作能够服务于多项

---

① 〔英〕安德鲁·波拉德、克里斯廷·布莱克－霍金斯、加布里埃尔·克利夫·霍奇斯等：《反思性教学：一个已被证明能让所有教师做到最好的培训项目》（30 周年纪念版），张蔷蔷译，中国青年出版社，2017，第 77、86 ~ 90 页。

目标，而要实现这些目标，需要对反思性写作进行细致的结构化和监控。否则，反思性写作将面临一种风险，即本着批判性反思精神开始，但很快就变成了"例行公事"。① 研究表明，教师越是反思什么是教学中的重要因素，越是把是什么在支撑着他们写出来，用这些反思来提供预备和支持新教师的建议就越有用。② 也就是说，要掌握反思性写作的要领，还要能够抓住影响反思的重要因素。有研究指出了职前教师开展教学反思的关注要点：①如果再次教授本课，如何改进课程以使其变得更好；②课程的哪些部分是成功的；③课程的哪些部分不成功；④学生对课程的反映如何。③ 在实施课题跟踪研究的过程中笔者也发现，在设计一个更加详细的反思性写作框架④的情况下，职前教师的反思性写作水平的表现更好。因此，在开展系统的反思性写作培训的基础上辅以更加精细化和结构化的反思性写作框架可以有效提升职前教师的反思性写作水平。

二 布置"关键事件任务"

在基础实践阶段和应用实践阶段的跟踪研究过程中，包括参与小组长月会、小组反思会和其他相关的汇报活动时笔者发现，全日制教育硕士并不擅长捕捉关键事件或缺乏捕捉关键事件的意识。对于关键事件的反思也缺乏深度，在抽取的应用实践阶段的关键事件中，常规性反思和

---

① Ho, B., & Richards, J. C., "Reflective thinking through teacher journal writing: Myths and realities," *Prospect*, 3 (1993): 25 – 40.

② 〔美〕维托·佩龙：《给教师的一封信：对学校教育和教学艺术的反思》，张京译，教育科学出版社，2009，第 102 页。

③ Robichaux, R. R., & Guarino, A. J., "The impact of implementing a portfolio assessment system on pre-service teachers' daily teaching reflection on improvement, performance and professionalism," *Creative Education*, 3 (2012): 290 – 292.

④ 最具代表性的是英语学科基础实践阶段的《教育实践手册》，在关于"授课反思"的表格中，设计了三个维度，共 23 个问题，包括"对教学的反思"维度（12 个问题）、"对学生的反思"维度（5 个问题）和"对自己作为外语教师的反思"（6 个问题）。全日制教育硕士在以端正的态度针对每个问题进行回答和反思的情况下，其反思性写作的表现要比其他环节仅笼统要求写"即时反思""听课反思"的表现要好。

技术性反思的比例达到了 60.47%，变革性反思的比例仅为 6.98%。因此，可以借鉴已有相关研究的经验，通过布置"关键性任务"培养职前教师捕捉关键事件的意识和能力，并采取相应策略或方式对关键事件开展深入的反思性分析，例如，构建"关键事件过程分析"框架（见图 5 - 1）、开展"群组互动"（group interaction）或依托"实践共同体"进行集体指导等。本研究以澳大利亚学者道恩·弗朗西斯（Dawn Francis）在其研究中构建的"群组互动"式关键事件分析策略为例进行阐释，具体包括以下五个步骤。①

第一，职前教师单独撰写关于事件的简短描述。要求搁置任何解释或分析，使用"谁、何地、何时、发生了什么"作为写作框架。在这个步骤，刻意回避"为什么"的问题，重点是提供事件的细节和避免判断。

第二，在另外一个单独的页面上，职前教师通过赋予个人意义来对事件进行反思。反思可以包括对意图或结果的解释、感受、信念、理论的应用、与其他事件或问题的比较等。

第三，诤友（他们将在多个项目中一起工作）之间交换关于事件的描述页，针对提供的细节进行充分的反馈，建立进一步讨论的背景。

第四，四人一组，任务开展与维护的角色由各个小组自行分配，包括计时员和小组认为需要的其他任何角色（例如，总结者、轮值者）。职前教师轮流为小组成员阅读各自的关键事件，进行展示、分享与解释，尝试识别事件参与者和撰写事件的职前教师的信仰、价值观以及个人理论，鼓励小组成员寻求多种解释。

第五，完成"群组互动"后，职前教师各自回到自己的事件中，结合群组分析影响下个人对信仰和价值观的新理解，重新建构赋予事件的意义，通常涉及对于之前反思的重新审视。

"关键事件任务"的重点有两个：一个是事件解释的本质以及信仰

---

① Francis, D., "Critical incident analysis: A strategy for developing reflective practice," *Teachers and Teaching: Theory and Practice*, 2 (1997): 169 – 188.

和价值观影响感知的方式；另一个是分析事件中涉及的行动的价值，并提出替代方案。实质上就是通过各种策略或方式对关键事件进行反思性分析，对个人信仰和价值观进行反思与调整，探索更佳的行动方案。在全程贯通一体化教育实践模式的应用实践阶段，目前的《教育实习手册》设计和实践任务安排，不是特别有利于引导职前教师的反思能力发展，建议基于更加精细化和结构化的反思性写作框架重新设计《教育实习手册》，同时通过布置"关键事件任务"和开展"群组互动"式的分析策略促进反思能力进一步向高水平层次发展。

三 设计更加精细化的反思引导流程

为了有效促进职前教师的反思能力发展，国际教师教育界在探索高效的反思性实践流程、策略和方法方面做出了许多尝试。例如，前文提到的"五阶段反思循环流程"："行动""回头审视该行动""对基本方面的体认""创生出行动的多种方法""尝试"；以及基于"课堂（教室）→事件→探寻关键性事件"和"录像（聚焦教师行为）→视频刺激回忆→反思性研讨"双线并行的"引导性反思流程"。除此之外，还有许多学者围绕该问题进行了有益的尝试。

美国学者肯尼思·M.泽兹纳（Kenneth M. Zeichner）以提升职前教师反思能力为目标，梳理出六种主要策略，分别是：①行动研究（action research）——参与者在社会环境中进行的一种自我反思探究的形式，目的是改善自己的实践、增进对实践的理解以及改进实践的实施状况；②民族志（ethnographic）——部分教师教育者倡导使用民族志方法作为培养更具反思能力的教师的策略，民族志已被用于校园课程（campus-based courses）和现场经验（field experiences）；③写作（writing）——日志以及其他结构化的书面表达方式，如"系统反思"（systematic reflection）、内隐练习（implicit theory exercises）、档案袋（portfolios）或自传法（autobiographical method）等；④指导方法（supervisory approaches）——用同伴指导（partnership supervision）、情境教学（situational teaching）、横向评估（horizontal evaluation）、选择性指导

（selective supervision）以及批判取向的临床指导（critically oriented clin-
ical supervision）等新的指导方法取代传统的方法；⑤课程分析与开发
（curriculum analysis and development）——了解课程开发过程中的关键
选择点，具备参与学校课程设计（改编）的知识与技能，成为课程的
"使用者/开发者"；⑥反思性教学（reflective teaching）——采用高度结
构化的"反思性教学"程序，作为基于中小学临床经验的补充，包括
计划、教学、评价与反思在内的重复循环。①

　　也有研究者基于"文化—历史活动理论"（cultural-historical activity
theory，CHAT）构建了"变革性反思模型"（transformative reflection
model），在主体—工具—客体的基础框架上，综合相关理论形成了培养
反思性实践者的发展进程模型。该模型尝试实现教学与反思的一体化，
为职前教师在新的实践模式下的学习提供必要的工具（教学视频与反思
指导）、结构（教育学课程、行动—反思循环与共享的真实教学经验）
和关系（工具—个体—群体系统与对话性话语），以促进全方位的反思
行动，包括回顾（回想）、自我评价（分析）和重新定位（面向未来的
规划）。②

　　另外，还有一些研究者或机构尝试通过一些具体方法来培养职前教
师的反思能力。例如，美国佛罗里达大学通过设计包括"反思性教学"
"探究与质疑""反思性写作""实践辅导""教师教育者示范（faculty
modeling）"等活动培养职前教师的反思能力；③ 有研究认为，问题式学
习（problem-based learning）是促进职前教师反思能力发展的有效方法，
能够在职前教师的反思与现实教学之间建立有意义的联系，关键挑战在

①　Zeichner, K. M., "Preparing reflective teachers: An overview of instructional strategies
which have been employed in preservice teacher education," *International Journal of Educa-
tional Research*, 5 (1987): 565–575.
②　Naidoo, K., & Kirch, S. A., "Candidates use a new teacher development process, trans-
formative reflection, to identify and address teaching and learning problems in their work with
children," *Journal of Teacher Education*, 5 (2016): 379–391.
③　李广平、和立伟、张梦雅：《实践反思模式下教育硕士生的反思能力发展研究》，《学
位与研究生教育》2018 年第 3 期，第 7~12 页。

于调和教师指导、小组合作与自主学习之间的平衡；① 还有研究指出，用反思清单（reflection checklist）为职前教师的反思日志计分，还有在观看自己的教学录像进行反思前先观看其他在职教师的教学录像等都是有效培养反思能力的方法。②

上述经验都具有很好的借鉴意义，全程贯通一体化教育实践模式的环节和任务设计衔接性很强，未来应该结合不同环节和任务的特点设计更加精细化的反思引导流程。在各个环节和任务的反思性实践中，所有的反思都应该生成一个"反思环"。职前教师的反思对象主要是教育实践过程中遇到的各种问题，对各种问题的反思不管是重塑了个人的信仰、价值观、理念或理论，还是推演或探寻到了新的替代方案，最终都是在新的实践活动中进行"尝试"，完整的"反思环"是反思能力能够螺旋上升的保障。尤其是作为参与者而不仅仅是观察者参与教育实践时，比如基础实践阶段的正式授课环节和以"准教师"身份参与的应用实践全程，需要严格落实"反思环"理念。同时，针对具体的教育实践活动进行反思时，可以选取最恰当的反思流程或方法。例如，基础实践阶段的正式授课环节，要求所有全日制教育硕士进行录课，目的是通过集体观看进行集体反思，此时可以应用"录像（聚焦教师行为）→视频刺激回忆→反思性研讨"的引导性反思流程；应用实践阶段的班主任工作，可以针对发现或经历的具体难题开展"问题式学习"；等等。

第二节　构建基于实践共同体的职前教师指导机制

通过梳理已有研究可知，对职前教师的指导主要包括三种取向：一是人文主义取向（humanistic perspective），对职前教师的指导聚焦于心

---

① Koh, K., & Tan, C., "Promoting reflection in pre-service teachers through problem-based learning: An example from Canada," *Reflective Practice*, 3 (2016): 347–356.

② Nagro, S. A., "Reflecting on others before reflecting on self: Using video evidence to guide teacher candidates' reflective practices," *Journal of Teacher Education*, 4 (2020): 420–433.

理和情感上的疏导，帮助他们克服初入教学情境的紧张感，以增加教师留任率，[①] 但不过于强调对实践知识和技能的学习，指导程度不够深入；二是学徒制取向（situated apprentice perspective），强调职前教师对指导教师的观察和模仿，重视教学实践知识与技能的学习，[②] 但对知识背后的原理和知识再生产机制重视不足，着重关注技术层面的模仿而忽视职前教师的主体性；三是批判建构主义取向（critical constructivism perspective），这种取向基于教师教育标准化改革，强调在指导过程中，职前教师和指导教师的合作探究，以促进知识的建构和转化，[③] 双方都是知识的研究者、学习者、贡献者、受益者和反思者。批判建构主义取向下的指导，既不同于学徒制取向下的被动模仿和单纯技术层面的学习，[④] 也不仅限于人文主义取向下的情感疏导，而是更加强调互惠学习和知识转化，这一取向与全程贯通一体化教育实践模式的价值追求具有高度一致性，而这一取向下的指导与实践共同体理论下的指导内涵又具有高度一致性。

一　指导机制的理论基础：实践共同体

让·莱夫（Jean Lave）和埃蒂纳·温格（Etienne Wenger）建构的实践共同体理论，将实践共同体视为由从事实际工作的人们组成的"圈子"，新来者意欲融入这个圈子并从中感知和获取圈子中的社会文化实践，融入的过程被称为"合法的边缘性参与"（legitimate peripheral participation，LPP）。[⑤] 所谓合法，是指实践共同体中的各方都愿意接受新

① Wang, J., & Odell, S. J., "Mentored learning to teach according to standards-based reform: A critical review," *Review of Educational Research*, 3（2002）：481 – 546.

② Kagan, D. M., "Professional growth among preservice and beginning teachers," *Review of Educational Research*, 2（1992）：129 – 169.

③ Cochran-Smith, M., & Lytle, S. L., "Chapter 8: Relationships of knowledge and practice: Teacher learning in communities," *Review of Research in Education*, 1（1999）：249 – 305.

④ 李广平、孙宝婵：《国际视域下教育实习模式的特征及理念分析》，《外国教育研究》2014 年第 3 期，第 92 ~ 99 页。

⑤ Lave, J., & Wenger, E., *Situated learning: Legitimate Peripheral Participation*（Cambridge: Cambridge University Press, 2008），p. 34.

来的且尚不具备资格的人成为共同体中的一员；所谓边缘，是指新人开始只能跟随重要成员做一些外围工作，随着技能的增长，逐渐被允许做重要工作，进入圈子的核心；所谓参与，是指参与实际工作，从做中学，学习扎根于共同体的实践中，而不仅是书本中。在实践共同体理论下，学习在本质上是参与者被社会化到共同体实践中的一种持续发展过程。在这一过程中，可以实现个体和组织之间的良性互促。依托实践共同体支持职前教师参与实践、共享实践、融入实践，以习得实践性知识，越来越成为共识。欧盟委员会（European Commission）在其教师专业发展规划报告中明确将"教师学习共同体"视为教师学习及欧洲未来教师培训的基础框架。[1] 以此为标准和前提，共同体理论成为欧美教师指导理念变革的新思路。

实践共同体理论指出，社会由无数个重叠或不重叠的共同体构成，个体可以参与多重共同体。不同认知领域的联结通过实践共同体中的边界对象（boundary objects）的互动予以实现，这种互动被称为边界实践（boundary practice）。在边界实践过程中，来自不同共同体内的边界对象起到"中介化"的作用，即将一个共同体内的一些元素转移到另一共同体中，促进共同体间的互动，从而引发新的学习。[2] 职前教师和指导教师（大学和中小学）分别来自大学实践共同体和中小学实践共同体，教育实践过程中的指导互动是两个共同体之间的边界实践，这种边界实践促成参与者的身份建构和转化。[3] 通过教育实践中的指导，职前教师由学习者转化为教学者，指导教师由教学者转化为教师教育者。对于职前教师来讲，指导过程是学习实践性知识、掌握教学技能、反思理论课程的必经之路；对于指导教师而言，指导职前教师的经历有利于丰富自身的专业发展历程，反思自身教学行为，重新审视教育工作的意义

---

① 龙宝新：《当代国际教师教育研究》，科学出版社，2016，第 219 页。

② Star, S. L., "This is not a boundary object: Reflections on the origin of a concept," *Science, Technology, & Human Values*, 5 (2010): 601 – 617.

③ Akkerman, S. F., & Bakker, A., "Crossing boundaries between school and work during apprenticeships," *Vocations and Learning*, 2 (2012): 153 – 173.

以及自身专业知识，并且从指导职前教师的过程中获得满足感。[①] 同时，"边界实践"可以有效地化解大学和中小学"两种文化"[②] 对立所产生的冲突，促进双方共同体的良性再生产。

实践共同体的理论框架提供了一种描述职前教师如何通过"合法的边缘性参与"被社会化到一个新的实践共同体中的图景。聚焦作为学习核心的"合法的边缘性参与"过程，为理解个体的身份发展和实践共同体再生产之间的互惠性关系提供了一种新途径。实践共同体理论下的指导强调情境学习、实践参与及意义协商等理念，关注学习者的平等地位、共同体内的合作学习以及新知识的生产和运用。基于实践共同体理论构建职前教师的指导机制，首先，可以解决人文主义取向中指导程度有限的问题；其次，可以解决学徒制取向在认知层面双方身份不对等的问题；最后，"合法的边缘性参与"指出了指导的逐级渐进性，将个人发展和组织发展相结合，能够丰富批判建构主义取向下的指导。

二　实践共同体与职前教师的反思能力发展

在针对全日制教育硕士反思能力发展开展跟踪研究的过程中，笔者经常意识到并多次提到建立实质性实践共同体的必要性，实践共同体与职前教师的反思能力发展之间存在密切的联系。有研究指出，持续的反馈和批判性反思是实践共同体的关键过程，批判性反思能力也因而被认为是专业实践中的核心活动以及职前教师实践技能发展的一部分。[③] 而在实践共同体内，反馈又构成了定期批判性反思的基础，并允许对相应领域目前的理解进行持续审视，扩大共同体的知识，并为其未来的发展

---

① Kroeger, J., Pech, S., & Cope, J., "Investigating change in field sites through mentor and candidate dialogues," *Journal of Early Childhood Teacher Education*, 4 (2009): 328 – 345.

② 许美德、查强：《师范教育与大学：比较分析及其对香港的启示》，《北京大学教育评论》2003 年第 2 期，第 24~32 页。

③ Daniel, G. R., Auhl, G., & Hastings, W., "Collaborative feedback and reflection for professional growth: Preparing first-year pre-service teachers for participation in the community of practice," *Asia-Pacific Journal of Teacher Education*, 2 (2013): 159 – 172.

作出贡献。① 可以理解为，在相互信任和能够开展平等对话的实践共同体中，通过对相关议题展开讨论与论争，在相互协作、共同探究中实现思维的碰撞与知识互补，共同体成员之间对已有知识、经验或信念展开集体讨论与反思，能够形成多元的对话空间，不同观点与理念的竞争与碰撞有利于新的观点与实践的建构。② 因此，在实质性实践共同体中，反思既是主要的活动形式，也是重要的活动目的，非常有利于共同体内部成员反思能力的发展。

批判性反思和学习是职前教师日常专业实践的重要组成部分，参与批判性反思和对话有助于将广义的教学活动建构为实践共同体。对于实质性实践共同体，本研究不满足于将其视为"直觉性概念"，而是假定在组织中存在一种新的非正式群体或社会系统方式，强调参与和具体化（reification）。参与是成为共同体实践的积极参与者和建构与共同体相关的身份的过程；具体化可以理解为有意义的协商的组织化，而这种协商来源于批判性反思和学习。③ 已有研究成果也明确提出，教学理应被描述为一个新兴的实践共同体，在这样的实践共同体中，反思与合作性对话或批判的变革性对话过程对于个人以及教学领域的专业实践的完善与改进至关重要，能够促使共同体成员不断地重新思考、应对挑战和提升教育实践的质量。④

通过分析可以发现，实践共同体与职前教师的反思能力发展和教育实践质量的整体提升皆存在密切关联。笔者认为，"教学被描述为一个新兴的实践共同体"的观点中的"教学"，是超越了课堂教学范畴的广

① Hatton, N., & Smith, D., "Reflection in teacher education: Towards definition and implementation," *Teaching and Teacher Education*, 1 (1995): 33 –49.

② 宋萍萍：《教师实践共同体研究的争议与反思》，《教育科学》2019 年第 2 期，第 34 ~39 页。

③ 李茂荣：《实践共同体概念的转化与反思：基于文本的分析》，《教育学术月刊》2015 年第 7 期，第 27 ~34 页。

④ Daniel, G. R., Auhl, G., & Hastings, W., "Collaborative feedback and reflection for professional growth: Preparing first-year pre-service teachers for participation in the community of practice," *Asia-Pacific Journal of Teacher Education*, 2 (2013): 159 –172.

义教学活动。从这个意义上来看，实践共同体可以超越课堂界限探索教师更广泛的作用，能够在更多正式与非正式的空间以正式或非正式的方式与共同体成员进行互动，因此，在为职前教师提供自我反思的空间方面非常强大。①

三　职前教师指导机制的更新：基于实践共同体的视角

本课题组所在大学综合改革试点学科的全日制教育硕士培养采取的是双导师制，即大学指导教师对全日制教育硕士培养全过程及培养质量负主要责任，中学指导教师协助大学指导教师参与培养并主要承担专业实践指导工作。设计初衷是促进空间上的校内与校外以及知识上的理论与实践的交融互补，取得成效的同时也暴露出一些问题与不足。②

双导师制的设计与实施实际上与实践共同体存在双向关联，一方面双导师制有利于促进实践共同体的生成，另一方面在实践共同体中双导师扮演着重要的角色。在全程贯通一体化教育实践模式下，存在多种层次的共同体概念。首先，学校基于"目标一致、责任分担、利益共享、合作发展"的理念，与地方政府、实践基地学校合作构建了全日制教育硕士的协同培养共同体；其次，全日制教育硕士作为"合法的边缘性参与者"在实践基地学校参加具有实践共同体色彩的组织和活动，例如学科教研组的研讨、集体备课以及其他教研活动等；最后，个别学科专业或个别实践基地学校组织大学指导教师（或大学的学科教师）、中学指导教师和全日制教育硕士开展反馈、对话和集体反思活动。

理想化的状态下，构建由大学指导教师（或大学学科教师）、中学

---

① Islam, F., "Understanding pre-service teacher education discourses in Communities of practice: A reflection from an intervention in rural South Africa," *Perspectives in Education*, 1 (2012): 19 – 29.

② 刘丽艳、秦春生：《协同与融合：全日制教育硕士研究生培养中的双导师制研究》，《学位与研究生教育》2016 年第 12 期，第 54 ~ 58 页。

指导教师（参与全日制教育硕士指导工作的中学教师）和在同一实践基地学校开展教育实践的全日制教育硕士（视情况决定是否以学科为单位分组）组成的实质性实践共同体，定期组织开展活动。基于"实践共同体"的职前教师指导机制运行起来存在现实困难，除了制度约束和激励引导，更重要的是更新"双导师"的观念，使他们意识到实践共同体的所有成员（新成员和经验丰富的成员）都有可能作出贡献，并且引入新成员是加强实践共同体内部持续学习的一种有价值的策略。[①]简单来讲，在实践共同体中"双导师"不仅仅是"指导者"，也应该是"受益者"；职前教师也不仅仅是"受益者"，也可以扮演"贡献者"的角色。真正意义上能够开展平等对话的实践共同体，能够让每一名共同体成员都从中受益。实践共同体在具体开展活动时，为了应对时间和空间的挑战，也可以考虑构建"在线实践共同体"。有研究分享了职前教师参与在线实践共同体的一些好处，例如分享、认识共同的问题、自由地表达自己、开展比较、认识自己的缺点以及从他人的经验中受益等。[②]

第三节　有效提升中学指导教师的教育实践指导能力

前文已经提到，职前教师教育实践的指导理念正在经历从"以机械地获取技能和掌握实践性知识为特点的传统的培训模式"向"不断强调参与、卷入和反思的实践模式"的转变。职前教师教育实践指导理念的转变，必然引发指导教师的角色和功能定位、指导目标和指导方式以及指导教师素质能力结构的变化。已有研究已经从多个角度指出了当下指导教师在教育实践指导能力方面存在的问题与不足，认为其没有为扮

① Fuller, A., Hodkinson, H., Hodkinson, P., & Unwin, L. O., "Learning as peripheral participation in communities of practice: A reassessment of key concepts in workplace learning," *British Educational Research Journal*, 1 (2005): 49－68.

② Ekici, D. I., "Development of pre-service teachers' teaching self-efficacy beliefs through an online community of practice," *Asia Pacific Education Review*, 19 (2018): 27－40.

演指导教师的角色做好充分准备，从而导致对职前教师实质性支持的乏力。① 在尝试构建基于实践共同体的职前教师指导机制的背景下，作为指导教师应拥有何种指导能力以引领职前教师进入实践共同体，是当下研究关注不足却值得深入探讨的问题。因此，从实践共同体理论的角度分析指导教师的教育实践指导能力构成，有助于思考如何才能更好地提升指导教师的指导能力，发挥指导教师的指导功能，促进指导教师和实践共同体良性发展的同时，引领职前教师的反思能力发展和专业成长。

一　中学指导教师"应知"什么？

（一）指导对象：作为成人的职前教师

指导教师应充分认识到，职前教师是成人学习者，需结合成人学习的特点对其进行指导。

第一，充分尊重成人学习者的主动性。情境学习（situated learning）理论认为，学习者是实践共同体的主动参与者，而非被动的旁观者。共同体内部实践的主要特征是参与者的相互卷入，强调主动参与行动并进行意义协商。充分尊重共同体内参与者的主动性，每位参与者与其他成员之间的互动才能保持足够的张力，进而有助于所有学习者实现自我建构。指导教师作为教育实践的促进者和辅助者，须致力于创设学习发生的环境，激发职前教师的学习动机。指导教师自身就是一种学习资源和学习媒介，可为职前教师主动参与课堂教学及班级管理等教育实践活动提供平台。

第二，充分承认和利用成人学习者的经验。情境学习理论认为，学习不仅是个体意义建构的心理过程，更是一个社会性的、实践性的过

---

① Valencia, S. W., Martin, S. D., Place, N. A., & Grossman, P. L., "Complex interactions in student teaching: Lost opportunities for learning," *Journal of Teacher Education*, 3 (2009): 304 - 322; Hoffman, J. V., Wetzel, M. M., Maloch, B., Greeter, E., Taylor, L., DeJulio, S., & Vlach, S. K., "What can we learn from studying the coaching interactions between cooperating teachers and preservice teachers? A literature review," *Teaching and Teacher Education*, 52 (2015): 99 -112; 贾瑞棋、梁荣华：《国际视域下中小学教师教育实践指导能力构成探究》，《外国教育研究》2019 年第 12 期，第 55 ~ 67 页。

程，因而特别强调经验的意义与价值。经验源于个体在实践过程中的参
与和观察，包括学校中的个人经历、对课堂中教师角色的理解以及来自
流行文化的影响等。[1] 已有的不同经验导致了职前教师对教学的不同理
解，指导教师了解其先前的经验是指导其有效开展实践、开发其潜能、
引导其反思的重要前提。[2] 指导教师须充分了解职前教师个体先前的教
育经历和特长，帮助职前教师在教学过程中和自己的先前经验建立连
接，促使指导更具针对性。

第三，充分认识并重视成人学习者之间的互动。实践共同体内的成
员均有各自的兴趣和特长，成员之间通过集体协商、群体对话等互动，
促进相互之间兴趣和特长的交流与分享，逐渐形成一种集体智慧，进而
确定一种普遍认同的模式，共同达成对知识的深刻理解与掌握，促使每
位成员都得到发展。因此，无论是方案设计、课程规划，还是教学实
施，都必须以促进成人学习者之间的良性互动为准则和宗旨。在指导过
程中，单独指导、集体指导、朋辈指导及自我指导并行共存，通过共同
体成员之间的互动，职前教师得以从不同视角获得全面的指导。以新加
坡为例，在职前教师实习期间，国家教育学院按照惯例会组织"教师—
导师学习论坛"（Learning Forum for Teacher-Mentor），为导师、实习教
师、新手教师等提供交流平台，分享关于实习指导的实践和见解。[3]

（二）指导目的：实践共同体的共同愿景

学校教师的本职工作已十分繁重，常常不愿主动承担指导职前教师
这一"额外"任务。[4] 也有部分学校教师认为做学生的教师（teacher）
与职前教师的指导教师（mentor）之间存在冲突，因而在教育实践过程

---

[1] Rodriguez, A. J., "'Practice makes practice': A critical review of *Practice Makes Perfect*," *Curriculum Inquiry*, 2 (1992): 219 – 227.

[2] Mewborn, D. S., "Reflective thinking among preservice elementary mathematics teachers," *Journal for Research in Mathematics Education*, 3 (1999): 316 – 341.

[3] 王晓芳、周钧：《新加坡师范生教育实习质量保障机制研究》，《比较教育研究》2019年第 5 期，第 76~82 页。

[4] Edwards, A., & Protheroe, L., "Teaching by proxy: Understanding how mentors are positioned in partnerships," *Oxford Review of Education*, 2 (2004): 183 – 197.

中，一些指导教师仅安排职前教师承担一些辅助性的工作而非真正参与到课堂教学中。[1] 因此，基于实践共同体的愿景，澄清教育实践指导教师指导职前教师的目的十分必要。

职前教师和指导教师双方共同参与的边界实践，是重新建构实践共同体的过程，也是教育理论和实践融合的过程。职前教师和指导教师之间的互动实践作为中介，将从两方面促进理论和实践的融合。一方面，职前教师来自大学实践共同体，注重追踪教育领域的学术前沿问题，在双方意义协商中，指导教师的知识系统得到更新，教学经验得到理论上的升华，为教学行动赋予理论依据。职前教师结合指导教师的个体经验，可以反观教育理论，去验证或弥补理论上的不足。另一方面，在指导职前教师的过程中，职前教师和指导教师对同一问题可能产生不同的看法，观念上的冲突对立意味着大学和中小学两种文化的冲突，需要通过协商来解决。协商过程产生的互动持续地作用并改变着两个群体，使共同体内的教育生态文化不断更新和改善。最终基于共同体间的边界互动，实现教育理论和实践的深度融合，持续重塑整个实践共同体。

（三）指导原则：平等、协商、包容

职前教师参与教育实践的过程是和共同体相互建构的过程，但这并不意味着职前教师被简单地同化整合进教师专业共同体之中。实践共同体在张力中维持发展的多样性，在不同成员之间的差异与矛盾中汲取发展动力。参与的双向关系可能既源于同质性，也源于差异性。因此，同质性既不是实践共同体发展的要求，也不是实践共同体发展的结果。这意味着新成员进入共同体时，并不是要一味地顺从以被共同体同化，只有积极进行意义协商，丰富共同体的共享智库（shared repertoire）才能使共同体永葆活力。面对差异，指导教师应主动倾听职前教师的观点，进行平等协商与对话，包容不同观点，保持共同体内的差异性和互补性

---

① Hoffman, J. V., Wetzel, M. M., Maloch, B., Greeter, E., Taylor, L., DeJulio, S., & Vlach, S. K., "What can we learn from studying the coaching interactions between cooperating teachers and preservice teachers? A literature review," *Teaching and Teacher Education*, 52 (2015): 99 – 112.

才能达成实践的最佳成效。

（四）指导功能：多重角色的构建

指导职前教师开展教育实践的过程中，指导教师扮演多重角色，发挥不同指导功能。例如，加拿大阿尔伯塔省教师协会的一份初任教师指导项目手册中指出，指导教师在指导初任教师过程中承担着三重角色，分别是服务者、帮助者和支持者。因此，指导教师需要明确自身在不同阶段的角色并发挥相应功能。根据对已有研究的整理分析，指导功能大致分为两类，分别是技术指导功能和情感支持功能。技术指导功能包括：指导教师直接传授如何与学生家长沟通交流；告知职前教师学校日常工作安排，课堂管理技巧等；指导教师基于自身从教经验，引领职前教师建构教学活动，并提供实际教学建议；指导教师在学科教学、课堂时间管理等方面为职前教师提供建议，在如何平衡教学工作和管理工作上分享经验。情感支持功能主要包括：积极倾听职前教师的担忧和疑虑，为其缓解压力，引导职前教师的工作积极性等（见表 8 - 1）。

表 8 - 1 指导教师的多重角色与功能

序号	角色	指导功能
1	反思者	提出问题，集体探究和解释；引导创造性对话，扮演关键人物；引领职前教师的自我评价与反思；鼓励职前教师重新构建并拓展延伸新的教学法；指导职前教师深入思考教学实践以发展教学理念；在职前教师学习过程中，提出反对观点和意见，拓宽职前教师视野；鼓励职前教师勇于实践自己的想法，促进其独立成长
2	评价者	提供评价所需的数据或相关案例；指出职前教师的优缺点；诊断成功和失败的原因；提出改进建议，如实根据合作过程评定职前教师的教育实践成绩
3	咨询者	对职前教师提出的问题给予建议；了解职前教师的真实处境，帮助其解决问题和化解危机；密切关注职前教师的个人专业发展问题
4	榜样	展示优秀教学实践；通过针对自己的批判性反思，展示优秀教师的特质；通过日常教学，传递正确的动机和价值观念；通过与其他教师和学校领导的互动，提供校内人际互动模式案例

续表

序号	角色	指导功能
5	同事、共同学习者	与职前教师像同事一样相互分享新观念，进行以共同探究为特征的合作学习
6	调节者	为职前教师引见校长、学校管理者以及其他教师，拓展其人际资源，帮助职前教师了解共同体内的生态文化
7	朋友	不仅与职前教师进行教学上的交流，双方还可以建立融洽的关系，相互鼓励，在生活中成为朋友

资料来源：Maynard, T., "Learning to teach or learning to manage mentors? Experiences of school-based teacher training," *Mentoring & Tutoring*, 1 (2000): 17 – 30; Jewell, M. L., "What does mentoring mean to experienced teachers? A phenomenological interview study," *The Teacher Educator*, 4 (2007): 289 – 303; Bray, L., & Nettleton, P., "Assessor or mentor? Role confusion in professional education," *Nurse Education Today*, 8 (2007): 848 – 855; Walkington, J., "Becoming a teacher: Encouraging development of teacher identity through reflective practice," *Asia-Pacific Journal of Teacher Education*, 1 (2005): 53 – 64; Hill, J. J., Favero, M. D., & Ropers-Huilman, B., "The role of mentoring in developing african American nurse leaders," *Research and Theory for Nursing Practice*, 4 (2005): 341 – 356; Kwan, T., & Lopez-Real, F., "Mentors' perceptions of their roles in mentoring student teachers," *Asia-Pacific Journal of Teacher Education*, 3 (2005): 275 – 287。

二 中学指导教师"应会"什么？

（一）自我准备

指导教师是否为即将开展的教育实践指导活动做好了充分准备，直接影响职前教师对待教育实践的态度。有研究表明，不少指导教师并没有为开展教育实践提前做好准备，指导教师角色的建立主要通过试误。[1] 作为指导教师须想清楚以下问题：我为什么要成为一名教育实践指导教师？成为教育实践指导教师是不是一个正确选择？我是否为即将面对的指导关系做好了充分准备？我具备哪些方面的指导技巧？我缺乏哪些方面的指导技巧？如何获得那些缺乏的技巧？成为指导教师对我个人发展有何影响？想清楚以上问题有助于指导教师从心理层面和实际行动策略层面做好指导职前教师的准备，具体包括以下几方面。

---

[1] Rikard, G. L., & Veal, M. L., "Cooperating teachers: Insight into their preparation, beliefs, and practices," *Journal of Teaching in Physical Education*, 3 (1996): 279 – 296.

第一，明确指导动机。动机直接决定了指导教师是否有意愿参与教育实践指导以及指导过程中的态度、行为和结果。

第二，对自身的指导能力和指导技巧进行评估，确认需要学习和发展的领域。在意大利，一名合格的指导教师应该具备"4A"素质结构，即意识（awareness）、自主（autonomy）、可靠（authenticity）和有效（achievement）。在指导职前教师前，指导教师需以此为基准对自身指导能力进行反思。[①] 具体需要自我反思的问题包括：如何建立并维持良好的合作关系？如何有效指导，及时沟通？如何帮助职前教师设定目标，解决问题，化解冲突？如何处理反馈以及引导职前教师反思？……指导教师针对自身需要加强的方面，制定发展计划。在自我准备过程中，指导教师应将自身视为教师教育研究者，从研究者的视角预设职前教师可能遭遇的困境，通过阅读文献等方式初步明确化解困境的策略。在自我评估后，指导教师可以通过参与指导培训提升自身指导水平。在美国得克萨斯州，指导教师需要拥有三年的工作经验并在完成为期三周的指导培训（mentoring training）后才可以成为指导教师。指导培训主要包括：为职前教师讲解学区政策、帮助职前教师进行课堂管理和教学、协助职前教师和学生父母沟通以及定期向项目主管汇报职前教师表现等内容。[②]

第三，明确指导风格和角色定位。指导教师与职前教师建立并保持融洽的关系，了解职前教师的实践需求、对教育实践的期待以及双方的共同兴趣，这是在课堂上培育良好行为和创造积极学习氛围的基础，也是高质量开展教育实践的关键。[③] 在此基础上，指导教师确定指导方式

---

① Bortoluzzi, M., "Teacher Mentor in Secondary School: Linking innovation in teaching, pre-service and in-service teacher training in Italy," http://www.fisica.uniud.it/URDF/girepseminar2003/abs/bortoluzzi.htm. 2019 – 10 – 20.

② Texas Education Agency, "Preparing for a continuing approval review: 2019 – 2020 frequently asked questions," https://tea.texas.gov/Texas_ Educators/Preparation_ and_ Continuing_ Education/Program_ Provider_ Resources. 2019 – 11 – 20.

③ 〔英〕安德鲁·波拉德、克里斯廷·布莱克－霍金斯、加布里埃尔·克利夫·霍奇斯等：《反思性教学：一个已被证明能让所有教师做到最好的培训项目》（30 周年纪念版），张蔷蔷译，中国青年出版社，2017，第 23 页。

和指导风格，达到双方的高度契合。综上所述，充分的准备是指导教师开展有效教育实践指导的前提。

（二）学科教学知识（PCK）的指导与传递

在职前教师的教育实践过程中，除了学习一般性的实践知识，还包括学科教学知识，指导教师须认真思考将学科教学知识通过教育实践传递给职前教师的途径。学科教学知识包括课前计划、时间管理、课前准备、教学策略、学科内容知识、问题解决、课堂管理、提问技巧、课程实施、课程评价、教学理念等。[①] 在教育实践开始前，指导教师应做好以下准备：系统思考教学计划、教学资源以及教学方法；运用恰当的教学策略创设课堂环境，以适应不同年龄阶段和不同发展水平的学生；意识到在所有科目中，学科内容知识都至关重要，教师对学科内容知识的掌握程度直接影响学生的学业成绩；[②] 做好课堂教学展示准备，呈现学科教学各个维度有机整合的过程，并提供有效的指导策略以促进职前教师学科教学知识的建构。表 8 - 2 为美国学者彼得·哈德森（Peter Hudson）提出的与学科教学实践环节相对应的指导教师的指导策略及一般指导原则。

表 8 - 2　指导学科教学知识的有效策略与一般原则

学科教学实践环节	导师指导策略			一般指导原则
课程计划	为职前教师提供不同层次的课程计划（学校、地区、国家）	指导学生如何撰写课程计划（提供案例或模版）	双方合作	（1）重点关注职前教师的反应； （2）为职前教师的教学提供范例；
时间管理	为职前教师解读课程大纲中的要求	提供理论支撑	表明课堂时间管理的重要性	（3）指导教师需对每一个课堂教学环节进行清晰的阐释；
课前准备	提供资源	展示如何使用资源	如何进行资源管理	
教学策略	提供不同的教学策略	展示如何使用不同的教学策略	指导职前教师进行尝试	（4）为职前教师提供参与课程实践的机会；

① Hudson, P., "Strategies for mentoring pedagogical knowledge," *Teachers and Teaching：Theory and Practice*, 4 (2013)：363 - 381.

② Hill, H. C., Rowan, B., & Ball, D. L., "Effects of teachers' mathematical knowledge for teaching on student achievement," *American Educational Research Journal*, 2 (2005)：371 - 406.

续表

学科教学 实践环节	导师指导策略			一般指导原则
学科内容 知识	解读课程大纲对学科 内容知识的要求	告知职前教师当前实 际教学知识的变化	检验对学科教学内 容的掌握	
问题解决	传授问题解决技巧	应对课堂突发问题 的教学机智	评价职前教师的问 题解决能力	
课堂管理	提供课堂管理的方法 和技巧	为职前教师解读自 己在课堂管理中的 行为	指导职前教师实践 并给予建设性反馈	(5) 指导实践中的 反思; (6) 培养职前教师整 合不同学科教学知 识、不同年级学科知 识的能力,增强职前 教师教学的整体性和 连贯性
提问技巧	讲述如何对问题进行 分类以及问题变型	提问过程中的引导 技巧	指导职前教师如何 通过提问获取学生 信息	
课程实施	课程结构以及时间、 空间安排	录像并指导职前教 师反复观摩	指导职前教师课程 实施的一贯性	
课程评价	解读课程大纲中的评 价标准	教学评价的原理	不同类型的评价以 及记录方法	
教学理念	解读不同的教育哲学 观念	解读有关社会政 治、社会文化的新 理念	为职前教师和其他 优秀教师的交流提 供平台	

资料来源:Hudson, P., "Strategies for mentoring pedagogical knowledge," *Teachers and Teaching*: *Theory and Practice*, 4 (2013): 363 – 381.

(三) 对话策略

对话 (dialogues) 是职前教师和指导教师互动的主要方式,贯穿整个教育实践指导过程,对话质量直接影响教育实践的效果。在指导过程中,双方对话的开放性以及对话中观点的多样性会对职前教师的教育实践满意度产生影响。[①] 已有研究将对话分为直接性对话和间接性对话。直接性对话包括评价、指导、肯定、表达观点、提供策略以及给予反馈;间接性对话包括提问、积极反应、总结和认真倾听。[②] 直接性对话

① Talvitie, U., Peltokallio, L., & Mannisto, P., "Student teachers' views about their relationships with university supervisors, cooperating teachers and peer student teachers," *Scandinavian Journal of Educational Research*, 1 (2000): 79 – 88.

② Hennissen, P., Crasborn, F., Brouwer, N., Korthagen, F., & Bergen, T., "Mapping mentor teachers' roles in mentoring dialogues," *Educational Research Review*, 2 (2008): 168 – 186.

直观，但指导教师的批评或表扬容易促使职前教师潜意识里形成"标准化"认知，对教育教学的认知角度和指导教师一致，成为模仿者而不是创新者，不利于职前教师的自我反思。依据指导对话的直接与否和发起者的不同，保罗·亨尼森（Paul Hennissen）等建立了分析指导教师指导行为的 MERID［MEntor（teacher）Roles In Dialogues］模型，并据此分析在对话过程中指导教师扮演的角色（见图 8 - 2）。

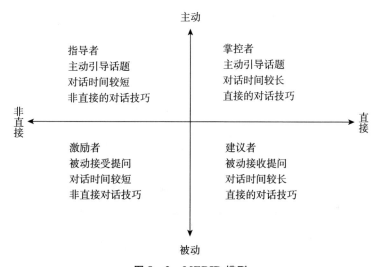

图 8 - 2 MERID 模型

资料来源：Hennissen, P. , Crasborn, F. , Brouwer, N. , Korthagen, F. , & Bergen, T. , "Mapping mentor teachers' roles in mentoring dialogues," *Educational Research Review*, 2 (2008): 168 - 186。

在 MERID 模型中，横轴代表指导教师指导对话方式的直接性和间接性，纵轴代表对话由指导教师主动发起还是被动回应，据此将指导教师角色分成四类：指导者、掌控者、激励者和建议者。指导者倾向于以非直接的方式主动引起话题，对话时间较短；掌控者以直接的、主动的方式引起对话且对话时间较长；激励者以非直接的方式同职前教师进行对话指导，且主要是被动回应职前教师的话题；建议者对职前教师的提问给予直接回应。

依据 MERID 模型，不同指导风格的指导教师可以定位自己的指导角色，但这并不意味着某种指导模式的效果优于其他模式。职前教师和指导教师的对话方式受到国家、地区甚至学校文化的影响。① 实际上，没有任何一种指导模式被认为是最有效的，只有不断探索更加适合职前教师发展需要的指导方式。② 指导教师应依据职前教师的性格特点、学习方式和独特的教育教学情境，在不同的对话策略之间切换。

（四）冲突解决策略

实践共同体理论认为，新成员的学习取决于在实际工作环境中的实践，但学习效果取决于学习者的个人特征。③ 因此，教师的个人特征，比如对学校和自身专业发展的期望、需求和动机等，会对教师与共同体之间的互动产生影响。职前教师融入实践共同体时，其自身所具有的个人特征与实践共同体的特征之间相互作用的过程中容易产生冲突，包括专业知识学习和工作压力之间的冲突、自身专业发展和学校发展之间的冲突、个人学习和集体学习之间的冲突、实践共同体内人际关系的冲突等。① 具体到校内实践共同体中，冲突可能表现为职前教师自身发展动机和学校提供资源之间的冲突，职前教师需要被认同、欣赏和无法深度参与实践共同体内活动之间的冲突，合作学习的需要和保守的学习文化之间的冲突，等等。④ 这些冲突会导致教师个体产生一些负面情绪，比如感到极大的压力、失去自我效能感以及焦虑等。对指导教师而言，了解职前教师可能面临的冲突是帮助其融入实践共同体的前提。正确地认识冲突及冲突的类型，才能运用具体策略帮助职前教师缓解冲突和紧张。解决职前教师个人学习和教育实践工作之间的冲突，指导教师须主动与职前教师沟通，调整实践计划，为职前教师的个体专业发展提供时间和空间。

---

① Wang, J., "Contexts of mentoring and opportunities for learning to teach: A comparative study of mentoring practice," *Teaching & Teacher Education*, 1 (2001): 51–73.
② Williams, E. A., Butt, G. W., Gray, C., Leach, S., Marr, A., & Soares, A., "Mentors' use of dialogue within a secondary initial teacher education partnership," *Educational Review*, 3 (1998): 225–239.
③ Tynjälä, P., "Toward a 3-P model of workplace learning: A literature review," *Vocations and Learning*, 1 (2013): 11–36.
④ Schaap, H., & Bruijn, E. D., "Elements affecting the development of professional learning communities in schools," *Learning Environments Research*, 1 (2018): 109–134.

在融入实践共同体过程中，如何帮助职前教师获得强烈的参与感、效能感以及产生身份认同是解决冲突和提升实践效果的关键。因此，须尽量削弱潜在的可能导致职前教师产生"局外人"意识的"边界因素"，比如学校教师之间复杂的人际关系、默会的特定情境下的实践知识、学校隐性的文化制度符号等。职前教师在教育实践过程中的意义体验并不局限于学会如何教学，而是全景式地浸入体验。指导教师有责任帮助职前教师体验作为一名真正的教师应该如何处理班级事务，如何与学生家长打交道，如何意识到校园中隐性的规章制度，如何与同事以及领导处理关系，等等。指导职前教师习得此类默会性知识和学校文化，是解决身份认同冲突的理想方式之一。

（五）引导反思，给予评价

在不同的教育实践阶段，职前教师的学习方式、学习风格以及教育教学观念都在发生变化，为了获得更好的实践效果，需要对不同发展阶段的学习进行反思，指导教师是引导职前教师反思的重要人物。[①] 指导教师须灵活地运用指导技巧以促进职前教师的反思，主要包括：提出开放性问题，进行内容总结和问题澄清，给予反馈、建议和指导，对具体问题进行普遍推演，帮助职前教师提出替代性的问题解决方案，等等。此外，反思也包括对双方关系的反思、对不同指导阶段中彼此关系的反思，以更加有效地开展合作。

为提升新生代师资队伍质量，中小学指导教师在参与职前教师教育实践成效评价时，须扮演好"守门人"的角色。研究表明，在对职前教师教育实践进行评价时，指导教师表现得异常"宽容"。指导教师对职前教师教育实践的评价缺少一致性评价标准，缺乏有效的评价工具，评价结果的区分度较低。[②] 对职前教师教育实践进行评定是为了强化对

---

① Stegman, S. F., "An exploration of reflective dialogue between student teachers in music and their cooperating teachers," *Journal of Research in Music Education*, 1 (2007): 65 – 82.

② Clarke, A., Triggs, V., & Nielsen, W., "Cooperating teacher participation in teacher education: A review of the literature," *Review of Educational Research*, 2 (2014): 163 – 202.

教育实践的管理、提升教育实践的效果、促进职前教师的专业成长以及规范指导教师，指导教师需要对职前教师的实习表现进行分阶段的评估，客观公正地评估，提前准备好评估的程序。① 提升指导教师针对职前教师表现给予客观真实评价的能力至关重要，指导教师须提前了解教育实践的评价原则和标准，能够正确使用评价工具，使教育实践评价真正发挥筛选和促进职前教师专业成长的功能。

三 以"应知"和"应会"为抓手提升教育实践指导能力

从"应知"和"应会"两个角度对指导教师教育实践指导能力的构成进行解析，有助于明晰扮演好指导教师角色应该具备的能力，为开展指导教师培训和指导教师的自我提升指明方向。反观全程贯通一体化教育实践模式实施过程中，中学指导教师的遴选与培训仍然存在重"选优"轻"培训"的倾向。应该意识到以下几点：第一，优秀的中学教师不一定是优秀的指导教师，指导教师的角色并非适合所有中学教师，也不是所有教师都有能力承担这一角色；第二，指导教师需要认识到以往对职前教师教育实践的指导过程存在认知单一化和行动非系统化的缺点，对照"应知"和"应会"寻找自我提升的突破口；第三，以"应知"和"应会"作为培训效果的参考标准，通过更加系统的培训提升指导教师必须具备的各项指导能力，以更好地发挥指导作用。

第四节 增设教育服务活动实践环节

在开展跟踪研究过程中课题组意识到，对职前教师的专业成长和反思能力发展而言，相对单一的教育实践环境存在风险。例如，不利于职前教师在多种类型的教育情境下体验教师职业和获得多样化的教育体

---

① 丁峰山、〔美〕卫恩·魏特立：《师范专业实习培训指南》，南京师范大学出版社，2008，第 72～76 页。

验，一定程度上制约了职前教师本体性反思能力的发展，不利于职前教师奉献精神的培养和教育信念的夯实，不利于职前教师将反思扩展到更加宽泛的问题领域，等等。因此，如何为职前教师提供多种类型的教育实践体验成为优化教育实践模式值得思考的问题。在寻求可行性解决方案的过程中，"服务学习"理念以及韩国基于此理念在职前教师教育实践中增设的"教育服务活动"引起了本课题组的注意，为优化全程贯通一体化教育实践模式提供了新的思路。

一　教育服务活动的理论依据：服务学习

服务学习（service learning）萌芽于 20 世纪 60 年代，目前已在很多国家的基础教育领域和高等教育领域得到推行。[①] 根据研究，最早的服务学习概念由"美国南部地区教育委员会"（Southern Region Education Board）于 1966 年至 1967 年提出，意指大学生与教职员积极参与服务当地社区实际需求的活动。[②] 究其基本原理是基于杜威的经验学习理论，并与保罗·弗莱雷（Paulo Freire）的批判教育学密切相关。杜威认为，人类的学习和社会化是通过经验发生的，因此与现实生活相关的体验式学习应该在学校和社会中不断地、系统地进行，可以通过日常生活中所经历的解决问题的过程来增加学生对学习的兴趣和理解，同时通过对社会问题的关注与参与来培养他们作为公民的责任感。弗莱雷批判灌输式教育是一种"银行式教育"（banking education），提出学生把在课堂中学到的知识和原理能够在实际情况中灵活运用才是最有效的教育。因此，服务学习是强调将服务经验与学校课程学习进行整合的一种教育活动。[③]

---

① 李菲：《学校社会责任感教育的实践困境与变革——来自美国"服务学习"的启示》，《教育科学》2015 年第 6 期，第 77～82 页。

② 李福春、李良方：《美国高校服务—学习：审视与反思》，《中国高教研究》2013 年第 5 期，第 43～49 页。

③ Chambers, T., "A continuum of approaches to service-learning within canadian post-secondary education," *Canadian Journal of Higher Education*, 2 (2009): 77–100.

　　既然服务学习强调的是服务和学习的整合，如何实现整合就成为有意义的服务学习的关键。一般意义上的服务学习中的服务泛指社区行为、公民行为、志愿活动等对他人、社会的友好行为；学习主要包括探究、反思、评价等过程。服务学习尝试将所学知识用于现实问题，探索现实问题的解决方案，并予以特定时间供参与者开展反思，反思服务学习的目的是否达成，反思服务活动与学术学习的关联性，反思服务学习前后学生自身及问题的变化，等等。[①] 由此可见，反思是服务与学习之间的桥梁。有研究指出，只有将有效的反思活动（在经验与学习目标之间建立联系、有指导、定期开展、允许反馈和评估、包含价值观澄清）整合到服务学习中时，学生才能够更好地将服务与学习联系起来。[②]

　　对服务学习持批评立场的观点认为，参加社区服务的学生很少被要求将他们的服务经验与学术学习联系起来，或者考虑其更广泛的影响，致使服务活动倾向于服务与奉献，忽视了服务中的学习效果，导致了服务和学习之间的疏离。即使花时间进行反思，也往往较为肤浅。学生通常会分享印象和感受，但很少有机会将他们的经验与服务主题联系起来或挑战自己的假设，也较少反思他们的经验在学术学习中的应用。[③] 因而有研究认为，服务学习最重要目标的达成取决于包含有效反思的高质量计划，学生的教育以及他们未来对社区的贡献都将通过有效且富有反思的服务学习经验得到加强。[④] 为了保证服务学习中反思的有效性，有研究者在结构化的反思设计构建方面进行了有益的尝试，例如"DEAL 模型"和服务学习"反思路线图"（the reflection map，也译反思导图、反思地图）。

　　"DEAL 模型"是通过三个连续的步骤来反思自己的经验，具体包

---

① 李福春、李良方：《美国高校服务—学习：审视与反思》，《中国高教研究》2013 年第 5 期，第 43～49 页。

② Hatcher, J. A., & Bringle, R. G., "Reflection: Bridging the gap between service and learning," *College Teaching*, 4 (1997): 153–158.

③ Eyler, J., "Reflection: Linking service and learning-linking students and communities," *Journal of Social Issues*, 3 (2002): 517–534.

④ Eyler, J., "Reflection: Linking service and learning-linking students and communities," *Journal of Social Issues*, 3 (2002): 517–534.

括：描述（description），以客观和详细的方式对经验进行描述；检查（examination），根据特定的教育目标对经验进行检查；学习的衔接（articulation of learning），通过重新审视实践，设定目标以改进未来的行动。该模型侧重批判性反思，有助于帮助学生在学术学习和服务经验之间建立联系，并认识到在服务学习中开展反思的作用。[①]

服务学习"反思路线图"（见表 8-3）可以作为在服务学习中开展反思活动的工具，包括两个维度，分别是由服务前（before service）、服务中（during service）和服务后（after service）三个阶段构成的反思过程维度以及由独自反思（reflect alone）、与同学的反思（reflect with classmates）和与社区伙伴的反思（reflect with community partners）三种类型构成的反思组织维度。通过两个维度的交织，确定在不同阶段各种组织类型下的反思活动内容和开展反思的方法。

表 8-3　服务学习"反思路线图"

反思组织维度	服务前	服务中	服务后
独自反思	给自己的信、目标陈述	反思日志	个人论文、影像、作品
与同学的反思	探索"希望与担忧"、对比专家观点	列出服务讨论事项、关键事件分析	小组汇报
与社区伙伴的反思	建立契约、需求评估	现场汇报"经验教训"	向社区伙伴汇报

资料来源：Eyler, J., "Reflection: Linking service and learning-linking students and communities," *Journal of Social Issues*, 3（2002）：517-534。

综上所述，服务学习强调服务与学习并重，注重教育性和反思性，初衷在于通过将社区服务与学术学习的整合，促进和丰富学生的学习，培养学生的责任感与公民意识以及更好地建设和服务社区。服务学习包括三个核心要素，分别是"为他人提供服务"、"与学术性学习相关联"以及"学生对服务经验进行反思"。[②] 对服务学习的探讨，为教育服务

[①] Kawai, T., "A theoretical framework on reflection in service learning: Deepening reflection through identity development," *Frontiers in Education*, 5（2021）：1-11.

[②] 马敏：《服务学习：将校内学习与社区服务相融合》，《上海教育》2019年第29期，第22~24页。

活动的解析与构建提供了理论依据。

二 教育服务活动的设计与实施：韩国的案例研究

韩国将教育服务活动作为强化职前教师教育实习效果、加强职前教师培养过程的改革举措始于 2009 年，属于韩国职前教师教育中非常具有特色的培养环节，并取得了较好的成效。基于此，本课题选择韩国职前教师教育中的教育服务活动作为案例进行分析。与主要集中在学校和课堂内的教育现场实习不同，通过教育服务活动职前教师可以在多种类型的教育情境下体验教师职业的日常工作。教育服务活动设计的初衷是要突破现有的教育实习制度框架，促进职前教师在多种教育情境下与学生的实质性互动，以期为职前教师多样化的教育经验获得、教育信念的确立、实际教学技能的提升以及反思意识与能力的培养提供机会，促进职前教师的专业发展。作为一种创新性实践形式，韩国以必修科目的形式在职前教师教育实践中增设"教育服务活动"已有十余年，尽管在诸多方面还有待进一步完善，但在实施与发展的过程中也积累了许多值得借鉴的有益经验。

（一）韩国教育服务活动的内涵与宗旨

（1）教育服务活动的内涵

根据韩国教育部《2020 年教师资格认定实务手册》中的规定，获取教师资格证书的必修教职科目由三个部分构成，分别是教职理论、教职素养和教育实习。其中，教育实习分为学校现场实习和教育服务活动两个部分。学校现场实习包括教学实习、参观实习和实务实习；教育服务活动自 2009 年开始作为必修科目正式纳入职前教师培养课程体系，由各教师教育机构依据课程的宗旨和方针具体实施。①

自实施教育服务活动以来，韩国学界针对其内涵进行了持续讨论。在相关研究者看来，教育服务活动是"在教师教育机构学习的职前教师

---

① 교육부 교원양성연수과，『2020 년도 교원자격검정 실무편람』，교육부，2020，pp. 65 – 72.

为获取教师资格，前往具备相关资质且获得认可的学校或具备相应教育功能的机构，以学生或教师为对象开展的学习指导、生活指导以及业务支持等活动"。① 韩国教育部《2020 年教师资格认定实务手册》将教育服务活动界定为"以幼儿园及中小学生为对象，运用教育的方法开展教育服务，包括担任助理教师和放学后课程教师、对学习困难学生和多元文化家庭子女进行指导、从事小学看护教室活动或'自由学期制'下设的相关活动以及与学生生活指导相关的活动、提供智力服务等，具体标准由教师教育机构确定"。② 由此可见，韩国职前教师教育实习中的教育服务活动是从实践层面出发，在整合了教育活动和服务活动两者意义的基础上提出的概念。教育活动以达成预期的教育目标为目的，关注教育者和学习者之间的教育互动过程；而服务活动侧重在物质层面或精神层面以有形或无形的方式为接受服务的人提供帮助，以提供帮助和接受帮助为主要目的。教育服务活动则同时具备上述两种活动的意义，通过将二者深度融合，实现具有一定教育目的的有系统、有计划的教育活动。

（2）教育服务活动的宗旨

高质量的职前教师培养需要不断追求理论、研究和实践的融合，如何最大限度弥合三者之间相互隔离的状态是国际教师教育领域的焦点问题。③ 韩国职前教师教育同样面临类似的困境，在教育实习中存在一些亟待解决的问题。第一，职前教师对大学课堂学习内容的价值存在质疑，认为课堂学习的内容过于偏重学术性和理论性，对实践的指导意义不强，缺乏针对性。第二，教育实习时间不够充分，职前教师实际参与授课的机会并不多，且难以从大学和实习学校的指导教师那里获得精准

① 김병찬，「예비교사들의'교육봉사활동'경험에 관한 질적 사례 연구」，『한국교육』，1（2010）：113 – 145.

② 교육부 교원양성연수과，『2020 년도 교원자격검정 실무편람』，교육부，2020，p. 70.

③ Tapio, K., & Armi, M., "Building a science of teaching: How objectives and reality meet in Finnish teacher education," *European Journal of Teacher Education*, 2（2002）：135 – 150.

的指导，这些都对职前教师的实习动机产生了消极影响。韩国自 1969 年以来，职前教师的教育实习一直沿用"现场实习至少 4 周、2 学分及以上"的框架，基本上没有发生变化。① 职前教师往往对教育实习产生错误认知，将其视为获取教师资格证书的必要程序，而不是作为促进职前教师专业发展的必要过程。第三，实习学校对职前教师的指导和管理存在系统性不足的问题，尚未形成有效的实践共同体，更多地停留在形式上的管理层面。实习学校是职前教师将学习的理论和知识在教育现场进行实践、开展自我反思和探索教师职业意义的场所，但大学和实习学校合作关系的疏离对职前教师上述方面的发展产生了不利影响。②

为了缓解职前教师教育实习中存在的种种问题，促使教育服务活动在改善职前教师教育实习方面更加具有针对性且发挥更大的作用，韩国教育改革委员会在《提升教育力的教师政策改善方案》中阐明了教育服务活动的基本宗旨：第一，教育服务活动是加强职前教师培养与幼儿园、中小学教育现场联系的重要一环；第二，教育服务活动旨在为职前教师提供更多实践机会，以获得更加丰富的教育经验；第三，教育服务活动不是单纯的服务活动，而是通过服务获得"教育性"的体验。③ 教师教育机构可基于上述关于教育服务活动性质和宗旨的要求，开展系统多样的教育服务活动，培养职前教师的教育信念及其对职业角色的期待，并全面提高其"教育力"。

（二）韩国教育服务活动的实施体系

（1）教育服务活动的学分设置与赋予

韩国职前教师教育课程依据《高等教育法施行令》第 119 条"公共基础课程与专业课程"和《教员资格认定令施行规则》第 12 条"教

---

① 박수정, 이인회, 「중등교육실습의 확대 운영 사례 분석 및 시사점」, 『학습자중심교과교육연구』, 1（2016）: 413 – 432.

② 강현석, 「한국 교사양성과정에서 교육실습 교육에 대한 성찰과 미래 방향」, 『한국교원교육연구』, 3（2013）: 47 – 74.

③ 대통령자문 교육혁신위원회, 『교육력 제고를 위한 교원정책 개선방안』, 교육혁신위원회, 2006, pp.13 – 17.

职课程的构成和学分"制定。不论是否为师范类专业的学生，均须修习
教职课程并取得相应学分，达到教育部规定的所有条件，方可获得教师
资格证书。自 2009 学年起，教师教育机构开始全面应用新版教职课程。
新版教职课程的变化主要包括：第一，用教职素养课程替代原来的学科
教育课程，并于 2013 学年在教职素养课程中新设"预防学校暴力的理
论与实践"课程；第二，在教育实习中增设教育服务活动课程，教育实
习由 2 学分增加至 4 学分；第三，教育服务活动最低学分要求为 2 学
分，完成 30 小时的服务时长即可获取 1 学分，每日可以计算的服务时
长不超过 8 小时。教育服务活动原则上不受年级和时间的限制，入学之
后至毕业之前均可进行。

（2）开展教育服务活动的机构或场所

开展教育服务活动的机构或场所遵循学生自主选定的原则，也可以
由教师教育机构指定。依据《幼儿教育法》《中小学教育法》《在外国
民教育支援法》《终身教育法》设立的各级各类学校、与所在教师教育
机构签订合作协议的国外大学或教育厅认可的正规幼儿园、中小学以及
获得认证的非营利性教育机构等均可作为开展教育服务活动的机构，学
生拟申请获取的教师资格证书可以与其开展教育服务活动的学校类别或
学段不一致。[①] 除此之外，对低收入家庭和多元文化家庭的子女开展无
偿学习辅导等也可以被认定为教育服务活动。教育服务活动既支持在放
学后的时段进行，也允许扩展到学校以外的其他场所。在开展教育服务
活动前，学生须向所在的教师教育机构提交教育服务活动计划书，以确
认该教育服务活动的机构（或场所）以及活动内容符合学校的规定和
标准。

（3）教育服务活动的主要内容

2009 年以来，韩国教育部先后五次修订《教师资格认定实务手
册》，对教育服务活动内容进行了相应调整（详见表 8-4）。为了强调
教育服务活动的特定主体、特定对象以及更加凸显"教育性"的本质

---

① 교육부 교원양성연수과,『2020년도 교원자격검정 실무편람』, 교육부, 2020, p.72.

特征，从 2014 学年开始明确要求须 "运用教育的方法开展教育服务"，关于教育服务活动内容的表述更加清晰和具体。2016 学年，为响应韩国教育部在全国初中试点推广 "自由学期制" 政策，教育服务活动增加 "从事'自由学期制'下设的相关活动" 的内容。2017 学年开始，将 "对多元文化家庭子女进行指导" 纳入教育服务活动内容，为改善弱势群体的教育质量和维护社会平等做出积极努力。由此可见，随着教育内外部环境和需求的不断变化以及教育服务活动实施的不断深入，教育服务活动的主体内容不断完善，但目前仍处于频繁调整和不断优化的过程之中。

表 8-4　教育服务活动主要内容的变化

入学年份	活动内容
2009~2012 学年	在幼儿园、中小学及特殊教育学校中担任助理教师和 "放学后学校" 教师，对学业困难学生进行指导，通学出行指导，为特殊教育儿童提供志愿服务等，具体标准由教师教育机构确定
2013 学年	在幼儿园、中小学及特殊教育学校中担任助理教师和 "放学后学校" 教师，对学业困难学生进行指导，具体标准由教师教育机构确定
2014~2015 学年	以幼儿园及中小学生为对象，运用教育的方法开展教育服务，包括担任助理教师和 "放学后学校" 教师，对学习困难学生进行指导，具体标准由教师教育机构确定
2016 学年	以幼儿园及中小学生为对象，运用教育的方法开展教育服务，包括担任助理教师和 "放学后学校" 教师，对学习困难学生进行指导，从事小学看护教室活动、"自由学期制" 下设的相关活动以及与学生生活指导相关的活动，提供智力服务等，具体标准由教师教育机构确定
2017~2020 学年	以幼儿园及中小学生为对象，运用教育的方法开展教育服务，包括担任助理教师和 "放学后学校" 教师，对学习困难学生和多元文化家庭子女进行指导，从事小学看护教室活动、"自由学期制" 下设的相关活动以及与学生生活指导相关的活动，提供智力服务等，具体标准由教师教育机构确定

资料来源：根据韩国教育部 2009~2020 年发布的《教师资格认定实务手册》整理而成。

（4）教育服务活动的开展过程

韩国教育部规定教育服务活动的开展过程大致分为五个阶段（见图 8-3）。第一阶段，职前教师向教师教育机构提交教育服务活动申请

书。职前教师通过学校公告栏或通知，掌握本学期学校对教育服务活动
的具体要求，初步选定服务机构并提交申请书。第二阶段，选定教育服
务机构及事前协商。职前教师可以单独或委托所在教师教育机构的教育
实习负责人与教育服务机构进行协商，确定教育服务活动的具体安排。
第三阶段，职前教师向所在教师教育机构的相关部门提交教育服务活动
同意书和活动计划书。为了确保教育服务活动的真实性，职前教师需要
从教育服务机构获得允许开展教育服务活动的同意书，并向学校提交根
据自身情况拟定的活动方案。第四阶段，职前教师根据活动方案开展
60 小时及以上的教育服务活动，撰写服务日志，记录活动体验与心得。
第五阶段，结束所有教育服务活动后，职前教师需从教育服务机构获得
"教育服务活动证明书"，并提交所在教师教育机构的教育实习负责人，
审核通过后获得相应学分。

图 8 - 3　韩国教育服务活动的实施过程

资料来源：교육부 교원양성연수과：『2020 년도 교원자격검정 실무편람』，
교육부，2020，pp. 72 - 73.

（5）教育服务活动的管理与评价

评价的本质是一种认识活动，对教育服务活动的评价就是对其进行
反思和督促职前教师对教育服务经验进行全面反思的过程。目前，教育
服务活动的管理与评价主要包括两种方式，一种为"时间确认型"，侧
重考核职前教师是否完成了 60 个小时的教育服务活动，以及是否在规
定时间内提交了教育服务活动证明书；另一种为"过程考核型"，侧重
考核职前教师的活动经验积累与生成，对活动过程记录进行定期检查和
评价，判定是否达成了预期的活动效果。[①]

两种不同的方式意味着教育服务活动的实施存在"消极运营"和

① 윤소희，「교육봉사활동 운영의 개선 방안 탐색」，『지방교육경영』，1（2019）：73-92.

"积极运营"两种状态。"消极运营"状态下，教师教育机构仅提供保底线的事务性服务，仅根据相关规定或方针确认学生是否开展了服务活动；"积极运营"状态下，教师教育机构和实习学校会对职前教师的教育服务活动实施准备教育、中期检查、期末评估等系统化管理。准备教育包括确定职前教师服务机构的安排，提醒注意事项，制定活动计划书等；中期检查的重点是及时了解职前教师的教育服务状况，检查和调整活动目标等；期末评估通常在服务活动结束前一周左右进行，对职前教师教育服务活动进行整体评价和意见调查，分享优秀案例并交流经验，确定是否赋予学分等。相关研究表明，采用"时间确认型"管理与评价方式的教师教育机构数量明显多于采用"过程考核型"的。① 在教育服务活动的结果评价上，由教师教育机构的相关部门审定，原则上按照P（Pass）或 F（Fail）的方式予以评价。

（三）韩国教育服务活动的成效

韩国的教育服务活动为职前教师体验教育者角色提供了多种类型教育现场的实践机会，对职前教师的反思能力、从教信念、教职人性以及公民意识等方面均产生了积极影响。

（1）提升了职前教师的反思能力

在开展教育服务活动过程中，职前教师将掌握的理论知识应用于"真正的教育现场"，有效建立了学习和服务经验之间的联系，并通过预设的运营机制实现了对服务经验的反思。在教育服务活动（尤其是"过程考核型"教育服务活动）的实施流程中，撰写活动计划与活动日志、召开评议会、开展汇报与总结等环节，基本涵盖了服务前、服务中、服务后全过程的独自反思和集体反思。职前教师在教育服务活动中不断反思自身的态度、行动与信念等，整合新旧经验的冲突，将"行为中的知识"（knowing-in-action）通过"实践中的反思"（reflection-in-action）转化为自身的实践智慧。向内反思自己的实践，向外反思所处的

---

① 장경원，「Service -Learning 에 기반한 '교육봉사' 과목 운영 전략 탐색」，『한국교원교육연구』，3（2010）：373 – 393.

教育情境与活动中面对的受教育者，继而成为真正的参与者与积极主动的学习者，最终为实践知识体系的生成奠定基础。总之，教育服务活动强调对职前教师实践经验和批判性反思能力的培养，以提高教师的价值判断力和解决问题的能力。

另外，在多种类型的教育情境下体验教师职业有助于职前教师将反思扩展到更加宽泛的问题领域，并能够有效促进本体性反思能力的发展。一项关于南非乡村教师教育项目（Rural Teacher Education Project，RTEP）的研究指出，RTEP 帮助教师重新反思和定位自我，开始深入思考是否以及为什么（尤其是在农村地区）从事教学工作、教学对他们意味着什么、如何定义和定位自己的教学生涯等问题，想法也不再局限于教师在学校能做什么，产生了更强烈的迎接挑战的责任感和对奉献的渴望。①

（2）夯实了职前教师的从教信念

教育服务活动为职前教师重新建构教育者与受教育者之间的关系提供了新视角，与学校的正式课程不同，教育服务活动因其多样化的形式被视为职前教师体验校内外教育情境和审视教育活动本质的契机。研究表明，虽然部分参加过教育服务活动的职前教师认为 60 小时的服务时长会造成一些负担，但教育服务本身极具教育价值。与学校现场实习不同，教育服务活动可以在更自由放松的环境下与学习者进行交流和互动，为有需要的学习者提供咨询与辅导。这种沉浸式体验能够帮助职前教师获取独特的教育心得与体验，检验自身的职业适应性，夯实长期从教的信念。②

（3）促进了职前教师"教职人性"的发展

韩国在教师的职前培养、资格赋予及任用考试等过程中因偏重对课

---

① Islam, F., "Understanding pre-service teacher education discourses in Communities of Practice: A reflection from an intervention in rural South Africa," *Perspectives in Education*, 1 (2012): 19-29.

② 김민환, 박찬주, 「'교육봉사활동' 교과 운영 실태와 개선방향」, 『학습자중심교과교육연구』, 2 (2014): 229-252.

程知识和教育理论知识的考核，忽视对"教职人性"的考查而遭到批评。"教职人性"是在传统人性教育基础上强调教师职业应具备的专业素养、坚定的使命意识和卓越的道德品质，内涵上与一般语境下的师德修养基本一致。有研究指出，职前教师教职人性发展程度与是否参加过教育服务活动之间存在相关性，参加过教育服务活动的职前教师在教职人性方面的测量指标平均得分为 3.79，未参加过教育服务活动的职前教师平均得分为 3.70；同时，将参与时间超过 60 小时的职前教师和参与时间不足 60 小时或没有参与经历的职前教师进行分组对比后发现，前者教职人性的测量得分更高。①

(4) 强化了职前教师的公民意识

服务学习是一种将服务活动整合到学校学术课程中的教学方法。从教育哲学的角度来看，服务学习有两种目的：第一，服务学习应培养学习者的社会责任、理解社会正义以及服务他人的观念；第二，服务学习应该为学习者成为合格的社会公民做准备，使学习者在服务的过程中理解社会的运作模式与需求，并学会用自己掌握的知识解决社会问题。

教师是学生公民品格的培育者，职前教师公民意识的强化也因而格外重要。随着多元文化时代的到来，韩国教育中的平等、融合以及多样性问题日益突出，在批判意识、关怀意识和公共意识等基本公民意识的基础上，韩国越来越重视职前教师"国际理解素养""教育福祉意识""多元文化包容能力"等公民意识的养成。以一项关于教育服务活动与职前教师教育福祉意识关系的调查研究为例，研究发现，"教育服务活动作为经验学习手段有效提升了职前教师的教育福祉意识，对职前教师的教育福祉态度、教育福祉实践能力以及正确理解教育中弱势阶层与教育福祉的关系都产生了积极影响"。②

---

① 서경혜, 최진영, 김수진, 이지영, 「예비교사 교직인성 분석: 재학기간, 교육실습, 교육봉사 및 진로에 따른 차이를 중심으로」, 『한국교원교육연구』, 2（2013）: 305-328.

② 이혜진, 「교사봉사활동을 경험한 예비교사의 교육복지역량에 관한 연구」, 『주관성 연구』, 35（2017）: 85-108.

教育服务活动作为直接了解学习者和社会的公益性活动形式，为职前教师提供了与来自多元文化家庭、贫困家庭等多种类型家庭的学生直接接触的机会，从而理解社会的多样性和教育对象的复杂性，以此获取无法通过教师培养课程和学校现场实习习得的实践经验，促进了来自不同社会阶层和文化背景的职前教师相关方面公民意识的提升。

（四）韩国教育服务活动的不足

韩国的教育服务活动尽管取得了一定的成效，但由于一直处于探索和调整的过程之中，职前教师对教育服务活动的认识不够深刻，在保障职前教师的教学自主性以及为教育服务活动提供过程性指导等方面还存在不足。

（1）职前教师对教育服务活动的认识不深刻

发展和实施教育服务活动的关键挑战是，清晰地阐释教育服务的内涵并达成对教育服务目的和宗旨理解的共识。个体的认知对态度、决策和行动都会产生影响，因此，职前教师对教育服务活动的目的和宗旨能否形成正确的认识，也会影响其活动开展的水平和质量。为提升对教育服务活动的重视程度，韩国教育部明确要求"教师教育机构须将教育服务活动作为必修科目，将教育服务活动与教师资格证书授予直接挂钩"。[1] 但实际上，由于职前教师对教育服务活动本身的认识不深刻，甚至仅将教育服务活动视为获得教师资格证书的一个环节，常常对在教育服务活动中扮演的角色和具体的活动方案规划感到无所适从。[2] 为了充分实现教育服务活动的价值，通过更加完备的事前教育加深职前教师对教育服务活动的认识显得尤为必要。

（2）职前教师的教学自主性受限

职前教师的培养效果很大程度上取决于职前教师是否有深度浸入教学情境中的机会，职前教师的教育实践活动不应局限于程序型和经验

① 이효신，「교육봉사활동을 통한 예비교사 핵심역량개발 사례 연구」，『학습자중심교과교육연구』，6（2020）：1455 – 1485.
② 이유진，윤지현，「중등 과학 예비교사의 인식에 기반한 교육봉사활동 교과의 운영 실태 분석」，『교과교육학연구』，1（2015）：1 – 21.

型，应努力趋向于探索型和研究型，教育实践活动应赋予职前教师更多
的教学自主权。在教育服务活动的实际开展过程中，职前教师往往不能
主导自己的教学计划与教学方法，被动按照所在服务机构的要求进行教
学，服务活动准备过程中也存在缺乏必要的学习资料与教学设备支持的
问题。[1] 自主性是教师职业的灵魂，缺乏自主性的教学难以获得有意义
的教育体验。因此，教师教育机构与服务机构通过协商达成一致性观
点，合理保障职前教师的教学自主权，激发职前教师的自我效能感，是
确保教育服务活动意义最大化的关键环节。

(3) 缺少指导教师的有效指导

有研究指出，教育服务活动开展期间，相当一部分职前教师与教师
教育机构或服务机构的指导教师沟通不充分，有的甚至几乎没有从指导
教师那里获得有效的指导。[2] 相比指导教师情感上给予的鼓励与支持，
职前教师更需要的是以教学实践为基础的反馈与建议。[3] 缺少有效指导
的情况在"时间确认型"的教育服务活动管理与评价模式下更加突出，
停留在学分赋予层面、缺乏系统性管理体制是指导教师未能进行有效指
导的体制性原因。

(五) 韩国教育服务活动的发展动向

在过去的十几年里，韩国教育部几乎每年都会在《教师资格认定实
务手册》中对有关教育服务活动的内容和实施方案进行修订，这表明其
教育服务活动仍处于调整和完善的过程之中，理论基础依然薄弱。在应
对上述已经凸显的不足之处的同时，如何提升活动质量和促进可持续性
发展是未来教育服务活动面临的核心问题。基于此，韩国的教育服务活
动表现出如下三个方面的发展动向。

---

① 임지선，『예비체육교사의 교육봉사활동 경험의 의미』，학위논문，이화여자대학교，
2012，p.4.

② 이안수，배종희，노현호，「중등예비 체육교사들의 교육 봉사활동 경험에 대한
인식과 반응」，『교과교육학연구』，1 (2015)：159-175 .

③ 최수정，「예비영어교사 교사교육 연구 동향 고찰：학교현장실습을 중심으로」，『중등
영어교육』，4 (2019)：75-98.

（1）加强学校现场实习与教育服务活动之间的联系，由被动式教育服务转变为主动式教育服务

教育服务活动与学校现场实习一样，需要围绕整个实施过程制定周密的行动方案，包括事前培训、中期检查以及事后评估等。教育服务活动作为职前教师获得教师资格证书的必修课程，具有强制性和义务性的色彩，与一般意义上的志愿服务存在明显差异。根据相关研究，与以获得学分为目的的教育服务活动相比，职前教师对不与学分挂钩的教育服务活动满意度更高，且作为独立的学分课程，不少职前教师参与的教育服务活动与学校现场实习之间缺少必然的联系，需要思考二者之间的衔接问题。[①] 同时，目前教育服务活动主要是教师教育机构委托服务机构提供活动机会的一种被动式、寻找式的教育服务，如何完善教育服务活动使之能够提供多样化的活动内容、高质量的教学指导，在此基础上转变为服务机构对教师教育机构提出需求的一种主动式、来访式的教育服务。[②]

（2）加强扩大教育服务范围，以更加灵活的方式开展教育服务活动

随着海外劳工和移民的不断增多，韩国社会逐渐变得更加开放和多元，多元文化家庭的比例逐渐扩大，这又对韩国的教师教育提出了新的挑战。过去相当长的一段时间，都是单纯地从"韩国"这一空间范畴考虑职前教师的培养，形成了培养"韩国教师"的僵化思维。为了应对时代的需要，以"全球化教师"的理念开展教师教育，拓展更加广泛的国际教育服务基地显得尤为重要。目前，由韩国教育部、韩国国际合作局等机构牵头，大学积极开展海外教育服务活动，选拔职前教师到东南亚、东北亚和非洲等地区的发展中国家开展教育服务活动。通过在不同国家获得的教育经验来扩展职前教师的国际视野、提高非母语教学技能和多元文化教育能力，从"现场教育实习必须在国内"或"现场

---

① 박인심，「협력학교 기반 교육봉사활동의 성과 분석：S 여대 사례를 중심으로」，『한국교원교육연구』，2（2014）：1 – 27.

② 손은령，박수정，이주욱，「사범대학의 교육실습체제 개선 사례 및 성과 분석」，『교육연구논총』，1（2016）：1 – 25.

教育实习必须在公共教育机构"的局限性思维中跳脱出来，以"世界处处有教育"的开放心态、以更加广博的视野和更加包容的姿态来开展教育服务活动。①

（3）加强对教育服务活动的学理性探讨

近年来，韩国学界对教育服务活动的实施体系、经验意义以及体制改革等进行了比较充分的讨论，但针对教育服务活动的学理研究进展甚微。"教育服务活动"一词最早出现在官方政策文本中，是为了便于与学校现场实习进行区分和单独管理而采用的制度性概念，在进入学术话语体系前并未对其进行深入的学理性探讨，因而受到"这是学术依附于制度的典型表现"的批评。② 同时，有研究指出，应在服务学习的背景下去理解教育服务活动，将"学习"置换为"教育"以及术语表述的改变并不会使服务学习的内涵发生变化，应以服务学习的理念和形式开展教育服务活动。③ 也有观点认为，从美国大学发展而来的服务学习与美国独特的社会环境和传统教育文化密切相关，"学习"是以心理学为基础的概念，一般指通过直接或间接经验而带来行为上的变化，与"教育"不尽相同，把教育服务放在服务学习的语境中，会造成心理学与教育学语境上的混淆，也会引起"教育"与"服务"两者孰轻孰重的论争。④ 总体而言，目前教育服务活动的理论基础依然薄弱，对教育服务活动进行学理性探讨是完善韩国职前教师教育实习制度建设的关键。

三 对增设"教育服务活动"实践环节的思考

教育实践的目的是帮助职前教师在真实的教育教学情境中学会教

---

① 손은령, 박수정, 이주욱, 「사범대학의 교육실습체제 개선 사례 및 성과 분석」, 『교육연구논총』, 1（2016）: 1–25.
② 김재웅, 「'교육봉사활동'에 들어있는 '교육' 용어의 해체와 과제」, 『교육원리연구』, 2（2014）: 1–25.
③ 장경원, 「Service-Learning 에 기반한 '교육봉사' 과목 운영 전략 탐색」, 『한국교원교육연구』, 3（2010）: 373–393.
④ 김재웅, 「'교육봉사활동'에 들어있는 '교육' 용어의 해체와 과제」, 『교육원리연구』, 2（2014）: 1–25.

学，本质上属于情境学习，具有极强的情境性。在知识实际应用的真实情境中呈现知识，把学与用结合起来，以及通过社会性互动和协作来进行学习，是情境学习的主要特点。教育服务活动的可贵之处是可以为职前教师提供更加多样化的教育情境，对于职前教师而言非常重要，却是目前我国全程贯通一体化教育实践模式有所欠缺的部分，这是倡导增设教育服务活动的初衷。

通过对服务学习理念和韩国教育服务活动案例的分析可知，在具体组织和实施中，高质量的教育服务活动需要做到以下几点：第一，具有明确的活动目标，弥补现有教育实践模式的不足，将理论知识和技能应用到教育服务活动中，在不同的教育情境中生成不同的服务经验，并通过反思构建更加系统的实践性知识体系；第二，教育服务活动不仅要具备为他人提供服务、与理论或实践学习相关联以及对经验进行反思三个核心要素，还应该具有挑战性，能够挑战职前教师的常规性认知；第三，教育服务活动需要具有完善的实施和管理体系，从学分赋予、内容设计、环境创设、开展流程、认定评价等方面做好统筹规划；第四，教育服务活动务必注重多样性，多样性不仅体现于开展教育服务的情境和环境（例如城乡差距、区域差距、校际差距等），还应体现在教育服务的过程和结果中；第五，职前教师通过教育服务活动与接受教育服务的个人、组织或机构进行实质性的接触和互动，发现问题并尝试去理解问题的复杂性，能够用更广阔的视野去审视更加宽泛的问题领域；第六，反思必须贯穿教育服务活动的全过程，包括活动前、活动中和活动后的反思，有效的反思是教育服务活动效果的重要保障，反思是教育服务活动中理论或实践学习与服务经验的融合剂。

倡导增设"教育服务活动"实践环节，是对完善和改进本课题组所在大学实施的全程贯通一体化教育实践模式的一点思考。教育服务活动本质上是具有志愿服务性质的社会实践活动，其意义和价值毋庸置疑。教育服务活动的参与者需要具有高度的社会责任感，活动设计应处处凸显教育性、服务性和反思性，才能最大限度地发挥教育服务活动的意义和价值。

结　语

————❧❀❧————

　　开展课题研究的过程中，在探究"全程贯通一体化教育实践模式下全日制教育硕士反思能力发展状况及其规律与特征"这一核心问题的同时，笔者也一直在思考"如何通过改善现有的教育实践模式以更好地促进职前教师反思能力发展"的问题。本研究针对上面两个问题进行了探讨，形成了一些初步的看法和结论。

　　通过对跟踪研究各个环节和阶段形成结论的总结分析，本研究初步得出以下结论：①全程贯通一体化教育实践模式有效提升了研究对象的反思能力发展水平；②研究对象的反思能力存在显著的内部差距，且入学时的初始反思能力在个体间和学科间均存在显著差异，毕业时个体之间反思能力发展水平依然存在显著差距，但学科之间的差异不再显著；③研究对象的反思能力呈现不同的发展轨迹，大体包括高起点快速发展型、高起点平稳发展型、低起点快速发展型和低起点缓慢发展型四种类型；④教学反思能力是制约研究对象反思能力发展的主要因素；⑤研究实践之于反思能力发展的共识度不高；⑥研究对象对教育实践模式的满意度和反思能力发展的自我评价度较高。

　　针对全程贯通一体化教育实践模式，笔者着重从提升研究对象反思能力发展水平的视角提出如下改进建议：①设计更加精细化的反思任务与活动；②构建基于实践共同体的职前教师指导机制；③有效提升中学指导教师的教育实践指导能力；④增设教育服务活动实践环节。

　　在推进课题研究过程中，笔者也意识到本研究还存在诸多不足，在今后的持续研究中需要改进，主要包括以下几点。

第一，反思能力测量问卷的编制仍需继续完善。为确保能够在研究对象入学后第一时间进行问卷的发放与回收，以保证最大限度地反映其反思能力的初始状况，本课题组利用 2016 年暑假进行了问卷的开发与改编。问卷编制过程中主要借鉴了国内外相关研究成果，并结合了本课题组所在大学往届全日制教育硕士相关调研的结果，但由于对 2016 级全日制教育硕士的具体情况无法进行整体了解，问卷题目的设计难以涵盖教育实践的所有环节。例如，对研究实践环节的关注比较匮乏。反思能力是教师必须具备的核心能力，职前阶段反思能力的培养也具有重要意义，后续需要对问卷进行完善，以便使其在今后的相关研究中更好地发挥作用。

第二，研究实践在促进研究对象反思能力发展中发挥的作用还需要进一步验证。已有研究表明，职前教师理解"研究"并看到了"研究"的意义，但回归到教学实践和真实的教育情境中，又没有充分感知到"研究"的工具性价值，并且研究能力也没有体现为核心的就业能力。[①]由此可能导致的问题是，研究对象对研究实践在自身反思能力发展方面发挥的作用没有产生较强的感知。另外，对于研究实践阶段的反思能力发展状况的判断主要依据的是对研究对象的访谈，未能很好地解决主观性较强的问题。

第三，研究的视角存在一定的局限性。对研究对象反思能力发展的跟踪研究工作量极大，受到工作量的制约，本研究主要基于职前教师（即全日制教育硕士）的视角，未能更多地从大学指导教师和中学指导教师的视角来分析和验证研究对象的反思能力发展状况。后续研究中，可以通过多主体视角的研究来进行互证，进一步提升研究的完整性和科学性。

第四，有必要针对研究对象开展毕业后的跟踪研究。本研究仅针对

---

① Eklund, G. , "A Research-based teacher education in Finland-A dilemma for the students," *Psychology Research*, 7 (2014): 567 – 578.

研究对象在读期间的反思能力发展进行了跟踪研究，实际上非常有必要在研究对象毕业后继续开展跟踪研究，不仅能够了解其反思能力发展的后续状况，也能够得到更多关于全程贯通一体化教育实践模式改进的建议，以打造更加高效的反思性实践模式。2021 年 6 月 28 日，笔者与 YY2F 进行了交流。她表示："大学设计的教育实践模式培养了我的反思习惯，成为正式教师之后，我现在也会在我的日常教学中总结反思很多东西，习惯了写日常教学反思总结，当时学到的很多东西现在依然能够运用到自己的课堂上。"后续，笔者将选择恰当的时机，继续针对研究对象开展毕业后的跟踪研究。

参考文献

一　中文文献

（一）著作

〔加〕Thomas S. C. Farrell：《反思性实践：重燃你的教学热情》，外语教学与研究出版社，2013。

〔美〕阿瑟·J.S. 里德、韦尔娜·E. 贝格曼：《课堂观察、参与和反思》，伍新春、夏令、管琳译，教育科学出版社，2009。

〔美〕贝蒂·E. 斯黛菲、迈克尔·P. 沃尔夫、苏珊娜·H. 帕施、比利·J. 恩兹主编《教师的职业生涯周期》，杨秀玉、赵明玉译，人民教育出版社，2012。

〔美〕贝丝·赫斯特、金尼·雷丁：《教师的专业素养》，赵家荣译，上海教育出版社，2019。

〔美〕南希·菲契曼·达纳、丹恩·耶多·霍沛：《反思课堂教学：为未来的挑战做准备》（第3版），杜小双译，黑龙江教育出版社，2016。

〔美〕Stephen D. Brookfield：《批判反思型教师ABC》，张伟译，中国轻工业出版社，2002。

〔美〕唐纳德·A. 舍恩：《培养反映的实践者：专业领域中关于教与学的一项全新设计》，郝彩虹、张玉荣、雷月梅、王志明译，教育科学出版社，2008。

〔美〕维托·佩龙：《给教师的一封信：对学校教育和教学艺术的反思》，张京译，教育科学出版社，2009。

〔美〕约翰·杜威：《我们怎样思维·经验与教育》，姜文闵译，人民教育出版社，2004。

〔英〕Andrew Pollard：《小学反思性教学——课堂实用手册》（第3版），王薇、郑丹丹译，中国轻工业出版社，2006。

〔英〕安德鲁·波拉德、克里斯廷·布莱克－霍金斯、加布里埃尔·克利夫·霍奇斯等：《反思性教学：一个已被证明能让所有教师做到最好的培训项目》（30周年纪念版），张蔷蔷译，中国青年出版社，2017。

陈向明：《教师如何作质的研究》，教育科学出版社，2019。

陈向明：《质的研究方法与社会科学研究》，教育科学出版社，2000。

丁峰山、〔美〕卫恩·魏特立：《师范专业实习培训指南》，南京师范大学出版社，2008。

龙宝新：《当代国际教师教育研究》，科学出版社，2016。

苏红：《教师专业发展中的关键事件研究》，北京师范大学出版社，2014。

王春光：《反思型教师教育研究》，东北师范大学出版社，2010。

魏戈：《教师实践性知识的生成》，教育科学出版社，2020。

杨秀玉：《教育实习：理论研究与对英国实践的反思》，中国社会科学出版社，2017。

（二）文章

边玉芳、孙丽萍：《教师增值性评价的进展及在我国应用的建议》，《教师教育研究》2015年第1期。

陈向明：《范式探索：实践—反思的教育质性研究》，《北京大学教育评论》2010年第4期。

陈向明：《实践性知识：教师专业发展的知识基础》，《北京大学教育评论》2003年第1期。

东北师范大学：《体验·提升·实践·反思 东北师范大学全日制教育硕士研究生培养综合改革》，《教育研究》2014年第12期。

范敏、刘义兵：《斯滕豪斯的"教师成为研究者"思想》，《全球教育展望》2017 年第 8 期。

冯志均、李佳、王后雄：《职前化学教师教学反思能力及影响因素研究》，《化学教育》2013 年第 6 期。

高耀、陈洪捷、沈文钦：《专业硕士学位论文质量监测评估报告——基于 Y 市学位论文抽检结果的量化分析》，《复旦教育论坛》2017 年第 1 期。

关尔群、商建华、佘大为、侯少龙：《全日制教育硕士研究生实践环节的模式选择及思考——以辽宁师范大学为例》，《辽宁师范大学学报》（社会科学版）2012 年第 1 期。

郭航：《研究本位教师教育范式：以芬兰的实践为例》，《高教探索》2018 年第 6 期。

郭永峰、毕波、于海雯：《全日制教育硕士专业学位研究生实践教学的现状研究》，《学位与研究生教育》2016 年第 6 期。

户清丽：《职前教师反思性实践介入机制：价值、模型与策略》，《首都师范大学学报》（社会科学版）2015 年第 4 期。

黄慧、张文瑞：《英语师范生实习反思状况调查》，《教育学术月刊》2015 年第 4 期。

回俊松：《职前教师反思能力培养研究——本体性反思能力培养的必要性与可能性》，博士学位论文，东北师范大学，2014。

回俊松、饶从满：《职前教师本体性反思能力培养的必要性与可行性》，《教师教育研究》2014 年第 4 期。

贾瑞棋、梁荣华：《国际视域下中小学教师教育实践指导能力构成探究》，《外国教育研究》2019 年第 12 期。

姜广运：《浅谈教学反思的内容、策略及作用》，《教育探索》2010 年第 10 期。

兰英、张博：《英国职前教师反思能力的培养》，《比较教育研究》2009 年第 12 期。

冷静、易玉何、路晓旭：《职前教师协作写作中反思能力发展轨迹研究——基于认知网络分析法》，《中国电化教育》2020 年第 3 期。

李春艳：《全日制教育硕士的实践反思研究——基于教育实践反思日志的分析》，硕士学位论文，东北师范大学，2016。

李菲：《学校社会责任感教育的实践困境与变革——来自美国"服务学习"的启示》，《教育科学》2015 年第 6 期。

李福春、李良方：《美国高校服务—学习：审视与反思》，《中国高教研究》2013 年第 5 期。

李广平、和立伟、张梦雅：《实践反思模式下教育硕士生的反思能力发展研究》，《学位与研究生教育》2018 年第 3 期。

李广平、孙宝婵：《国际视域下教育实习模式的特征及理念分析》，《外国教育研究》2014 年第 3 期。

李茂荣：《实践共同体概念的转化与反思：基于文本的分析》，《教育学术月刊》2015 年第 7 期。

李如密：《教学风格的内涵及载体》，《上海教育科研》2002 年第 4 期。

李蔚然、李祖超、陈欣：《高中生价值观的新特征及对策分析——基于 9 省（区）6887 名高中生价值观发展现状的调研》，《教育研究》2018 年第 7 期。

刘丽艳、秦春生：《基于学科教学实践平台的全日制英语教育硕士培养模式研究》，《研究生教育研究》2017 年第 2 期。

刘丽艳、秦春生：《协同与融合：全日制教育硕士研究生培养中的双导师制研究》，《学位与研究生教育》2016 年第 12 期。

刘敏：《全日制教育硕士专业学位研究生实践能力培养的探索与实践——以曲阜师范大学为例》，《学位与研究生教育》2015 年第 2 期。

陆德梅：《"反思型执业者"的培养——唐纳德·舍恩的"反思性实践"理论及其对专业学位教育的影响》，《复旦教育论坛》2009 年第 6 期。

卢正芝、洪松舟：《教师有效课堂提问：价值取向与标准建构》，《教育研究》2010 年第 4 期。

马敏：《服务学习：将校内学习与社区服务相融合》，《上海教育》2019

年第 29 期。

孟万金、姚茹、苗小燕、张冲：《新时代德智体美劳"五育"并举学校课程建设研究》，《课程·教材·教法》2020 年第 12 期。

宁虹、赖力敏：《"零距离"教师教育——全日制教育硕士培养的探索》，《教育研究》2015 年第 1 期。

秦春生、李广平、魏民：《全日制教育硕士生融合型培养模式的建构与实践》，《学位与研究生教育》2020 年第 12 期。

饶从满：《构建融合的教师教育》，《中国教师》2019 年第 11 期。

饶从满、李广平：《芬兰研究本位教师教育模式：历史考察与特征解析》，《外国教育研究》2016 年第 12 期。

邵光华：《全日制教育硕士专业学位研究生实践教学模式研究》，《教师教育研究》2012 年第 2 期。

宋萑、田士旭、吴雨宸：《职前教师培养实证研究的系统文献述评（2015～2019）》，《华东师范大学学报》（教育科学版）2020 年第 9 期。

宋萍萍：《教师实践共同体研究的争议与反思》，《教育科学》2019 年第 2 期。

苏丹、王光明：《全日制教育硕士实践教学体系的构建研究——以天津师范大学为例》，《教育探索》2014 年第 5 期。

汤立宏：《关注关键教育事件 优化教师教育教学行为》，《中小学管理》2006 年第 12 期。

王碧梅、胡卫平：《职前教师和在职教师教学反思关注点比较》，《教育科学》2016 年第 1 期。

王红艳：《全日制教育硕士培养的"浸润式实习模式"之辩》，《全球教育展望》2014 年第 11 期。

王晓芳、周钧：《新加坡师范生教育实习质量保障机制研究》，《比较教育研究》2019 年第 5 期。

王艳玲：《培养"反思性实践者"的教师教育课程》，博士学位论文，华东师范大学，2008。

吴晓威、曹雷、王兴铭、陈旭远：《全日制教育硕士专业学位研究生实践能力培养体系的构建与思考——以东北师范大学为例》，《中国高教研究》2014 年第 11 期。

吴兆旺：《实习教师的教学反思研究》，《全球教育展望》2011 年第 6 期。

谢国生：《启发式教学整体设计的若干思考》，《中国教育学刊》1997 年第 4 期。

徐美：《加强师范生实践反思能力的培养》，《中国教育学刊》2016 年第 1 期。

许美德、查强：《师范教育与大学：比较分析及其对香港的启示》，《北京大学教育评论》2003 年第 2 期。

杨秀玉：《教师教育实习的局限性研究——以西方学者的观点为中心》，《外国教育研究》2013 年第 11 期。

杨秀玉：《实习教师的反思：理论研究与来自美国教师教育实习项目的探讨》，《外国教育研究》2009 年第 12 期。

叶隽：《我们该当如何教育？——读〈教学机智——教育智慧的意蕴〉》，《教育发展研究》2004 年第 9 期。

张海珠、陈花、李金亭：《"互联网＋"时代乡村教师教学反思能力检核模型的构建》，《河南师范大学学报》（哲学社会科学版）2020 年第 2 期。

张晓光：《研究取向的中小学教师职前教育探析——以芬兰为例》，《教育研究》2016 年第 10 期。

郑灵臙、刘宝存：《芬兰"研究取向"的小学教师教育：目标、实施与成效》，《河北师范大学学报》（教育科学版）2019 年第 3 期。

周钧、公辰：《培养反思—探究型教师：芬兰研究取向教师教育探析》，《比较教育研究》2016 年第 11 期。

朱旭东：《再论我国师范院校教师教育存在的问题：认识误区、屏障和矛盾》，《教育发展研究》2016 年第 2 期。

（三）政府文件

教育部：《教育部关于加强师范生教育实践的意见》（教师〔2016〕2

号），2016 年 3 月 17 日。

教育部办公厅：《中学教育专业师范生教师职业能力标准（试行）》（教师厅〔2021〕2 号），2021 年 4 月 2 日。

教育部、国家发展改革委、财政部、人力资源和社会保障部、中央编办：《教师教育振兴行动计划（2018～2022 年)》（教师〔2018〕2 号），2018 年 2 月 11 日。

教育部：《教育部关于做好全日制硕士专业学位研究生培养工作的若干意见》（教研〔2009〕1 号），2009 年 3 月 19 日。

二 外文文献

（一）著作

Korthagen, F. A. J., Kessels, J., Koster, B., Lagerwerf, B., & Wubbels, Th., *Linking Practice and Theory-The Pedagogy of Realistic Teacher Education* (Mahwah: Lawrence Erlbaum Associates Publisher, 2001).

Lave, J., & Wenger, E., *Situated Learning: Legitimate Peripheral Participation* (Cambridge: Cambridge University Press, 2008).

Woods, P., *Critical Events in Teaching and Learning* (London and Washington, D. C.: The Falmer Press, 1993).

（二）文章

Akkerman, S. F., & Bakker, A., "Crossing boundaries between school and work during apprenticeships," *Vocations and Learning*, 2 (2012): 153–173.

Allas, R., Leijen, A., & Toom, A., "Supporting the construction of teacher's practical knowledge through different interactive formats of oral reflection and written reflection," *Scandinavian Journal of Educational Research*, 5 (2017): 1–16.

Andrew, M. D., "Differences between graduates of 4-year and 5-year teacher preparation programs," *Journal of Teacher Education*, 2 (1990):

45 – 51.

Beek, G. J. , Zuiker, I. , & Zwart, R. C. , "Exploring mentors' roles and feedback strategies to analyze the quality of mentoring dialogues," *Teaching and Teacher Education*, 78 (2019): 15 – 27.

Bortoluzzi, M. , "Teacher mentor in secondary school: Linking innovation in teaching, pre-service and in-service teacher training in Italy," http://www. fisica. uniud. it/URDF/girepseminar2003/abs/bortoluzzi. htm. 2019 – 10 – 20.

Bray, L. , & Nettleton, P. , "Assessor or mentor? Role confusion in professional education," *Nurse Education Today*, 8 (2007): 848 – 855.

Brew, A. , & Saunders, C. , "Making sense of research-based learning in teacher education," *Teaching and Teacher Education*, 87 (2020): 1 – 11.

Byman, R. , Krokfors, L. , Toom, A. , Maaranen, K. , Jyrhämä, R. , Kynäslahti, H. , & Kansanen, P. , "Educating inquiry-oriented teachers: Students' attitudes and experiences towards research-based teacher education," *Educational Research and Evaluation*, 1 (2009): 79 – 92.

Chambers, T. , "A continuum of approaches to service-learning within Canadian post-secondary education," *Canadian Journal of Higher Education*, 2 (2009): 77 – 100.

Clarke, A. , Triggs, V. , & Nielson, W. , "Cooperating teacher participation in teacher education: A review of the literature," *Review of Educational Research*, 2 (2014): 163 – 202.

Cochran-Smith, M. , & Lytle, S. L. , "Chapter 8: Relationships of knowledge and practice: Teacher learning in communities," *Review of Research in Education*, 1 (1999): 249 – 305.

Cohen-Sayag, E. , & Fischl, D. , "Reflective writing in pre – service teachers' teaching: What does it promote," *Australian Journal of Teacher Education*, 10 (2012): 20 – 36.

Daniel, G. R. , Auhl, G. , & Hastings, W. , "Collaborative feedback and reflection for professional growth: Preparing first-year pre-service teachers for participation in the community of practice," *Asia-Pacific Journal of Teacher Education*, 2 (2013): 159 – 172.

DeBettencourt, L. U. , & Nagro, S. A. , "Tracking special education teacher candidates' reflective practices over time," *Remedial and Special Education*, 5 (2019): 277 – 288.

Dyment, J. E. , & O'Connell, T. S. , "Assessing the quality of reflection in student journals: A review of the research," *Teaching in Higher Education*, 1 (2011): 81 – 97.

Edwards, A. , & Protheroe, L. , "Teaching by proxy: Understanding how mentors are positioned in partnerships," *Oxford Review of Education*, 2 (2004): 183 – 197.

Ekici, D. I. , "Development of pre-service teachers' teaching self-efficacy beliefs through an online community of practice," *Asia Pacific Education Review*, 19 (2018): 27 – 40.

Eklund, G. , "A Research-based teacher education in Finland-A dilemma for the students," *Psychology Research*, 7 (2014): 567 – 578.

Eyler, J. , "Reflection: Linking service and learning-linking students and communities," *Journal of Social Issues*, 3 (2002): 517 – 534.

Flanagan, J. C. , "The critical incident technique," *Psychological Bulletin*, 4 (1954): 327 – 328.

Francis, D. , "Critical incident analysis: A strategy for developing reflective practice," *Teachers and Teaching: Theory and Practice*, 2 (1997): 169 – 188.

Fuller, A. , Hodkinson, H. , Hodkinson, P. , & Unwin, L. O. , "Learning as peripheral participation in communities of practice: A reassessment of key concepts in workplace learning," *British Educational Research Journal*, 1 (2005): 49 – 68.

Ghosh, R. , "Mentors providing challenge and support: Integrating concepts from teacher mentoring in education and organizational mentoring in business," *Human Resource Development Review*, 2 (2013): 144 – 176.

Griffin, M. L., "Using critical incidents to promote and assess reflective thinking in preservice teachers," *Reflective Practice*, 2 (2003): 207 – 220.

Groom, B., & Maunonen-Eskelinen, I., "The use of portfolio to develop reflective practice in teacher training: A comparative and collaborative approach between two teacher training providers in the UK and Finland," *Teaching in Higher Education*, (3) 2006: 291 – 300.

Grossman, P., & McDonald, M., "Back to the future: Directions for research in teaching and teacher education," *American Educational Research Journal*, 1 (2008): 184 – 205.

Halen-Faber, C. V., "Encouraging critical reflection in preservice teacher education: A narrative of a personal learning journey," *New Directions for Adult and Continuing Education*, 74 (1997): 51 – 60.

Harrison, J. K., & Lee, R., "Exploring the use of critical incident analysis and the professional learning conversation in an initial teacher education programme," *Journal of Education for Teaching*, 2 (2011): 199 – 217.

Hatcher, J. A., & Bringle, R. G., "Reflection: Bridging the gap between service and learning," *College Teaching*, 4 (1997): 153 – 158.

Hatton, N., & Smith, D., "Reflection in teacher education: Towards definition and implementation," *Teaching & Teacher Education*, 1 (1995): 33 – 49.

Hennissen, P., Crasborn, F., Brouwer, N., Korthagen, F., & Bergen, T., "Mapping mentor teachers' roles in mentoring dialogues," *Educational Research Review*, 2 (2008): 168 – 186.

Hill, H. C., Rowan, B., & Ball, D. L., "Effects of teachers' mathematical knowledge for teaching on student achievement," *American Educational Research Journal*, 2 (2005): 371 – 406.

Hill, J. J., Favero, M. D., & Ropers-Huilman, B., "The role of mentoring in developing African American nurse leaders," *Research and Theory for Nursing Practice*, 4 (2005): 341 – 356.

Ho, B. , & Richards, J. C. , "Reflective thinking through teacher journal writing: Myths and realities," *Prospect*, 3 (1993): 25 – 40.

Hoffman, J. V. , Wetzel, M. M. , Maloch, B. , Greeter, E. , Taylor, L. , DeJulio, S. , & Vlach, S. K. , "What can we learn from studying the coaching interactions between cooperating teachers and preservice teachers? A literature review," *Teaching and Teacher Education*, 52 (2015): 99 – 112.

Hudson, P. , "Strategies for mentoring pedagogical knowledge," *Teachers and Teaching: Theory and Practice*, 4 (2013): 363 – 381.

Husu, J. , Toom, A. , & Patrikainen, S. , "Guided reflection as a means to demonstrate and develop student teachers' reflective competencies," *Reflective Practice*, 1 (2008): 37 – 51.

Islam, F. , "Understanding pre-service teacher education discourses in Communities of practice: A reflection from an intervention in rural South Africa," *Perspectives in Education*, 1 (2012): 19 – 29.

Jensen, S. K. , & Joy, C. , "Exploring a model to evaluate levels of reflection in baccalaureate nursing students' journals," *Journal of Nursing Education*, 3 (2005): 139 – 142.

Jewell, M. L. , "What does mentoring mean to experienced teachers? A phenomenological interview study," *The Teacher Educator*, 4 (2007): 289 – 303.

Jones, J. L. , & Jones, K. A. , "Teaching reflective practice: Implementation in the teacher education setting," *The Teacher Educator*, (1) 2013: 73 – 85.

Kagan, D. M. , "Professional growth among preservice and beginning teachers," *Review of Educational Research*, 2 (1992): 129 – 169.

Kassila, R. , & Lauriala, A. , "How do pre-service teachers' reflective processes differ in relation to different contexts?" *European Journal of Teacher Education*, 1 (2012): 77 – 89.

Kawai, T., "A theoretical framework on reflection in service learning: Deepening reflection through identity development," *Frontiers in Education*, 5 (2021): 1 – 11.

Kember, D., Leung, D. Y. P., Jones, A., etc., "Development of a questionnaire to measure the level of reflective thinking," *Assessment & Evaluation in Higher Education*, (4) 2000: 381 – 395.

Koh, K., & Tan, C., "Promoting reflection in pre-service teachers through problem-based learning: An example from Canada," *Reflective Practice*, 3 (2016): 347 – 356.

Korkko, M., Kyro-Ammala, O., & Turunen, T., "Professional development through reflection in teacher education," *Teaching and Teacher Education*, (55) 2016: 198 – 206.

Kroeger, J., Pech, S., & Cope, J., "Investigating change in field sites through mentor and candidate dialogues," *Journal of Early Childhood Teacher Education*, 4 (2009): 328 – 345.

Kwan, T., & Lopez-Real, F., "Mentors' perceptions of their roles in mentoring student teachers," *Asia-Pacific Journal of Teacher Education*, 3 (2005): 275 – 287.

LaBoskey, K. V., "A conceptual framework for reflection in preservice teacher education," in Calderhead, J. and Gates, P., eds., *Conceptualizing Reflection in Teacher Development* (London: Falmer Press, 1993), pp. 23 – 28.

Larrivee, B., "Development of a tool to assess teachers' level of reflective practice," *Reflective Practice*, (3) 2008: 341 – 360.

Lee, H. J., "Understanding and assessing preservice teachers' reflective thinking," *Teaching and Teacher Education*, (21) 2005: 699 – 715.

Lin, H. L., Gorrell, J., & Porter, K., "The road to pre-service teachers' conceptual change," Paper Presented at the Mid-South Educational Research Association Point Clear, Alabama, November, 1999: 3 - 4.

Lynch, M. , "Against reflexivity as an academic virtue and source of privileged knowledge," *Theory, Culture & Society*, 3 (2000): 26 - 54.

Malinen, O. -P. , Väisänen, P. , & Savolainen, H. , "Teacher education in Finland: A review of a national effort for preparing teachers for the future," *The Curriculum Journal*, 4 (2012): 1 - 18.

Marcos, J. M. , Sanchez, E. , & Tillema, H. H. , "Promoting teacher reflection: What is said to be done," *Journal of Education for Teaching*, 1 (2011): 21 - 36.

Maynard, T. , "Learning to teach or learning to manage mentors? Experiences of school-based teacher training," *Mentoring & Tutoring*, 1 (2000): 17 - 30.

Mewborn, D. S. , "Reflective thinking among preservice elementary mathematics teachers," *Journal for Research in Mathematics Education*, 3 (1999): 316 - 341.

Minott, M. A. , "Valli's typology of reflection and the analysis of pre-service teachers' reflective journals," *Australian Journal of Teacher Education*, 5 (2008): 55 - 65.

Mirsaei, F. , Phang F. A. , & Kashefi, H. , "Measuring teachers reflective thinking skills," *Procedia-Social and Behavioral Sciences*, 141 (2014): 640 - 647.

Mattsson, M. , Eilertsen, T. V. , & Rorrison, D. , "What is practice in teacher education," in Mattsson, M. , Eilertsen, T. V. , & Rorrison, D. , *A Practicum Turn in Teacher Education* (Rotterdam, Boston & Taipei: Sense Publishers, 2011), pp. 1 - 15.

Nagro, S. A. , "Reflecting on others before reflecting on self: Using video evidence to guide teacher candidates' reflective practices," *Journal of Teacher Education*, 4 (2020): 420 - 433.

Naidoo, K. , & Kirch, S. A. , "Candidates use a new teacher development process, transformative reflection, to identify and address teaching and learning problems in their work with children," *Journal of Teacher Education*, 5 (2016): 379 – 391.

Nelson, F. L. , Miller, L. R. , & Yun, C. , " 'It's OK to feel totally confused': Reflection without practice by preservice teachers in an introductory education course," *Reflective Practice*, 5 (2016): 648 – 661.

Niemi, H. , & Nevgi, A. , "Research studies and active learning promoting professional competences in Finnish teacher education," *Teaching and Teacher Education*, 43 (2014): 131 – 142.

Nzimande, N. , "Experiences of challenging heteronormativity in pre-service teacher training at the University of KwaZulu-Natal: A reflective critical incident approach," *South African Journal of Higher Education*, 4 (2017): 234 – 248.

Parker, S. , "Reflective teaching in the postmodern world: A manifesto for education in postmodernity," *Journal of Philosophy of Education*, 3 (1997): 453 – 455.

Puustinen, M. , Säntti, J. , Koski, A. , & Tammi, T. , "Teaching: A practical or research-based profession? Teacher candidates' approaches to research-based teacher education," *Teaching and Teacher Education*, 74 (2018): 170 – 179.

Rikard, G. L. , & Veal, M. L. , "Cooperating teachers: Insight into their preparation, beliefs, and practices," *Journal of Teaching in Physical Education*, 3 (1996): 279 – 296.

Robichaux, R. R. , & Guarino, A. J. , "The impact of implementing a portfolio assessment system on pre-service teachers' daily teaching reflection on improvement, performance and professionalism," *Creative Education*, 3 (2012): 290 – 292.

Rodriguez, A. J. , " 'Practice makes practice': A critical review of *Practice*

Makes Perfect," *Curriculum Inquiry*, 2 (1992): 219 – 227.

Roychoudhury, A., & Rice, D., "Preservice secondary science teachers' teaching and reflections during a teacher education program," *International Journal of Science Education*, 13 (2013): 2198 – 2225.

Russell, T., "A teacher educator's lessons learned from reflective practice," *European Journal of Teacher Education*, 1 (2018): 4 – 14.

Russell, T., "Can reflective practice be taught," *Reflective Practice*, 2 (2005): 199 – 204.

Sandefur, W. S., & Nicklas, W. L., "Competency-based teacher education in AACTE institutions: An update," *Phi Delta Kappan*, 10 (1981): 747 – 748.

Schaap, H., & Bruijn, E. D., "Elements affecting the development of professional learning communities in schools," *Learning Environments Research*, 1 (2018): 109 – 134.

Schon, D. A., & Desanctis, V., "The reflective practitioner: How professionals think in action," *The Journal of Continuing Higher Education*, 3 (1986): 29 – 30.

Seban, D., "Researching reflective field practices of elementary pre-service teachers: Two-dimensional analysis of teacher narratives," *Reflective Practice*, 5 (2009): 669 – 681.

Shapira-Lishchinsky, O., "Teachers' critical incidents: Ethical dilemmas in teaching practice," *Teaching and Teacher Education*, 27 (2011): 648 – 656.

Star, S. L., "This is not a boundary object: Reflections on the origin of a concept," *Science, Technology, & Human Values*, 5 (2010): 601 – 617.

Stegman, S. F., "An exploration of reflective dialogue between student teachers in music and their cooperating teachers," *Journal of Research in Music Education*, 1 (2007): 65 – 82.

Stenhouse, L., "What counts as research?" *British Journal of Educational*

Studies, 2 (1981): 103 – 114.

Sultan, A., Yasser, A., & Donald, G., "The reflective diary experiences of EFL pre-service teachers," *Reflective Practice*, 2 (2021): 173 – 186.

Svojanovsky, P., "Supporting student teachers' reflection as a paradigm shift process," *Teaching and Teacher Education*, 66 (2017): 338 – 348.

Talvitie, U., Peltokallio, L., & Mannisto, P., "Student teachers' views about their relationships with university supervisors, cooperating teachers and peer student teachers," *Scandinavian Journal of Educational Research*, 1 (2000): 79 – 88.

Tapio, K., & Armi, M., "Building a science of teaching: How objectives and reality meet in Finnish teacher education," *European Journal of Teacher Education*, 2 (2002): 135 – 150.

Tirri, K., "The last 40 years in Finnish teacher education," *Journal of Education for Teaching*, 5 (2014): 600 – 609.

Tom, A. R., "Inquiring into inquiry-oriented teacher education," *Journal of Teacher Education*, 5 (1985): 35 – 44.

Toom, A., Husu, J., & Patrikainen, S., "Student teacher's patterns of reflection in the context of teaching practice," *European Journal of Teacher Education*, 3 (2015): 320 – 340.

Toom, A., Kynäslahti, H., Krokfors, L., Jyrhämä, R., Byman, R., Stenberg, K., Maaranen, K., & Kansanen, P., "Experiences of a research-based approach to teacher education: Suggestions for future policies," *European Journal of Education*, 2 (2010): 331 – 344.

Tynjälä, P., "Toward a 3 – P model of workplace learning: A literature review," *Vocations and Learning*, 1 (2013): 11 – 36.

Valencia, S. W., Martin, S. D., Place, N. A., & Grossman, P. L., "Complex interactions in student teaching: Lost opportunities for learning," *Journal of Teacher Education*, 3 (2009): 304 – 322.

Valli, L., "Listening to other voices: A description of teacher reflection in the United States," *Peabody Journal of Education*, 1 (1997): 67 – 88.

Valli, L., "Reflective teacher education programs: An analysis of case studies," in Calderhead, J. and Gates, P., eds., *Conceptualizing Reflection in Teacher Development* (London: Falmer Press, 1993), pp. 11 – 22.

van Manen, M., "Linking ways of knowing with ways of being practical," *Curriculum Inquiry*, 3 (1977): 205 – 228.

Walkington, J., "Becoming a teacher: Encouraging development of teacher identity through reflective practice," *Asia-Pacific Journal of Teacher Education*, 1 (2005): 53 – 64.

Wang, J., "Contexts of mentoring and opportunities for learning to teach: A comparative study of mentoring practice," *Teaching & Teacher Education*, 1 (2001): 51 – 73.

Wang, J., & Odell, S. J., "Mentored learning to teach according to standards-based reform: A critical review," *Review of Educational Research*, 3 (2002): 481 – 546.

Ward, J. R., & McCotter, S. S., "Reflection as a visible outcome for preservice teachers," *Teaching & Teacher Education*, 3 (2004): 243 – 257.

Warnick, B. R., & Silverman, S. K., "A framework for professional ethics courses in teacher education," *Journal of Teacher Education*, 3 (2011): 273 – 285.

Williams, E. A., Butt, G. W., Gray, C., Leach, S., Marr, A., & Soares, A., "Mentors' use of dialogue within a secondary initial teacher education partnership," *Educational Review*, 3 (1998): 225 – 239.

Wæge, K., & Haugaløkken, O. K., "Research-based and hands-on practical teacher education: An attempt to combine the two," *Journal of Education for Teaching*, 2 (2013): 235 – 249.

Zachary, L. J., "The role of teacher as mentor," *New Directions for Adult &*

Continuing Education, 93（2002）: 27–38.

Zeichner, K. M., "Preparing reflective teachers: An overview of instructional strategies which have been employed in preservice teacher education," *International Journal of Educational Research*, 5（1987）: 565–575.

Zeichner, K. M., & Liston, D. P., "Teaching student teachers to reflect," *Harvard Educational Review*, 1（1987）: 23–48.

강현석, 「한국 교사양성과정에서 교육실습 교육에 대한 성찰과 미래 방향」, 『한국교원교육연구』, 3（2013）: 47–74.

김민환, 박찬주, 「'교육봉사활동'교과 운영 실태와 개선방향」, 『학습자중심교과교육연구』, 2（2014）: 229–252.

김병찬, 「예비교사들의'교육봉사활동'경험에 관한 질적 사례 연구」, 『한국교육』, 1（2010）: 113–145.

김재웅, 「'교육봉사활동'에 들어있는 '교육' 용어의 해체와 과제」, 『교육원리연구』, 2（2014）: 1–25.

교육부 교원양성연수과, 『2020년도 교원자격검정 실무편람』, 교육부, 2020.

대통령자문 교육혁신위원회, 『교육력 제고를 위한 교원정책 개선방안』, 교육혁신위원회, 2006.

박수정, 이인회, 「중등교육실습의 확대 운영 사례 분석 및 시사점」, 『학습자중심교과교육연구』, 1（2016）: 413–432.

박인심, 「협력학교 기반 교육봉사활동의 성과 분석: S여대 사례를 중심으로」, 『한국교원교육연구』, 2（2014）: 1–27.

서경혜, 최진영, 김수진, 이지영, 「예비교사 교직인성 분석: 재학 기간, 교육실습, 교육봉사 및 진로에 따른 차이를 중심으로」, 『한국교원교육연구』, 2（2013）: 305–328.

손은령, 박수정, 이주욱, 「사범대학의 교육실습체제 개선 사례 및 성과 분석」, 『교육연구논총』, 1（2016）: 1–25.

이안수, 배종희, 노현호, 「중등예비 체육교사들의 교육 봉사활동 경험에 대한 인식과 반응」, 『교과교육학연구』, 1（2015）: 159–175.

이유진, 윤지현, 「중등 과학 예비교사의 인식에 기반한 교육봉사활동 교과의 운영 실태 분석」, 『교과교육학연구』, 1 (2015) : 1 – 21.

이효신, 「교육봉사활동을 통한 예비교사 핵심역량개발 사례 연구」, 『학습자중심교과교육연구』, 6 (2020) : 1455 – 1485.

이혜진, 「교사봉사활동을 경험한 예비교사의 교육복지역량에 관한 연구」, 『주관성 연구』, 35 (2017) : 85 – 108.

윤소희, 「교육봉사활동 운영의 개선 방안 탐색」, 『지방교육경영』, 1 (2019) : 73 – 92.

장경원, 「Service - Learning 에 기반한 '교육봉사' 과목 운영 전략 탐색」, 『한국교원교육연구』, 3 (2010) : 373 – 393.

조덕주, 「반성적 실천 기반 교사교육 프로그램 사례 연구 – 미국 뉴욕대학 교사교육 프로그램을 중심으로」, 『비교교육연구』, 1 (2009) : 131 – 165.

최수정, 「예비영어교사 교사교육 연구 동향 고찰: 학교현장실습을 중심으로」, 『중등영어교육』, 4 (2019) : 75 – 98.

附　录

<hr/>

附录1　全日制教育硕士基础实践成效自我评价问卷

全日制教育硕士基础实践成效自我评价问卷

各位全日制教育硕士：

"基础实践"阶段的教育实践已经结束了，希望大家都有所收获。为了了解基础实践的成效，以便更好地设计与改进教育实践工作，我们拟定了一份调查问卷，希望大家就基础实践的成效进行自我评价。本问卷采取匿名方式进行调查，你的信息与作答会严格保密，不会对你产生任何影响，我们保证采集的数据仅用于此次调研。请结合你的实际情况进行自我评价，在相应选项中画"√"。谢谢你的合作！

序号	自我评价事项	完全同意	比较同意	基本同意	不太同意	完全不同意
1	了解自己学科知识的掌握状况					
2	了解自己教育理论知识的掌握状况					
3	了解自己的教育教学能力状况					
4	了解自己的沟通能力状况					
5	会主动利用课余时间阅读教育教学书刊					

续表

序号	自我评价事项	完全同意	比较同意	基本同意	不太同意	完全不同意
6	会主动利用课余时间查阅教学研究论文					
7	会主动关注网上教学视频					
8	我知道如何做教学设计					
9	我能较好地完成一堂课的讲授					
10	我知道应怎么说课					
11	我会做教学反思					
12	我知道课堂上应怎样激发学生的兴趣					
13	课堂出现突发事件时，我会做好灵活处理					
14	我能很好地掌控课堂进度					
15	对中学教育教学情况有更全面的了解					
16	对教师职业有了更深入的认识					
17	对中学生特点有了更深入的了解					
18	更喜欢当教师了					
19	对将来成长为一名优秀教师更有自信了					
20	会把教育实践中遇到的问题在大学课堂上提出来进行讨论					
21	会就教育实践中遇到的问题进行专门的学习与思考					
22	会把大学课程中学到的知识或理论及时用到教育实践中					

　　注：问卷中 1～14 项在基础实践之前和之后分别进行一次调查，15～22 项仅在基础实践结束后进行调查。

附录2 全日制教育硕士反思能力测量问卷

全日制教育硕士反思能力测量问卷

各位全日制教育硕士:

你好！感谢你抽出时间对本问卷进行作答，问题没有对错之分，只需按照你的实际情况和真实想法作答即可。本问卷采取匿名方式进行调查，你的信息与作答会严格保密，不会对你产生任何影响。谢谢你的合作！

一 请按照自己的实际情况在相应选项中划"√"

1. 你的性别是：□男 □女

2. 你是否有过一个月以上的在校外辅导班教学或做家教的经历：
□是 □否

3. 你本科阶段是否有过教育实习的经历：□是 □否

4. 你本科专业是否为师范类专业：□是 □否

5. 你目前就读的专业是：

□学科教学（语文） □学科教学（英语）

□学科教学（数学） □学科教学（化学）

□学科教学（地理）

6. 你对全程贯通一体化教育实践模式整体设计的满意度是：

□非常满意 □满意 □基本满意

□不太满意 □非常不满意

7. 你觉得我校设计的教育实践模式对你的专业成长帮助程度是：

□非常有帮助 □有帮助 □不确定

□不太有帮助 □完全没有帮助

8. 毕业后你是否选择了从事教师这份职业：□是 □否

二 请阅读以下问题，按照自己的真实想法在相应选项中划"√"

序号	问题	完全同意	比较同意	基本同意	不太同意	完全不同意
1	我喜欢仔细思考自己认为是重要的事情，喜欢考虑如何更有效地把这件事做好					
2	在某一课堂取得较好效果的教学方式，可以直接移植到其他课堂					
3	我会经常思考如何才能成长为一名优秀教师					
4	从讨论或观察中，我能很快了解他人的感受与想法					
5	如果试讲的话，只要按教案设计练熟了，我就可以上好一节课					
6	我会结合中学教育实践的了解来反思研究生阶段所学的知识与理论					
7	我经常会质疑别人做某事的方法并试着想出更好的办法					
8	教学是熟练的过程，就像骑自行车一样					
9	我会经常思考如何促进中小学生的全面发展问题					
10	我经常会思考自己的行为或经历，从中学习并改善自己的表现					
11	备好一堂课，关键是吃透课程标准和教材					
12	我会经常思考教育的公平问题					
13	学习某一学科知识时，我会认真思考这些知识的来源与思想方法					
14	在教育实践过程中，对于教学技巧和技能的观摩与练习最重要					
15	我常常会对大学课堂中所讲授的知识点进行质疑					
16	在大学的课程学习中，我善于分析与梳理知识体系和知识结构					
17	对大学老师所提出的观点和想法，我一般都会直接接纳					

续表

序号	问题	完全同意	比较同意	基本同意	不太同意	完全不同意
18	我会经常思考中小学的教育教学改革问题					
19	经过全日制教育硕士阶段的学习，我的教学能力进步很大					
20	经过全日制教育硕士阶段的学习，我的反思能力进步很大					

注：第一部分的 6~8 项和第二部分的 19~20 项仅在全日制教育硕士毕业离校前的第二轮调查时使用。

附录 3-1 全日制教育硕士基础实践教学观察记录表

全日制教育硕士基础实践教学观察记录表

被观察者姓名		学科	
实践学校名称		授课对象	
任务/活动内容		观察日期	
具体时间点	被观察者的表现	闪光点/不足之处	关键反思点

总结与评价

附录 3-2　全日制教育硕士基础实践访谈提纲

全日制教育硕士基础实践访谈提纲

受访者姓名：　　　　　访谈日期：　　　　　访谈地点：

1. 你如何评价自己在教育实践过程中的表现？

2. 你的大学和中学指导教师是否和你聊起过你的表现？他（们）怎么评价你的表现？

3. 在正式授课中，你对自己表现比较满意的地方有哪些？（举例说明）为什么觉得比较满意？是否思考过还应该如何进一步完善？

4. 在正式授课中，你对自己表现不太满意的地方有哪些？（举例说明）你觉得原因是什么？是否思考过应该如何改进？

5. 在正式授课过程中，你是否思考过或是意识到了什么问题？你是如何处理的？

6. 在正式授课结束后，你是否回想过或意识到了什么问题？有没有通过什么途径去寻求解决的办法？

7. 你是否意识到了_____？（笔者在观察中发现或注意到，但受访者没有谈及或没有深入交流的关键事件）你现在怎么看待这个问题？

8. 关于本次访谈涉及的话题，你还有什么想与我分享的吗？

附录 4 – 1　全日制教育硕士应用实践访谈提纲

全日制教育硕士应用实践访谈提纲

受访者姓名：　　　　　访谈日期：　　　　　访谈地点：

1. 你如何评价自己在应用实践阶段的综合表现？

2. 在应用实践过程中，你的中学指导教师以及与你接触比较密切的其他教师是如何评价你的呢？

3. 开展应用实践期间，你感觉自己能够比较好地驾驭的任务与活动有哪些？（举例说明）你是否还会经常思考如何把它们做得更好？

4. 开展应用实践期间，你感觉到比较吃力的任务与活动有哪些？（举例说明）导致吃力的原因是什么？是否思考过改进的办法或寻求帮助？

5. 经过应用实践之后，你认为上好一堂课最重要的是什么？为什么这样认为？与你之前的想法相比，有什么变化吗？

6. 在开展应用实践过程中，你经常思考哪些方面的问题？通常在什么时候或什么情况下会思考这些问题？

7. 应用实践过程中你印象最深刻的事情是什么？为什么会给你留下如此深刻的印象？这件事对你产生了什么样的影响？

8. 关于本次访谈涉及的话题，你还有什么想与我分享的吗？

附录 4 - 2　全日制教育硕士应用实践焦点小组访谈提纲

全日制教育硕士应用实践焦点小组访谈提纲

参加人员：
访谈日期：
访谈地点：

1. 请大家简要做个自我介绍，并介绍一下自己开展应用实践的基本情况。（包括开展应用实践的中学、中学指导教师、授课对象、实践任务与活动安排、大学教师的巡回指导等方面的情况）

2. 大家感觉实际的应用实践与想象中或期待中的应用实践有何不同？让你们感到满意和不满意的地方有哪些？

3. 集中两个月的应用实践与之前一整年的基础实践相比，从个人感知上大家觉得有哪些不同？应用实践让你收获比较大的方面有哪些？

4. 开展应用实践期间，所在中学或中学指导教师主要通过哪些方式对大家进行了指导？中学指导教师是否重视反思能力发展并关注大家的反思能力发展？

5. 开展应用实践期间，除了《教育实习手册》中规定书写的内容，大家是否自发撰写过教学日记或反思日志？你们在应用实践阶段，比较关注哪些方面的问题？

附录5　全日制教育硕士研究实践访谈提纲

全日制教育硕士研究实践访谈提纲

受访者姓名：　　　　　访谈日期：　　　　　访谈地点：

1. 请谈谈你对反思的理解。你觉得反思对教师职业重要吗？重要性体现在哪些方面？

2. 硕士论文选题是否来源于教育实践中的问题？论文研究是否促进了你对教育实践中相关问题的深度反思？如果是，请举例说明。

3. 在进行论文研究与写作过程中，是否向教育实践中的中学指导教师寻求过帮助和支持？如果是，请具体说明。

4. 你认为硕士论文研究对你的反思能力发展是否有贡献？如果有，

主要体现在哪些方面？

5. 你觉得就读全日制教育硕士期间，你的反思能力是否得到了很好的发展？教育实践对你反思能力发展的贡献主要体现在哪些方面？

6. 关于本次访谈涉及的话题，你还有什么想与我分享的吗？

图书在版编目（CIP）数据

职前教师反思能力发展研究 / 梁荣华著. -- 北京：
社会科学文献出版社，2023.5
ISBN 978 - 7 - 5228 - 1865 - 8

Ⅰ.①职… Ⅱ.①梁… Ⅲ.①师资培养－研究 Ⅳ.
①G451.2

中国国家版本馆 CIP 数据核字（2023）第 095242 号

职前教师反思能力发展研究

著　　者 / 梁荣华

出 版 人 / 王利民
组稿编辑 / 高明秀
责任编辑 / 许玉燕
责任印制 / 王京美

出　　版 / 社会科学文献出版社·国别区域分社　（010）59367078
　　　　　　地址：北京市北三环中路甲 29 号院华龙大厦　邮编：100029
　　　　　　网址：www.ssap.com.cn
发　　行 / 社会科学文献出版社　（010）59367028
印　　装 / 三河市尚艺印装有限公司

规　　格 / 开本：787mm × 1092mm　1/16
　　　　　　印张：18.75　字数：277 千字
版　　次 / 2023 年 5 月第 1 版　2023 年 5 月第 1 次印刷
书　　号 / ISBN 978 - 7 - 5228 - 1865 - 8
定　　价 / 128.00 元

读者服务电话：4008918866